한계를 넘는 기술

폭발적 성장을 이끌어내는 영리한 노력의 다섯 가지 비밀

한계를 넘는 기술

구디엔 지음 · 김희정 옮김

흐름출판

일러두기

- 각주는 대부분 옮긴이가 작성한 것이다. 저자가 작성한 주에는 '-저자'를 추가로 표기하였다.
- 본문 중 도서는 『 』, 잡지나 논문은 「 」, 영화 등은 〈 〉로 묶어 표시하였다.
- 원서에서 강조한 내용은 굵은 글씨로 표시하였다.

폭발적 성장을 이끌어내는 영리한 노력의 다섯 가지 비밀

한계를 넘는 기술

초판 1쇄 인쇄 2018년 12월 02일
초판 1쇄 발행 2018년 12월 09일

지은이 구디엔
옮긴이 김희정
펴낸이 유정연

주간 백지선
책임편집 장보금 **기획편집** 신성식 조현주 김수진 김경애 **디자인** 안수진 김소진
마케팅 임충진 임우열 이다영 김보미 **제작** 임정호 **경영지원** 전선영

펴낸곳 흐름출판(주) **출판등록** 제313-2003-199호(2003년 5월 28일)
주소 서울시 마포구 홍익로5길 59 남성빌딩 2층
전화 (02)325-4944 **팩스** (02)325-4945 **이메일** book@hbooks.co.kr
홈페이지 http://www.hbooks.co.kr **블로그** blog.naver.com/nextwave7
출력·인쇄·제본 (주)현문 **용지** 월드페이퍼(주) **후가공** (주)이지앤비(특허 제10-1081185호)

ISBN 978-89-6596-292-2 03190

- 이 책 내용의 전부 또는 일부를 사용하려면 반드시 저작권자와 흐름출판의 서면 동의를 받아야 합니다.
- 흐름출판은 독자 여러분의 투고를 기다리고 있습니다. 원고가 있으신 분은 book@hbooks.co.kr로 간단한 개요와 취지, 연락처 등을 보내주세요. 머뭇거리지 말고 문을 두드리세요.
- 파손된 책은 구입하신 서점에서 교환해 드리며 책값은 뒤표지에 있습니다.

이 도서의 국립중앙도서관 출판예정도서목록(CIP)은 서지정보유통지원시스템 홈페이지(http://seoji.nl.go.kr)와 국가자료공동목록시스템(http://www.nl.go.kr/kolisnet)에서 이용하실 수 있습니다.(CIP제어번호: CIP2018036226)

어떻게 한계를 넘을 것인가

더 이상 노력이 중요하지 않은 시대

나는 오랫동안 젊은이들과 만나 대화하면서 한 가지 의문을 갖게 되었다. "왜 노력과 보상은 종종 정비례하지 않는 걸까?"

양심 없이 불로소득을 말하는 것이 아니다. 투자를 해야 수확을 얻을 수 있으며 높은 보상에는 갖은 고생이 따르기 마련이라는 사실을 이미 알고 있다. 고생이 눈에 보이지 않을 뿐이라는 사실까지도 말이다.

내가 말하고자 하는 것은 같은 노력을 기울였을 때 얻는 보상의 차이다. 주변의 친구들만 봐도 알 수 있다. 어째서 지혜와 실력, 노력의 정도가 비슷한 두 사람이 다른 선택을 했다는 이유만으로 10년 후 인생에서 얻는 수확에서 큰 차이가 있는 것일까? 실력도 엇비슷하고 출발 지점에서도 별 차이가 없던 두 사람이었는데, 지금 보니 격차가 벌어져 있다. 그렇다고 성공한 친구만이 열심히 노력한 것도 아니다. 뜻하는 바를 이루지 못했지만 성공하지 못한 사람도 성공한 사람이 쏟아 부은 양만큼 노력해왔다.

단순한 노력만으로 이렇게 큰 차이가 생기지 않는다. 매 순간의 선택들도 차이의 원인이 된다. 똑같이 생긴 두 개의 눈덩이가 산 정상이라는 같은 위치에서 굴러 내려오는 모습을 생각해보자. 눈덩이들은 작은 돌멩이에 부딪히면서 다른 방향으로 굴러가게 된다. 이런 작은 변화가 쌓이고 쌓이면 산 아래에 도착했을 때 눈덩이는 더 이상 같은 위치에 있지도 않고, 똑같은 모습도 아닐 것이다. 눈덩이뿐이겠는가. 분명 인간과 눈덩이는 다르다. 눈덩이는 스스로 구른 것이 아니지만, 인간은 스스로 선택할 수 있기 때문이다. 그러므로 사람들의 인생 차이는 눈덩이보다 이루 표현할 수 없을 만큼 더 크다.

과거에는 자원이 부족했지만 달성하려는 목표가 뚜렷했기에 언제나 전쟁 같은 하루를 살아야 했다. 그러나 활용할 자원이 풍부해진 오늘날, 인생에 더 이상 전쟁은 없다. 매 순간의 투자와 선택만이 있을 뿐이다.

선택에 따른 결과의 차이는 결국 인식의 차이에 달렸다. 간단한 사실 한 가지를 살펴보자. 2000년, 중국에서 우수한 성적으로 대학을 졸업한 학생들은 외국계 기업이나 4대 대기업에 들어갔고, 평범한 성적으로 졸업한 학생들은 중관춘^{中關村}* 지역 근처의 회사에 취업했다. 2005년, 훌륭한 성적으로 대학을 졸업한 학생들은 당시 대세 기업이었던 노키아에 취업했고, 평범한 졸업생들은 온라인에서 신발이나 양말을 팔기 시작한 잡화점인 알리바바에 취업했다.

2010년, 우수 졸업생은 미국으로 유학을 가고, 평범한 졸업생들은 BAT**에 취업했다. 2015년, 우수 졸업생은 모두 BAT 취업을 선택한다. 그럼 이제 생각해보자. 행운아들은 누구일까?

과거에는 평범한 학생들과 우수한 학생들을 성적과 실력으로 가늠했다. 그러나 최근 이들이 얻는 성과는 '성적과 실력'이라는 공식에서 완전히 벗어나 있다. 평범한 학생들이 운 좋게 더 나은 길을 선택했던 것이다. 그렇다면 우리는 어떤 방법으로 이런 운 좋은 선택을 계속 해나갈 것인지 고민해봐야 하지 않을까?

내 부모님은 근면한 분들이다. 늘 바른 길을 추구하며 성실하게 살아온 지식인 계층이다. 두 분은 자연재해, 주가 폭락, 집값 상승, 질환 등 각종 운명에 맞서 고군분투했다. 그럼에도 장년층 특유의 올곧음과 열정을 갖고 꼿꼿하게, 그리고 낙관적으로 살아오셨다.

---

* 베이징 첨단기술 개발구로 지정된 지역으로, 중국의 실리콘밸리라 불리는 창업 메카다.
** 2010년대에 중국의 3대 IT 업체로 떠오른 바이두^{Baidu}, 알리바바^{Alibaba}, 텐센트^{Tencent}를 지칭하는 용어.

이런 두 분께 가장 큰 충격은 시대마다 발생한 사건들이 아니라 절대로 이해할 수 없는 삶 속의 불평등이었다. "왜 하는 일 없이 지내는 친구가 부동산 투자로 내 월급의 1000배가 넘는 돈을 버는 거지?" "올바른 방식으로 살거나 일하지 않는 사람들이 어째서 잘살고 있는 거야?" 우리 부모님은 '뿌린 대로 거둔다'는 가치관을 가지고 일평생을 살아온 분들이라 이런 일에 더 큰 충격을 받으셨다.

만약 현대 사회가 '뿌린 대로 거두는' 공식이 작용되는 곳이 아니라면 우리는 대체 무엇을 믿고 살아야 할까? 다른 사람의 인생을 지지하며 설계해주고 자아실현을 도와주는 일을 하는 사람으로서 나는 이런 게임의 법칙을 부모님께 어떻게 설명해야 할까? 자식을 둔 부모로서 내 아이에게 노력한 만큼 보상이 있을 거라고 말해주지 못한다면, 어떻게 끊임없이 성장하고 노력해야 한다고 아이를 가르칠 수 있을까?

개인의 문제가 아니다

집안 배경도 괜찮고 생활고에 시달리지 않는데도 꽤 열심히 노력하는 청년들을 자주 본다. 이들은 직장을 선택할 때의 기준이 남다르다. 우선순위가 돈이 아니다. 무엇을 배울 수 있느냐가 기준이다. 만약 배울 것이 없다면 재미있는 일이어야 한다. 그마저도 아니라면 좋은 사람들이 있는 곳에서 일하기를 바란다. 돈은 그 다음이다. 그리고 이들에게는 또 다른 특징이 있다. 이들은 간절하게 한 영역의 전문가가 되기를 바란다. 정상에 올라야 더 큰 세상을 보고, 자신의 가능성을 확인해볼 수 있으며, 시간을 낭비하지 않았다는 사실을 온몸으로 느낄 수 있기 때문이다.

그러나 인터넷에서 말하는 각종 방법으로 노력해도 진정한 고수가 되기 어렵다는 것을 깨닫고 실망한다. 매일 1퍼센트씩 발전한다고 해도 제3장에 나오는 1.01법칙에 따른 동기부여 공식처럼 1년에 37.8배나 성장하지 않는다. 나이가 들수록 자기가 바라던 모습에서 점점 멀어지는 것만 같다. 이들과 진정한 고수의 차이는 대체 무엇일까? 대체 무엇이 노력과 보상의 관계를 결정할까?

나는 생애설계회사의 대표로, 10년 전 사회생활을 밑바닥부터 시작해 작가이자 멘토로서 어느 정도 성과를 이뤘다. 그동안 이 분야의 선배들에게서 많은 것을 배우며, 한 기업의 가치와 경쟁력이 다양한 방식을 통해 발전한다는 것을 깊이 깨달았다. 개인의 노력은 아주 작은 부분에 지나지 않았다.

노력과 보상이 비례하지 않는다는 사실이 분명해질 때마다 나는 깊은 생각에 빠졌다. 그리고 지난 몇 년간 서서히 이 문제의 진짜 원인이 어디에 있는지 깨닫게 됐다.

오늘날 대부분의 자기계발, 커리어 향상, 인생 계획에 관한 이론들은 심리학, 교육학을 기반으로 만들어진다. 이 학문들은 모두 '개인'에 포커스가 맞춰져 있다. 개인이 학습을 통해 행복을 느끼고 성취를 이루며 내적인 풍요로움을 찾기 바란다.

그러나 많은 사람들은 사회학, 경제, 경영 분야를 기반으로 하는 '경쟁력 향상' '강점 발휘' '빠른 속도의 성과' 등을 바라고 있다. 이 관점에서 개인은 '사회를 구성하는 원소' 중의 하나일 뿐이며 개성화할 수 있는 부분이 적다. 여기서는 흐름을 파악하고 법칙을 이용해, 사회적 성공을 달성하는 것이 더 중요하다.

이런 시각의 차이는 같은 사안에도 다른 답을 떠올리게 한다. 예를 들어 날로 치솟는 집값 문제를 생각해보자. "집이 내 삶의 수준을 대변하는 시대는 지났어"라고 말하는 것은 심리학적 관점이고 "레버리지와 흐름을 이용해 어떻게 부동산에 투자하지?" 하고 말하는 것은 사회학과 경제학적 관점이다.

이렇게 같은 문제를 대할 때도 관점에 따라 다른 답이 나온다. 물론 모든 관점에는 저마다의 장점이 있다. 만약 개인적인 관점을 유지하면서도 사회적으로 성공하고 싶다면 개인과 사회라는 두 가지 관점 사이에는 언제나 쉽게 메울 수 없는 퍼즐 한 조각이 빠져 있다는 사실을 인정해야 할 것이다.

개인이 타고난 소질을 발휘해 자신의 열정을 좇는다면 행복해지기야 하겠지만 세상을 바꿀 수 있다고 보장할 순 없다. 의식적으로 1만 시간을 투자해 열심히 노력하면 개인의 한계를 돌파해나가겠지만, 반드시 공인된 고수가 된다는 보장은 없다. 전심전력으로 한 가지 직업을 연마해 개인의 안정적인 입지를 다진다 해도, 이를 통해 타인의 가치까지 창조할 수 있는 것은 아니다.

최고는 무엇이 다른가

이 시대의 진정한 고수는 평범한 사람들과 다른 몇 가지 특징이 있다. 이들은 스스로 노력하고, 실력을 축적하는 방법을 안다. 사회와 과학기술 흐름의 힘을 빌려 자신의 노력에 대한 대가를 키울 줄 안다. 큰 성취를 이룬 고수들은 비선형의 성장 그래프를 보여준다. 그들은 폭발적인 성장을 통해 안목과 견문, 능력 및 보유한 자원과 개인의 가치를 업그레이드한다. 개인의 노력에만 힘쓰지 않고 사회 법칙을 활용해온 결과다.

「포브스Forbes」전 세계 부자 목록에 오른 중국인 부자들의 커리어 사례를 연구해보니, 그들에게는 세 가지 공통점이 있었다. 첫 번째, 그들은 우선 부자가 될 만한 노력을 했다. 두 번째, 그들이 창업한 시기는 26~35세로, 그 나이는 사회에 나와 충분한 경험을 쌓되 가정을 이끌어야 한다는 부담이 크지 않은 시기였다. 가장 중요한 세 번째 공통점은 창업 시기의 주위 환경이다. 그들은 창업 전후 2년 간 전례 없는 시대의 상승 시기를 겪었다. 홍콩의 갑부는 금융과 부동산 업종의 흐름을, 대만의 갑부는 전기 기기와 플라스틱 산업의 흐름을 잡았고 중국의 갑부는 인터넷이라는 흐름에 순응했다. 세 가지 공통점 중 후자의 두 가지는 개인의 노력과 타고난 재능을 극대화하는 것이었다.

흐름에 순응한다는 것은 수영을 하는 것과 같다. 수영을 할 줄 아는 사람은 힘을 많이 쓰지 않고도 물속에서 앞을 나아갈 수 있는 데 반해, 수영을 못하는 사람은 아무리 신체가 건강해도 헤엄을 칠 수 없다. 아니 오히려 헤엄을 칠수록 빨리 가라앉는다. 물의 성질을 이해하지 못하기 때문이다.

시대에도 이와 같은 성질이 있다. 시대의 성질을 잘 이해하는 사람은 그 흐름을 타고 멀리 나아갈 수 있지만 사회와 시대의 성질을 이해하지 못하는 사람은 빠져 죽기 십상이다. 이 시대의 고수가 보여주는 폭발적 성장의 비선형 그래프는 사회 법칙을 적절히 운용해 노력을 극대화한 결과다. 평범한 사람은 개인의 성장과 심리적 발달 상황을 이해하고 사회와 경영 법칙들에 정통하지만, 이 두 가지를 하나로 결합하는 능력이 부족해 성공하지 못한 것이다.

최고가 되기 위한 배움을 구하는 길

나는 이 책이 사회적 관점에서 개인의 성취와 성공을 이해하는 데 도움을 주는 퍼즐 조각이 되기를 바란다. 고수가 되기 위해서는 사고의 벽을 허무는 정도로는 부족하다. 우리는 사고의 천장까지 무너뜨려야 한다.

그렇다면, 이에 관한 지식은 어디에서 얻을 수 있을까?

예상했겠지만 학교는 아니다. 오늘날 우리의 교육은 개인의 개성을 존중하고 행복을 지향한다. 나름 발전했다. 산업화 시대의 주입·생산식 교육에서 심리학적 관점으로 교육을 바라보게 됐으니 말이다. 그러나 진정한 교육이라 말할 수 있는 미국의 엘리트 교육에서는 어떻게 시대의 흐름을 읽고, 친구를 사귀고, 현명한 선택을 하는지에 대한 방법론을 더 중요하게 가르친다. 미국 상류층의 부모들은 자녀에게 이런 지식들을 직접 전수하고, 어릴 때부터 각종 사교 모임에 데리고 다니며 세계에서 가장 뛰어난 사람들을 만나게 한다. 어린 시절부터 성공에 본질적으로 접근하는 법을 가르치는 것이다. 자연스럽게 상류층의 자녀들은 사회 법칙을 이용하는 기술을 배우게 된다.

강사 시절의 일이다. 나는 학생을 가르치다가 부모를 만나게 되면 자녀의 학습 진도에 대해 이야기해주곤 했는데, "어휘량이 부족해요. 단어 6000개만 잘 외워도 독해 점수가 좋아질 거예요"라고 말을 하면 대개 두 종류의 대답이 돌아온다.

평범한 부모는 아이에게 "들었지! 선생님 말씀대로 단어 열심히 외워, 알겠니?"라고 말한다. 그러면 아이는 부모의 말에 순종하며 고개를 끄덕인다. 그런데 현명한 부모는 웃으며 이렇게 말한다. "선생님, 저희 아이가 단어 외우기는 너무 싫어하는데 책 읽는 건 좋아해요. 진도 따라가는 건 급하지 않으니 재미있는 영어책을 더 읽게 도와주시면 어떨까요?"

두 종류의 대답에는 완전히 다른 세계관이 자리한다. 전자의 세계관은 '시키는 대로 임무를 완성하라'이고 후자는 '내게 맞는 방식대로 가르치도록 세상에 요구할 수 있다'이다. 전자의 아이는 우수한 직원이 될 것이지만, 후자의 아이는 미래에 진정한 리더가 되어 세상에 없는 것들을 창조해내는 사람이 될 것이다.

지식과 지혜는 다르다. 진짜 뛰어난 지혜는 반드시 인재를 길러낸다. 지혜가 없다면 아무리 좋은 학교에 다닌다 해도 남다른 것을 배우지 못한다. 가정교육도 지혜를 키우는 하나의 방법이다. 다르게는 이성적이고 과학적으로 상황을 분석하거나 스스로 깨달음을 얻는 방법도 있다. 사회에 포진해 있는 진짜 고수들을 관찰하고 과학적인 법칙에 따라 그들을 분석한다면 우리도 그들의 이면에 감춰진 논리와 사고방식을 배울 수 있을 것이다. 그래서 나는 이 책에서 세계 최고들의 지혜와 기술을 5년간 직접 배운 기초수학, 진화론, 시스템 과학의 틀을 이용해 분석했다. 그리고 고수들의 사례를 우리의 인생이라는 맥락과 결부시켰다.

해답을 찾아가기 위해서

나는 이 책이 우리 시대 청년들에게 공정한 경쟁의 길을 터주는 물꼬가 되길 바란다. 실력이 부족하다 할지라도 떠도는 정보 속에서 자신에게 도움이 되는 지혜를 식별하는 능력을 갖춘다면, 우리 앞에도 성공의 가능성이 열릴 것이다. **똑똑하게 노력하고 합리적인 방법으로 세상의 흐름을 활용하는 것은 과학적으로 운명을 바꾸는 기술이다.**

나는 이 책을 통해 앞서 이야기했던 고민들에 대한 해답을 풀어갈 것이다. 평범한 학생들, 내 부모님처럼 정직하게 노력해온 사람들이 이 책을 읽고 시행착오를 줄이고 삶의 법칙을 이해하고 사회적 자원을 끌어들여, 개인의 폭발적인 성장을 일궈내 진정한 고수가 되기를 바란다. 모두 다 동일한 정보를 가지고 현 상황을 인지하고 게임을 시작해야 진정으로 공정하지 않겠는가.

이 책에서 말하려는 주제는 '어떻게 사회 법칙과 흐름을 이용해 개인의 노력을 효율화할 것인가'이다. 너무나도 방대한 주제를 다루기에 내용 면에서 일부 미성숙하고 부족함이 엿보일 수도 있다. 그러나 나는 링크드인LinkedIn 창시자인 리드 호프만Reid Hoffman의 말에 용기를 내었다. "당신이 발표한 것에 조금의 어색함도 없다면, 이미 늦었다는 이야기다."

영화 〈일대종사一代宗師〉에서는 고수가 되는 길을 3단계로 구분했다. '자신을 보고' '천하를 보고' '대중을 보는 것'이다.

첫 번째 단계인 '자신을 보는 일'은 자신의 강점과 한계를 이해하고, 하고 싶은 것과 견디지 못하는 것을 알며, 안전한 영역에서 벗어나 자신의 능력을 확대하는 것이다.

두 번째 단계인 '천하를 보는 일'은 자신에 대한 이해를 바탕으로 세상에 뛰어들어 몸소 부딪히며 시대의 흐름과 사회 법칙, 그리고 인생의 가능성을 발견하는 일이다. 이 부분이 바로 이 책에서 주로 다루고자 하는 주제다. 흐름을 보고 법칙을 이해하고 지혜를 쌓아, 자아의 폭발적 성장을 실현하는 것이다. 이를 위해서는 고수다운 인지 능력뿐 아니라 고수가 되는 기술도 갖춰야 한다.

세 번째 단계는 '대중을 보는 일'이다. 오랫동안 고수로 지내며 승패를 거듭하다 보면, 자신이 배우고 이해한 것을 계속해서 사람들에게 전파해야 한다는 것을 알게 된다. 그렇게 더 많은 사람을 도와야 고수에서 '일대종사(위대한 스승)'로 거듭나게 된다.

피터 드러커의 아버지가 피터 드러커를 데리고 경제학자인 조지프 슘페터Joseph Schumpeter를 만나러 간 적이 있었다. 드러커의 부친이 슘페터에게 물었다. "아직도 남들이 자네를 어떻게 기억할지에 대해 생각하나?" 슘페터는 대답했다. "물론이지. 내게는 매우 중요한 문제거든. 난 후세 사람들이 나를 경제학자이자 훌륭한 선생으로 기억하길 바란다네."

그 이야기를 들은 피터 드러커의 아버지는 깜짝 놀라며 말했다. "나이를 먹고 보니 이론과 저작들을 기억하는 것만으로는 부족하다는 것을 알겠더군. 나의 행동으로 다른 사람의 생활이 달라져야 비로소 성과를 이루었다고 할 수 있겠지."

헤르만 헤세의 소설 『수레바퀴 아래서』에는 이런 말이 나온다.

> 빠른 속도로 달려오는 시대의 수레바퀴 앞에서 우리는 전속력으로 질주해야만 한다. 때로는 마음만큼 힘이 따라주지 않거나 초조해지겠지만 반드시 적응해야 한다. 수레바퀴는 낙오자들을 너무 쉽게 먼지 구덩이 속에 내던지지만 대수롭게 여기지는 않는다.

어느 날 당신이 한 분야의 고수가 된다면 당신이 알게 된 것들을 많은 사람에게 전파하길 바란다. 글이든 음성이든 다 좋다. 온라인이어도 좋고 오프라인이어도 좋다. 가능한 지혜로운 사람들과 더 많이 관계를 맺고 함께 고수가 되는 수레바퀴를 타고 즐기자. 새로 수레바퀴에 승차하는 사람들을 밀어줘서 더 빨리, 더 멀리 날아가게 하고, 수레바퀴 아래의 낙오자들을 끌어당겨 희망을 보여주고 더 나은 삶을 살 수 있도록 도움을 주도록 하자. 그러면 언젠가 '다른 사람의 삶에 변화를 가져온 성과'라고, 우리의 성공을 함께 정의하는 날이 올 것이다.

『한계를 넘는 기술』 사용설명서

지금까지의 자기계발서에는 몇 가지 폐단이 있다.

- 자기계발에 대해서만 이야기하고 사회 자원의 이용은 간과한다.
- 개인의 경험만 이야기하고, 기저논리에 대해서는 이야기하지 않는다.
- 자신의 관점만 이야기하고 지식의 근원에 대해서는 이야기하지 않는다.

나는 기존의 폐단에서 벗어나고자, 이 책에서 다음과 같이 심혈을 기울였다.

첫 번째로, 다뤄야 할 이야기들을 다루지 않던 과거의 자기계발서에서 벗어나고자 했다. 만물인터넷 시대에 인터넷과 인간관계,

사회 시스템을 이용하는 법을 모른 채 개인의 노력과 자질에만 의지한다면 사회를 흔들 수 없다. '충분히 노력한다면……'의 사고방식에 길들여져 있다면 행복도 장담하기 어렵다. 이것을 '좁은 의미의 성장 이론'이라고 한다면, 나는 이와 같은 개인의 노력으로 어떻게 사회 자원을 움직일 수 있는지 보여줄 것이다. 그리고 훗날 이 생각이 '넓은 의미의 성장 이론'이라 불리길 바란다.

두 번째로, 편협한 개인의 경험주의를 탈피하고자 했다. 수많은 책과 글들에서 글쓴이도 잘 이해하지 못하는 개념을 하나 툭 던져 놓고는 '내게 한 친구가 있는데……', 혹은 '그때 나는……' 하는 식으로 개인적인 경험을 늘어놓는다. 이는 문제를 바라볼 때 약간의 도움은 줄지 몰라도 실제 문제를 해결하는 데는 부족하다. 문제를 해결하기 위해서는 표피적인 해결법이 아니라 모든 일의 바탕이 되는 기저논리와 지식, 가치관을 알아야 한다.

세 번째로, 지식의 근원은 감추고 마치 모든 것을 스스로 연마해서 얻은 것인 양 말하는 방식을 피하고자 했다. 요즘 유화 초상화는 사진을 캔버스에 투영해 선을 그려내고 그 위에 물감으로 색칠한다. 이런 방식이 나쁘다는 건 아니지만, 회화 작품의 가치를 떨어뜨릴 수 있다. 이 현상은 글쓰기 영역에도 나타난다. 모두가 개념 발명가가 돼서 남이 만들어낸 개념에 글자만 바꿔놓고는 인용했다는 말은 쏙 빼버린다. 내가 제시했던 '클로버형 직업 생애 모델'도 몇 년

새 여러 가지 이름으로 도용됐다. 지식 근로자들일수록 저작권을 무시하는 행위가 심각하다. 부랑자가 무술을 할 줄 아는 것이 가장 무섭지 않던가.

지식을 다루는 분야에서 무단 도용은 개인에게 도움이 되지 않는다. 근원에서 만들어진 개념은 마땅히 널리 알려지고 공유돼야 한다. 한편으로는 지식의 근원을 존중하고, 먼저 발견해낸 앞 사람을 존중하며, 자신의 학술적 커리어를 귀하게 여겨야 하기 때문이다. 다른 한편으로는 어차피 이 시대에 지식의 연결고리는 당신 하나가 아니기에 숨기고 기만할 수도 없다.

지식의 근원을 공유하는 일은 당신이 만들어낸 2차 창작물의 가치를 보여준다. 영화 〈라이프 오브 파이Life of Pi〉의 원작을 이안 감독이 쓰지 않았다고 해서 영화의 가치를 낮게 평가하는 사람은 없다. 그러므로 지식의 근원을 꽁꽁 숨기고 자신만의 것으로 포장하는 데 신경 쓸 게 아니라 마땅히 노력해야 할 곳에 신경을 쏟아야 한다.

공유는 개인의 폭발적인 성장을 가속화한다. 지식의 폭발적 성장을 이해했다면 알 수 있을 것이다. 빠른 속도로 다른 분야의 사람이 지식의 근원을 알 수 있게 하여 다음 단계로의 지식의 폭발적 성장을 이끌어내자. 공유는 빠른 속도로 성장하는 최고의 방법이다.

이 책의 사용법은 다음과 같다.

첫째, 처음부터 끝까지 한 번 쭉 읽자. 최대한 전문 용어는 배제하고 평소 말하듯이 표현했다. 특히 마지막 장에는 내가 주장하는 바를 정리해두었으니 반드시 읽기를 권한다.

둘째, 자신에게 비교적 중요하다 여겨지는 내용을 읽자. 각 장 말미에 구체적이고 간단한 운용 방법을 정리해두었으니 실천해보자. 그러면 책의 내용을 다시 체감하게 될 것이다.

셋째, 이 책의 내용을 자신만의 표현 방식으로 주변 사람들에게 설명해보자. 그러면 내용을 한층 깊이 이해하게 될 것이다. 설명하다가 막히면 다시 책을 보고 계속 설명해보자. 이 책을 뛰어넘고 싶다면 더 많은 사람과 소통하는 데 힘쓰자.

넷째, 마지막으로 책을 늘 주위에 두고 읽자. 기저논리를 이야기하는 책은 자주 봐야 한다. 이런 기저논리가 인간의 본성에 반한다는 사실을 우리가 자주 잊기 때문이다. 인간의 본성 중 좁은 안목, 두려움, 탐욕 등은 잠재의식 속에 깊이 박혀 있다. 우리는 더 높은 단계의 의식을 강화해 이러한 잠재의식에서 벗어나야 한다.

우리 스스로의 힘으로 변화의 소용돌이에 놓인 이 시대를 극복해나가자.

차례

폭발적 성장의 비밀상자
한계를 뛰어넘은 사람들의 비밀

성장력을 강화하는 법
능력을 고부가가치화하는 성장 전략

네트워킹 학습

지식의 근원을 찾아내 인지 효율을 높인다

제4장 생각의 틀을 깨는 법

'내 생각'에서 벗어나 시스템적으로 사고하는 기술

제5장 내적 수련

폭발적 성장을 이룬 사람들의 마음가짐

제1장

폭발적 성장의
비밀상자

한계를 뛰어넘은 사람들의 비밀

100퍼센트의 성과를 올리기 위해서는 100배의 노력을 하는 것만으로는 부족하다. 인류 역사상 모든 시대, 각 분야에서 최고의 자리에 오른 이들은 사회와 과학기술의 법칙을 활용했다. 우리도 비약적으로 성장하기 위해서는 사회 법칙을 활용하면서 노력을 극대화해야 한다.

새로운 지식 습득 방식을
찾아낸 사람들

인지 방식의 변화: 암기에서 지식 수집으로

오늘날 우리는 얼마나 쉽게 지식을 얻을 수 있는가? 예를 들어보자. 나는 칭화대학교 주변에 살고 있다. 지금 사는 곳에서 정보를 얻기 위해 책을 구입하러 서점까지 가는 데는 30분 정도 걸린다.

그러나 바지 주머니에서 휴대전화를 꺼내 책을 열람하는 데는 대략 5초면 충분하다. 5초와 30분은 360배 차이가 난다. 이는 곧 지난 20년간 증가한 정보 수집 속도의 차이라고도 말할 수 있다.

이와 같이 정보 수집 속도가 빨라지면서 뇌에 지식을 저장해둘 필요성도 크게 낮아졌다. 구체적인 내용을 기억할 필요 없이 관련 정보를 찾아볼 수 있는 단어만 기억해도 되니 뇌가 활용할 수 있는 기억 용량은 더 커진 셈이다. 그러나 이해 능력을 대표하는 대뇌의 다른 부분인 '작업 기억Working memory'*은 20년 동안 변화가 없다. 다시 말해, 우리는 새로운 방식으로 지식을 학습하고 기억하게 된 것이다.

과거에는 어딘가를 가야 할 때면 30분 동안 항공편과 터미널, 목적지에서 머물 호텔, 교통 상황, 현지 유흥 정보를 일일이 외웠다. 하지만 요즘은 그저 몇 분이면 된다. 각종 정보를 제공하는 유용한 애플리케이션을 손쉽게 찾을 수 있기 때문이다. 강의를 들을 때도 마찬가지다. 예전에는 중요한 강의 내용을 모두 기록해뒀지만, 요즘은 PPT 자료를 요청해 개인 데이터베이스에 태그를 걸고 보관했다가 필요할 때 찾아보면 된다. 인지 방식이 암기가 아닌 지식을 수집해 사용하는 방식으로 변한 것이다.

학습의 목표는 정보를 수집하고 문제를 해결하는 것으로, '저장 – 통합 – 추출 – 운용'의 4단계 방식으로 이뤄진다. 우리의 머리를 컴퓨터라고 생각해보자. 중학생 때와 비교하면 지금의 내 대뇌는 1만 배 더 많은 기억량을 가진 클라우드와 연결돼 있으며, 속도면에서는 360배나 빠르다. 그러면서도 우리는 여전히 그때와 같은 메모리칩과 CPU로 학습을 하고 있다.

오늘날 100권의 책을 다 읽고 그 내용까지 외우려 하는 태도는

---

* 심리학에서 사용되는 용어로 우리 뇌에 입력된 정보를 단기적으로 기억하고 능동적으로 이해해 이를 수행할 수 있도록 조작하는 일종의 기억 작업장과 같은 역할을 하는 부분이다.

마치 전화번호부를 다 외워야만 전화를 걸 수 있다고 하는 것과 같다. 지혜를 키우는 것과 정보를 수집하는 것은 다르다. 이제 정보를 기억하는 일은 컴퓨터에게 맡기자. 미래의 인지 능력은 다음의 세 가지 능력으로 요약할 수 있다. 정보를 모으는 **정보 탐색 능력**과 그 정보를 운용해 **사고하는 능력**, 대량의 정보 안에서 트렌드를 파악하는 **통찰 능력**이다.

이 같은 변화가 점진적으로 느껴질 수 있다. 그러나 인류 역사 발전의 관점에서 본다면 다르다. 지식을 암기하는 방식은 2000년을 이어져왔다. 그런데 갑자기 최근 20년 사이 새로운 인지 방식이 주류가 됐다. 이는 연속적이라기보다 도약에 가깝다. 전자電子가 하나의 에너지준위에서 에너지를 흡수해 더 높은 에너지준위로 뛰어오르는 것과 같다. 이런 갑작스러운 변화를 트랜지션, '폭발적 성장'이라고 부른다.

사고방식의 변화: 네트워킹을 통한 독립적 사고로의 전환

각기 다른 정보 처리 방식은 사고방식에도 영향을 미친다. 나는 어떤 아이디어가 떠올랐을 때 혼자 생각하지 않고 인터넷에 접속해 나와 비슷한 생각을 가진 사람이 있는지 찾아보거나 전문가에게 연락해서 관련 업계의 최신 트렌드를 알아본다.

이런 변화에 어떤 사람들은 두려움을 느낄 수도 있다. 마치 뇌가 없는 사람처럼, 아이디어를 떠올리고도 좋은 아이디어인지 나쁜 아이디어인지를 판단하지 못해 인터넷에 접속해 관련 정보를 검색하거나 누군가에게 의지해 의견을 나눈다니. 이러다 정말 바보가 되는 게 아닐까 두려울 수 있다.

나 또한 책이나 칼럼, 강연을 나 혼자 완성한 것이 아님을 깨달을 때까지 이런 생각을 했다. 한동안 나는 원고를 완성하면 편집자와 조언을 해줄 만한 지인이나 친구에게 보냈고, 그들이 각자의 생각과 최신 정보를 피드백해주면 수정해서 최종적으로 마무리를 지었다. 누군가의 의견을 들어야만 글을 완성할 수 있다니. 내가 바보가 된 것일까? 그렇지 않다. 이를 설명하기 앞서 먼저 '독단적 사고'와 '독립적 사고'의 차이를 구분하고 넘어가야겠다. 독단적 사고란 자신만의 기준에서 생각하는 것이다. 반면 독립적 사고란 다양한 생각들을 바탕으로 스스로의 견해를 정립하는 것을 뜻한다. 우리는 전 세계의 모든 지식과 견해를 수집해 스스로 생각할 수 있지만, 그 안에서도 여전히 독립적으로 고민해야 할 문제가 두 가지 있다. 첫째, 환경의 문제이다. 현재 처한 상황과 보유한 자원으로 어떻게 문제를 해결할 것인가? 둘째, 내부의 문제이다. 자신의 내면을 들여다보고 이 문제를 왜 해결해야 하며, 문제 해결에 얼마나 많은 자원을 활용할 것인지, 그리고 이 문제를 해결함으로써 펼쳐질 삶은 어떠할지를 고민해야 한다. 이 질문에 대답을 하지 못한다면 그 어떤 해답이라도 탁상공론에 지나지 않는다.

온라인 게임을 즐기며 사람들의 공격 전술을 모두 파악한다 해도, 결국엔 직접 게임에 참여해 각 단계를 통과해야 자신이 게임에서 얻고자 하는 바를 성취할 수 있는 것과 마찬가지다. 다국적 기업이 로컬 전략을 추구하는 것도 같은 맥락에서 이해할 수 있다.

만약 당신이 독립적 사고를 할 수 있다면 온라인을 통해 생각의 질을 더 높이, 더 빠르게 향상시킬 수 있을 것이다. 오늘을 사는 우리는 '네트워킹을 이용한 독립적 사고'를 배워야 한다.

핵심 경쟁력의 변화: 인간과 기계의 협력

어떤 산업에서든지 신기술이 등장하면 그 영역의 핵심 경쟁력이 변하기 마련이다. 디지털카메라가 처음 등장했을 때, 당시 대세이던 필름 옹호론자들은 질감이 없고, 화질이 너무 거칠며 노이즈가 많다는 이유 등으로 디지털카메라를 선호하지 않았다. 나 역시도 2002년에 출시된 30만 화소의 디지털카메라를 갖고 있지만, 당시 막 첫걸음을 뗀 디지털카메라의 성능에는 확실히 미흡한 점이 많다고 생각했다.

필름 옹호론자들이 디지털카메라를 선호하지 않았던 더 큰 이유는 '디지털카메라 방식이 사기'라는 것이었다. 필름 옹호론자들이 다년간에 걸쳐 습득한 암실 기술이나 필름을 현상하고 인화하는 기술은 무용지물이 됐다. 이제는 예전처럼 사진을 찍는 데 필요한 기술의 습득 기간이 길지 않다. 오랜 시간 기술을 연마하지 않더라도 재능과 미적 감각을 갖추었다면 휴대전화의 필터만 잘 사용해도 아마추어 사진작가를 따라잡을 수 있다. 오래전에 알고 지내던 한 신문사의 사진기자는 자신이 1초 만에 감으로 렌즈 초점을 맞추고 날아가는 새 한 마리를 선명하게 촬영할 수 있다고 거만하게 말하곤 했다. 하지만 오늘날은 자동 초점 기능을 갖춘 카메라만 있다면 누구나 이 정도로 사진을 찍을 수 있다. 디지털 기술의 침투로 촬영 업계의 핵심 경쟁력이 기술에서 개인의 관찰력과 미적 감각으로 바뀐 것이다. 더 이상 기술만으로는 자랑을 할 수 없다. 필요한 것은 개인의 타고난 재능과 감각인 것이다.

'첨단 기술로 인한 사기' 상황은 모든 영역에서 나타나고 있다. 무선 인터넷, 인공지능^AI, 가상현실^VR 등의 기술이 등장해 익숙한 산업에서조차 과거라면 생각지도 못했을 발전 법칙의 변화를 맞이하게 됐으며, 그로 인해 핵심 경쟁력 또한 완전히 달라졌다.

1997년, 국제 체스 챔피언인 게리 카스파로프^Garry Kasparov가 체스 슈퍼컴퓨터인 '딥 블루^Deep Blue'와의 대결에서 패했을 때를 기억하는가? 당시 세계는 기술의 승리에 떠들썩했다. 20년 이후인 2017년, 바둑 세계 랭킹 1위인 커제柯洁가 구글의 알파고^AlphaGo에 패했다. 하지만 이번에는 모든 매체의 논조가 매우 무던했고, 심지어 낙관적이기까지 했다.

20년 사이 이런 이슈를 대하는 사람들의 태도는 왜 이렇게 변한 걸까? 그 이유는 우리 세대가 이미 일정 영역에서 기계가 인간보다 뛰어나다는 현실을 받아들이고 있기 때문이다.

다니엘 핑크Daniel Pink는 자신의 저서 『새로운 미래가 온다A whole new mind』에서 이렇게 말했다.

> 전 세계적으로 이성이 주도하는 시대는 지났으며 감성과 개념의 시대로 접어들고 있다. 인공지능이 좌뇌 작업의 대부분을 처리할 수 있으며, 인간은 유일하게 감성과 창의성에서만 우위를 점하게 될 것이다. 이 시대에 필요한 여섯 가지 중요한 능력으로는 디자인, 스토리, 조화, 공감, 놀이, 의미 탐구가 있다.

인공지능이 널리 퍼지고 업종 간의 경계가 없어지는 시대가 오고 있다. 우리는 앞으로 어떤 일을 해야 하고, 어떻게 경쟁력을 키워야 할지 생각해야 한다. 미래 직업에 통용되는 힘은 '**기기를 활용한 학습과 정보 처리 능력, 대뇌를 이용한 통합적이고 창조적인 사고력, 시스템적 사고방식으로 문제를 생각하는 능력**'이다.

다가오는 미래는 피할 수 없다. 그렇다면 스스로에게 다음의 세 가지 질문을 던져보자.

내가 오늘 한 일은 기계가 대신할 수 있는가?

내가 오늘 한 일은 아웃소싱이 가능한가?

내가 오늘 한 일을 내일 더 잘할 수 있는가?

과학기술과 사회, 문화의 폭발적인 성장은 필연적으로 우리의 인지와 사고, 경쟁력과 인생관에 변화를 가져온다. 이러한 변화는 시대마다 발생하는데 최근 200년간 더 심해졌다. 앞으로는 그 변화의 속도가 더욱 빠를 것이다.

먼 옛날, 마부가 자동차에 의해 밀려났다. 가까운 과거에는 타자원이 컴퓨터에 의해 밀려났으며, 무선 호출기는 휴대전화에 밀려났다. 더 최근에는 신문이 SNS 계정에, 필름 카메라의 촬영 기법은 디지털 촬영 기법에 도태됐다. 인공지능이 인간 바둑기사를 이기고, 빅데이터가 골드만삭스의 금융분석가를 퇴출시켰다.

나는 이 시대의 특징을 다음과 같이 표현하고자 한다.

정보가 많아질수록 사고는 얕아지며,

기회가 많아질수록 경쟁은 경계를 넘나들고,

누구든지, 무엇이든지 언제나 개입하고 개입되는 온라인 시대.

10년 전과는 완전히 다른 세상이다. 여전히 아프리카 대초원에서 진화한 인류 조상의 대뇌를 가지고 산업시대의 사고방식을 지닌 채, 과거 학교에서 배운 지식으로 일을 처리하고 있는가? 그렇다면 앞으로 몇 년은 버틸지도 모른다. 그러나 장기적으로는 분명 기계에, 그리고 다른 누군가에게 일자리를 뺏기게 될 것이다.

1825년 기차가 영국에서 시운전에 막 성공했을 때, 둔하고 커다란 철 덩어리는 사람들의 환호보다 냉담한 시선을 더 많이 받았다. 당시 기차가 출발하면 농장주들은 마차를 몰고 기차와 달리기 경주를 했고, 경주 후에는 술집에서 축배를 들며 기차를 조롱하곤 했다.

200년이 지난 지금, 기차보다 빠른 마차는 없다. 기차의 합리적이고 개방적인 내부 구조가 기술 발전을 이끌어 눈에 띄게 속도가 빨라졌기 때문이다. 이처럼 그 어떤 대단한 발명도 처음에는 갈채보다 조소를 더 많이 받았고, 많은 이에게 환영받지 못했다.

시대를 앞서나간 사람은 언제나 소수였다. 그들은 세상의 흐름을 읽고, 과학기술의 힘을 이해했다. 그들은 성숙하게 사고했으며, 신기술에 마음을 활짝 열었고, 과거의 것과 새로운 것을 빨리 교체했다. 그들은 단기적으로는 서툴지도 모르지만, 장기적으로는 분명 평범한 사람들보다 빨리 달릴 것이다. 시대를 앞서나간 사람들이 평범한 사람들보다 더 많은 노력을 기울였다는 사실보다 무서운 것은 그들의 방식이 평범한 사람들보다 옳았다는 것이다.

이런 사람들이 시대의 고수다.

사회 법칙을 활용한
성장의 무기, 레버리지

데이비드 호크니David Hockney는 현재 가장 영향력 있는 영국 화가이다. 세계 미술계의 거장 중 한 명으로, 예술 평론가이자 사진작가이기도 하다.

1999년, 런던국립미술관The National Gallery에서 장 오귀스트 도미니크 앵그르Jean Auguste Dominique Ingres의 작품전이 열렸을 때의 일이다. 호크니는 당시 미술계의 거장이었는데, 전시를 보면서 엄청난 충격을 받았다. 앵그르는 아주 작은 화폭에 소묘만으로 인물의 세밀한 특징들을 잡아냈는데, 선이 아주 정확하고 일관된 것이 마치 화폭에서 자라난 듯했다. 더욱 충격적인 사실은 이 초상화가 하루 만에 그려졌고, 앵그르와 그림의 모델은 일면식도 없었다는 점이다.

소묘를 해본 사람은 알겠지만, 모르는 사람을 그리기보다 아는 사람을 그리는 게 훨씬 쉽다. 익숙한 사람을 그릴 경우, 무의식중에 입체를 평면화하는 과정을 끝내기 때문이다. 그래서 호크니는 앵그르가 알지도 못하는 사람을 하루 만에 그토록 섬세하게 그려냈다는 사실에 큰 충격을 받았다. 호크니는 무릎을 꿇지 않을 수 없었다. 앵그르와 비교하면 자신의 손은 나무토막이나 마찬가지라는 생각이 들었다.

자연주의로 세상을 놀라게 한 미술계의 천재는 한두 명이 아니다. 르네상스 시대부터 18세기까지 당시 천재 화가라 불리던 사람들은 대부분 이 정도의 수준을 갖추고 있었다. 알브레히트 뒤러 Albrecht-Düre, 라파엘로 산치오Raffaello Sanzio, 미켈란젤로 다 카라바조 Michelangelo da Caravaggio 등의 경탄할 만한 소묘 기술은 사람들에게 절망감마저 안겨줬다. 정말 현대인이 몇백 년 전 사람보다 이렇게나 뒤떨어진다는 말인가?

예술, 상업, 과학, 문화 등 어느 분야에 종사하는 사람이든 비슷한 경험을 해봤을 것이다. 동종 업계 내에서 정상급에 오른 사람이나 최상품을 접했을 때, 순간 '지금 내 발전 속도로는 이 수준에 도달하지 못하겠구나' 하는 사실을 깨닫고 자신의 무능력에 절망한 적이 없는가? 그렇다면 우리는 얼마나 많이 노력해야 최고의 상품을 만들어낼 수 있을까? 얼마나 땀 흘리고 노력해야 세기에 이름을 남긴 사람들만큼 조예가 깊어질 수 있을까?

이 책에서는 '노력'이라는 말로 여러분을 격분하게 할 생각은 없다. 방금 한 이야기에는 반전이 기다리고 있다.

호크니는 우연히 친구들과의 모임에서 16세기 화가들이 이미 암상자暗箱子를 가지고 있었다는 사실을 알게 된다. 16세기부터 '카메라 옵스큐라Camera Obscura'라고 불리는 암상자가 존재했고, 레오나르도 다빈치Leonardo da Vinci도 친필 원고에서 요철렌즈를 언급한 바 있으며, 렌즈를 갈아주는 장인들은 화가들과 같은 조합 소속이었다. 이런 사실을 통해 호크니는 어쩌면 거장들이 암상자를 종이에 대고 스케치를 딴 다음에 채색했을 수도 있다고 생각했다.

그렇게 생각해보면 그림을 그리는 일이 상당히 간단해진다. 거듭 강조되던 소묘의 기본기보다는 채색이 더 중요해지는 것이다. 컬러링 북『비밀의 정원Secret Garden』에 채색하는 우리와 미술계의 거장들은 큰 차이가 없을지도 모른다.

여기까지 생각이 미친 호크니는 심란하고 두려워졌다. 그의 추론이 맞는다면 역대 거장들의 기예에 대한 의심부터 시작해, 미술계에 엄청난 파장을 일으키게 될 터였다. 이 거대한 추론에는 엄청난 증거가 필요했기에 호크니는 지난 500년간의 거의 모든 미술 작품을 정리하고, 수많은 자료를 열람했다. 그리고 2006년, 그간의 연구 결과를 담은 『명화의 비밀Secret Knowledge』을 출간했는데 이 책에는 16세기부터 거의 모든 화가가 암상자의 존재를 알았고, 그중 상당

수가 암상자를 사용했다는 분명한 증거를 제시하고 있다.

본론으로 돌아와서, 내가 말하고자 하는 바는 이것이다. **라파엘로가 프로젝터를 사용해 완성도 높은 그림을 그려냈다면, 오늘날 각 분야의 고수들에게도 자신만의 무기가 있지 않겠는가?**

고수들의 노력을 부정하려는 건 아니지만 그들이 일궈낸 높은 성과를 단지 노력만으로 설명하기엔 무리가 있다. 고수들이 어떤 거인의 어깨 위에 서서 찬란하게 빛날 때, 우리는 그들의 후광 속에 숨은 거인을 보지 못한 것이다. 의식적이든 무의식적이든 올바른 선택을 하고, 그 이면에 숨겨진 법칙의 힘을 활용한 데서 고수들과 우리의 차이가 생긴다. 그리고 사회와 과학기술의 기저논리가 마치 지렛대처럼 그들의 노력을 최대치로 끌어올리면서 폭발적인 성장을 하게 된다.

영화 〈스타트렉Star Trek〉에서는 행성 간의 항해 원리를 이렇게 묘사했다. 우주선이 속도를 올려 지구를 떠난 후에는 더 이상 자체 연료에 의지하지 않고 행성 간 인력引力에 의지해 비행한다. 행성계 내의 끌어당기고 밀어내는 힘을 이용해 우주선을 한 방향으로 발사했다가 또 다른 방향으로 쏘아 보내는 것이다. 우주 선 내 연료는 각도를 조정하는 데만 쓴다. 이렇게 해야 우주선이 에너지를 아끼면서도 더 빨리, 더 멀리 날 수 있다. 어떤 경우에는 웜홀Worm hall을 이용해 공간을 통과하기도 한다.

〈쿠퍼의 작은 성모The small Cowper Modonna〉, 라파엘로 산치오, 1505년,
워싱턴 내셔널갤러리오브아트 소장

개인의 발전도 이와 마찬가지다. 우리의 운명은 혼자 개척해나 가는 것이 아니다. 우주선이 혼자 항해하는 것이 아니라 행성계 내 의 힘을 이용하는 것처럼 우리는 사회의 모든 사람들과 얽히고설켜 있다. 우리가 앞으로 나아가기 위해서는 우주선처럼 꾸준한 노력을 통해 나를 끌어당기고 있는 중력에서 벗어날 수 있는 '탈출 속도'에 도달한 후, 사고방식을 전환하고 플랫폼과 시스템의 힘을 이용해 무리에서 벗어나 스스로 지금보다 더 좋은 곳으로 나아가야 한다. **노력과 타고난 재능, 기회만으로 엄청난 성공을 거두는 사람은 없 다. 폭발적인 성장으로 고수의 반열에 오른 사람들은 모두 사회 기 저에 깔린 법칙을 활용했다.**

오늘날 세계 최고의 정상들은 어떤가? 우리가 모르는 숨은 거인 의 어깨 위에 서 있지는 않을까? 그들에게는 타고난 재능, 끝없는 노력, 뛰어난 운 외에도 그들만의 능력이 존재하는 것은 아닐까? 그렇다면 그 능력은 무엇이며, 어떤 법칙들이 작용해 능력이 폭발 적으로 발휘될까? 시대를 앞서 나가는 그들만의 법칙은 과연 무엇 일까?

이 책에서 나는 성공하는 사람들만이 가진 법칙들에 대한 이야 기를 하려 한다. 개인의 노력만으로는 오늘날의 시대 변화 속도를 따라잡을 수 없다. 오직 폭발적인 성장을 통해서 시대의 속도를 따 라잡고, 더 나아가 개인의 성장을 이룰 수 있다.

그런데 이런 법칙들은 왜 우리에게 공유되지 않을까? 고수들이 너무 바쁘기 때문일까? 아니면 그들이 계속 말했는데도 우리가 알아듣지 못해서일까? 그것도 아니면 고수들이 법칙들을 자신만이 아는 곳에 꼭꼭 숨겨놓고 아무도 훔쳐보지 못하게 해서일까? 공유되지 않는 이유는 알 수 없다. 단지 나는 내가 알고 있는 고수들의 법칙들을 밝힐 것이다. 그들이 딛고 선 거인의 어깨가 무엇인지 실체를 밝히고, 르네상스 시대의 천재들이 그러했듯이 특별한 '암상자'를 선물할 것이다. 지금부터 제시하는 그들만의 법칙을 활용해 폭발적인 성장을 이뤄내보자.

점진적 발전에서
폭발적 성장으로

　'천이遷移', 트랜지션이란 일종의 폭발적 성장을 의미하며, 잠재된 에너지가 갑자기 폭발해 변하는 것을 뜻한다. 끓는 물을 예로 들어보자. 0℃에서 99℃까지는 그저 온도가 올라갈 뿐이고 100℃가 되면 기체 상태로 돌변하는데 이를 물리학에서는 형태가 달라지는 '상전이Phase transition'라고 한다.

　양자물리학에서 전자는 오직 몇 가지의 고정된 에너지준위를 갖는데, 이것이 에너지를 흡수하면 중간 과정 없이 갑자기 더 높은 에너지준위 상태로 변하게 된다. 반대로 고에너지준위가 저에너지 상태로 돌아가기도 하는데 이때는 빛을 발산한다. 이 과정을 '양자천이Quantum Transition'라고 한다.

　생명도 폭발적인 성장 과정을 거쳐 생겨난다. 무기물이 모여서 유기물이 되고, 유기물이 모여 세포가 된다. 단세포가 다세포로 진화하고, 다세포가 파충류나 포유류, 인간으로 진화한 것이다. 이렇게 진화한 인간은 문화를 만들고 경제를 창조하고 집단을 만들어 오늘날의 사회를 형성했다. 즉 생명이란 사슬의 한쪽 끝은 무기물이라는 분자, 그리고 다른 한쪽 끝은 인간이 모인 인류사회다. 무기물에서 인류사회로 발전하는 과정은 대체로 점진적 진화에 따라 이루어졌지만, 몇 가지 중요한 부분에서는 모두 완전히 다른 상태로 변하는 폭발적인 성장 과정을 거쳤다. 이 이론을 '유기적 통합 체계 성장Metasystem Transition'이라고 한다.

모든 폭발적 성장은 유사한 형태를 보인다. **잠재력을 가진 상태에서 어느 한순간 폭발적인 변이를 일으키며, 중간 상태가 없다.** 우리가 살고 있는 이 세상을 알아가는 과정도 이와 마찬가지다.

1905년 아인슈타인에 대한 이야기를 가장 적합한 예시로 들 수 있다. 그해 아인슈타인은 26세의 특허청 직원으로 근무하며 업무 외 시간에 빛과 시간의 관계를 연구했고, 같은 해 여섯 편의 논문을 연속해서 발표했다.

- 3월 18일 「빛의 발생과 변화에 관련된 발견에 도움이 되는 견해에 대하여」, 광자와 광전 효과에 대한 내용으로 양자역학을 태동함.
- 4월 30일 「분자의 크기에 관한 새로운 규정」, 원자 존재를 입증하고

확산 속도를 계산하는 수학공식을 도출함.

- 5월 11일 「정지 액체 속에 떠 있는 작은 입자들의 운동에 대하여」, 입자가 실제 움직임을 증명함.

- 6월 30일 「움직이는 물체의 전기역학에 대하여」, 시간과 공간에 대한 새로운 이론을 제시. 특수 상대성 이론이라 불림.

- 9월 27일 「물체의 관성은 에너지 함량에 의존하는가」, 저명한 과학 방정식 '$E=mc^2$'을 내놓음.

- 12월 19일 「브라운 운동 이론」, 브라운 운동에 관한 기체론적 연구로 분자물리학에 새로운 국면 제시.

고등학교 수준의 물리 지식만 갖고 있어도 이 여섯 편의 논문이 어떤 수준인지 짐작할 수 있을 것이다. 리처드 파인먼Richard Feynman은 아인슈타인이 노벨물리학상을 받았던 그해 최소 세 개의 노벨상을 받았어야 한다고 평했다. 사실 노벨상으로도 아인슈타인을 평가하기에는 부족하다. 양자역학과 상대성 이론은 20세기 물리학의 기초가 되는데, 아인슈타인은 불과 6개월 만에 이 두 이론의 기초공사를 해낸 셈이니 말이다. 그래서 1905년은 '아인슈타인 기적의 해'라고 불린다.

역사상 기적의 해는 1666년에도 있었다. 그해 전염병을 피해 고향에 쉬러 내려갔던 아이작 뉴턴은 우연히 미적분을 발명했고, 태양광 분해 실험을 완성했으며, 만유인력의 법칙을 밝혀냈다.

어떻게 폭발적 성장을 실현할 것인가

스스로의 노력으로 능력을 향상시키며 점진적으로 발전해나가는 것을 자기계발이라고 한다. 자기계발보다 더 비약적인 성장을 이루는 것이 바로 폭발적 성장이다. 과학기술과 사회 시스템의 힘을 이용한다면 더 빠르게 성장할 수 있다. 자세히 살펴보면 우리는 점진적으로 발전하다가 어느 순간 폭발적으로 성장한다.

꾸준히 공부하며 책을 읽다가 갑자기 어떤 개념이 확 와 닿은 순간이 있는가? 그때 느낌이 어떠했는가? 지금까지 보던 세상과 완전히 다른 풍경을 보게 되고, 자신을 괴롭히던 모든 고민이 해소되는 순간을 맞이하게 된다. 이것이 바로 인지 성장의 순간이다.

오랫동안 영어 듣기 연습을 하다가 별 효과가 없는 것 같아서 포기하려고 할 때, 갑자기 귀가 번쩍 뜨이는 자신을 발견하게 된다. 이 역시 학습하는 사람이 경험하는 성장으로, 능력 면에서의 폭발적 성장이라고 한다.

경력 개발 또한 마찬가지다. 장기간 경험을 축적하고 높은 지위로 승진한 후, 몇 번의 옳바른 선택을 하고 회사를 몇 군데 옮겨 다니다 보면 몸값과 능력은 한 단계 업그레이드된다. 문제를 바라보는 관점과 일을 처리하는 방식도 완전히 달라진다. 반대로 생각해서 같은 조직에서 나이와 연차에 따라 일정 지위에 오른 사람들은 문제를 바라보는 시각과 생각의 구조가 크게 달라지지 않는다. 진정한 인지 성장을 경험하지 못한 것이다.

폭발적 성장의 기본 논리는 무엇일까? 토마스 쿤^{Thomas Kuhn}은 『과학혁명의 구조』에서 패러다임이라는 개념을 제시했다. 주요 사업이나 과학기술의 돌파구는 종종 기술 자체가 아닌 기술의 응용과 인지 방식에 따른 패러다임의 돌파구였다는 것이다. 비행기의 발명이 좋은 예다. 인류는 계속 비행기를 발명하려고 시도했지만 실패했다. 그런데 라이트 형제가 비행기 날개를 새가 아닌 배의 돛처럼 만드는 방식을 생각해냈고, 이런 생각의 전환, 즉 인지 패러다임의 폭발적인 성장으로 인류 첫 번째 비행기가 탄생했다.

우버^{Uber}와 에어비앤비^{Airbnb}도 기술의 변화로 등장한 것이 아니다. 우리가 사물을 대하는 인식이 점유가 아닌 공유로 바뀜에 따라 나타난 결과다. 이런 인식의 변화가 바로 인지 성장이다.

한 사람의 폭발적인 성장은 능력의 변화만을 불러오지 않는다. **한 사람의 인지 성장은 사고방식 혹은 패러다임의 변화이며, 내적으로는 잠재 능력을 키우고, 외적으로는 가능성을 발견하게 한다.** 이것이 '폭발적 성장'의 관건이다.

성장과 꾸준한 노력은 상충하지 않는다는 점 또한 강조하고 싶다. 올바른 패러다임을 갖고 **'똑똑하게 노력'해야 한다.** 자아 정진,

평생 학습은 발전의 원동력이다. 아무리 유리한 상황에 있더라도 노력이 부족하면 폭발적으로 성장할 수 없다. 노력은 성장의 제1요소다. 폭발적 성장은 공짜로 이뤄지지 않는다. **비선형을 그리는 개인의 노력과 성과 모델은 과학기술과 사회 법칙을 활용하면 확대될 수 있다.** 이는 전술상이 아닌 전략상의 노력이다.

폭발적 성장의 다른 요소는 '능력 강화'로, 달리 말하면 트렌드와 법칙을 이용하는 것이다. 아인슈타인의 상대성 이론을 생각해보자. 아인슈타인 이전에 물리학이나 수학, 과학 기술의 발전성과가 축적되지 않았다면 어땠을까? 아무리 빨리 발표했다고 한들 아인슈타인의 상대성 이론은 증명되지도 전해지지도 않았을 것이고, 어쩌면 아인슈타인이 아닌 다른 누군가 이 획기적인 이론을 제시했을지도 모를 일이다. 결국, 아인슈타인은 역사를 만들었을 뿐만 아니라 역사를 통해 자신을 빛나게 만들었다.

인지 성장, 능력 강화, 꾸준한 노력은 폭발적 성장의 3대 조건이다. 똑똑하게 노력하는 이들은 현재 정보화 시대의 중국이 폭발적으로 성장할 수 있는 적기에 있다는 사실을 어렴풋하게나마 느끼고 있을 것이다. 지금은 기적의 해가 시작되기 바로 직전이며, 개인이 우뚝 일어설 수 있도록 준비된 시대다. **사고력을 향상하고 트렌드를 통찰하며 똑똑하게 노력한다면 누구나 이 시대의 이익을 거머쥐는 행운아가 될 수 있다.**

주의력·정보력·결정력이
필요하다

세 종류의 낙오자

요즘 가장 흔히 볼 수 있는 광경이 있다. 바로 주의력을 상실한 사람들이다. 예를 들어보자. 독서가 생각의 수영장 안에서 마음껏 뛰노는 일이라면 인터넷 서핑은 지평선이 보이지 않는 드넓은 바다에서 헤엄치는 일과 같다. 섬을 발견했다고 생각했는데 헤엄쳐 가보니 여전히 파도 위라면, 이 얼마나 공허한 일인가! 그나마 마찬가지로 길을 잃은 주위 사람들이 서로 '좋아요'를 눌러준다는 사실이 위로가 된다. 이런 부류의 사람들이 바로 시대의 낙오자이다. 그렇다면 그들은 어떤 특징을 가지고 있을까?

유형 1: 주의력을 못 다스리는 사람

기술이 발전할수록 직장인들에게 전문성보다는 주의력 여부가 중요해진다. 과거에는 지식이 내적 자산이 될 수 있었다. 직원이 해야 할 일은 전부 사장이 지시했고, 직원은 사장이 원하는 대로 필요한 지식만 꺼내 일하면 됐다. 하지만 오늘날 기술의 발달로 인해 지식은 누구나 얻을 수 있는 외적 자산이 되어 중요성이 떨어졌다. 우리는 이제 내면에 품은 주의력을 끌어내 필요한 지식을 찾아내야 한다. 이런 시대에 주의력을 스스로 통제하지 못하면 우리의 시간은 무한히 빼앗기게 되고, 사고력은 완전히 무너지며, 뇌는 아둔해지게 된다.

유형 2: 정보와 핵심을 걸러내지 못하는 사람

온라인에서 떠도는 소문들의 진위 여부를 어떻게 신속하게 판단해야 할까? 이 책을 읽는 여러분은 그런 소문들을 진실이라 받아들이고 있는가? 혹은 수많은 사람의 생각이 다르다면 누군가를 믿고, 믿지 말아야 할지 어떻게 결정할 수 있을까? 매일 들을 수업도, 읽을 책도, 할 일도, 쓸 물건도 넘쳐나는 세상이다. 우리가 모든 것을 배우는 일은 불가능하다. 그럼 어떻게 학습해야 할까? 주변에 노력하지 않는 사람이 없고, 널린 것 또한 기회라면 어디에, 어떻게 투자를 해야 할 것인가?

메일을 쓸 때 SNS 알림창이 뜬다면 열어봐야 할 것인가, 말 것인가? 하이퍼링크는 클릭해야 할 것인가, 말 것인가? 창을 닫기 전에 저장해야 할 것인가, 말아야 할 것인가? 다운로드를 해둔 자료는 언제 다시 보기는 할 것인가?

미국의 저명한 심리학자인 주디스 리치 해리스Judith Rich Harris는 다음과 같이 말했다. "온라인에서 정보가 퍼지는 방식은 병에서 케첩을 따르는 것과 같다. 처음에는 잘 안 나오지만, 나중에는 과도하게 나온다."

유형 3: 시스템 이해력이 낮고, 협업이 불가능한 사람

당신은 SNS의 친구들을 얼마나 만나봤는가? 그들과는 어떻게 협업하는가? 당신이 완전히 새로운 일을 맡았다고 해보자. 만약 사전 정보가 없다면 누구와 이야기를 나누고 일을 해결할 것인가?

대량의 정보가 물밀 듯 쏟아지는 불확실성의 시대에는 사실보다 중요한 것이 있다. 바로 집단이 어떻게 협력해서 새로운 문제를 해결할 수 있는가이다. 물리학자 스티븐 호킹Stephen Hawking은 안면근육을 이용해 1분에 4개 단어를 입력하면서도 매일 동료들과 이메일을 통해 소통했다.

우리가 지닌 놀라운 능력

누군가가 상상한 미래를 한번 들여다보자. 매일 아침, 컴퓨터를 켜자마자 빅데이터는 당신의 핵심역량을 파악한다. 그리고 당신에게 가장 적합하고 보수가 높은 일을 알려준다. 그러면 당신은 그 목록 중 하나를 선택에 일을 시작한다. 고용주가 누구인지 알 필요도 없고, 누구를 위해서 일하고 있는지 궁금해할 이유도 없다.

『우리는 어떻게 바뀌고 있는가 Is the internet changing the way you think』에서 하워드 라인골드 Howard Rheingold는 이렇게 말했다.

> 기본적으로 주의력(진위 변별 능력, 참여, 협업, 자기 보호 의식 포함)이 없는 사람은 비평가들이 지적하는 소양 부족, 맹신, 산만함, 소외와 중독의 함정에 빠지기 쉽다. (중략) 핵심을 잃지 않고 도구를 이용해 사고하기 위해서 우리는 사고 思考를 관리하는 법을 배워야 한다. 인터넷 시대가 제공하는 자원을 얻기 위해서라면 나는 그만한 대가를 지불할 용의가 있다.

주의력을 관리하고 정보를 판단하고 모르는 사람들과 협업을 할 능력이 없다면 세상에서 낙오되기 쉽다. 그러나 일단 지금 시대의 '생존 비법'을 파악한다면 진정한 '슈퍼맨'이 될 수도 있다.

우리는 과거로 타임슬립하는 소설을 보면서 슈퍼맨이 되는 꿈을 꾸지만, 그리 멀리 갈 필요도 없다. 20세기인 1990년대로만 돌아가더라도 슈퍼맨이 될 수 있다. 과거의 어느 시대 사람들이 보더라도 현대인은 이미 초능력자일 테니까 말이다. 그렇다면 이미 당신이 갖추고 있는 초능력을 한번 살펴보자.

초능력 1: 남다른 기억력

현대인의 기억력은 무궁무진하다. 그저 인터넷에 접속하기만 하면 모든 걸 기억할 수 있다. 연예인의 생일도 기억하고, 『해리포터Harry Potter』 시리즈의 전문도 기억한다. 『사기史記』의 어떤 부분에 뭐가 쓰였는지도 알 수 있고, 『가난한 찰리의 연감Poor Charlie's Almanack』을 거꾸로 외워낼 수도 있다. 특정일의 기분이 어땠는지 궁금하다면 친구들의 SNS 사진을 보면 금세 알 수 있다. 인터넷이 우리 대신 모든 것을 기억해주는 것이다.

초능력 2: 뛰어난 시력과 청력

현대인의 지각 능력은 엄청나다. 예전에 부모님께서 창사长沙에 집을 사려고 하셔서 차를 타고 주변을 돌아보기로 했다. 나는 바이두 지도를 켜고 근처에 있는 볼거리를 찾아서 부모님을 모시고 집 주변을 한 바퀴 돌았다. 이런 것이 멀리 내다 보는 눈, 즉 천리안이 아니겠는가. 나는 SNS를 이용해 스웨덴 친구와 철학적 문제를 토론할 수도 있다. 소통을 한다는 측면에서 SNS는 새로운 의미의 청력이라고 할 수 있다.

초능력 3: 신통한 결단력

현대인은 여론조사 전문가다. 영화를 볼 때 배우나 감독을 고려할 것 없이 더우반豆瓣* 에 접속해 평점을 보면 되고, 점심으로 뭘 먹을지 결정 못 하겠다면 다중뎬핑大众点评** 에서 다른 고객의 평가를 보면 된다. 이것이 곧 타심통他心通***이다.

사회 문제를 마주할 때, 우리는 다방면의 전문가 의견을 찾아 들을 수 있다. 좋은 아이디어가 떠오르면 업계 포럼에서 유사한 아이디어가 없는지 찾아볼 수 있고 심지어 인터넷으로 전문가 집단에 일대일 상담을 받을 수도 있다. 이를 통해 당신은 그 어느 때보다도 명확한 판단을 내릴 수 있다.

이렇듯 남다른 기억력과 시력과 청력을 갖추고, 신통한 결정력까지 지닌 사람이 바로 슈퍼맨이 아니겠는가? 물론 여기에는 인터넷

---

* 　중국의 문화콘텐츠 공유 소셜 네트워크 웹.
** 　맛집 리뷰 사이트로 시작해 생활 전반에 걸친 정보와 광고를 공유하는 소셜 커머스로 성장한 플랫폼.
*** 　불교 용어로 남의 속마음을 꿰뚫어보는 능력을 말한다.

이 필수다.

베이징대학의 후웅 교수는 오늘날의 인간에 대해 다음과 같이 말했다.

어제까지의 인간은 유인원 1.0 버전에 지나지 않았다. 오늘의 인간은 각종 비트^{bit}로 무장함으로써 유인원 2.0 버전으로 업그레이드됐다. 이제 우리 인간은 자신의 새로운 본성을 어떻게 정의하고 다루어야 할지 고민해보아야 할 시대에 서 있다.

슈퍼맨이 되는 길, 브레인 아웃소싱

우리 모두가 알고 있듯이, 행위는 사유의 산물이다. 행위의 변화는 곧 달라진 사유의 변화이자 인간 사유의 근원이다. 우리의 대뇌 구조가 이와 같이 변하는 것이다.

런던의 블랙캡 택시기사의 해마조직(대뇌의 기억 담당 부분)이 일반인보다 크다는 사실은 이미 널리 알려져 있다. 복잡한 런던 시내의 지도를 일반인보다 더 많이, 정확하게 기억해야 하기 때문이다. 이와 마찬가지로 컴퓨터 게임을 자주 하는 사람은 그렇지 않은 사람보다 동체 시력과 공간에 대해 반응하는 능력이 더 뛰어나다.

2009년, 정신의학과 교수인 게리 스몰Gary Small 박사는 「구글이 대뇌에 어떻게 작용하는가Your brain on Google: patterns of cerebral activation during internet searching」라는 논문을 발표했다. 그는 24명의 연구 대상

을 검색엔진을 자주 사용하는 12명과 자주 사용하지 않는 12명의 두 그룹으로 나누고 인터넷에 접속할 때마다 핵자기공명분광기^{NMR}를 사용해 활성화되는 부위를 분석했다. 그 결과 검색엔진을 사용할 때 사람의 대뇌 중 문제를 해결하고 결정을 내리는 부위가 더 활성화된다는 사실을 발견했다. 그리고 연구 기간 중 검색엔진을 자주 사용한 12명의 뇌 활동량은 그렇지 않은 그룹의 두 배에 달했다.

이 실험은 컬럼비아대학교, 하버드대학교, 위스콘신대학교의 매디슨캠퍼스에서 공동으로 진행한 다른 연구에서도 증명된 바 있다. 인간은 인터넷을 사용할 때 자잘한 정보는 기억하지 않는 대신, 정보를 찾은 장소를 기억한다는 것이다. 해당 연구진은 "인터넷은 이미 인간에게 대뇌 밖의 기억을 보관하는 저장소나 기억을 교체하는 기본 형식이 됐다"고 밝혔다.

우리는 더 이상 컴퓨터의 하드 드라이브 용량을 늘리지 않는다. 자료는 직접 클라우드에 전송해버린다. 작은 기업의 오너는 사소한 업무를 아웃소싱하고, 핵심 업무에 집중한다. **우리 역시 대뇌의 일부분을 아웃소싱하고 가장 중요한 능력에 집중해 슈퍼맨으로 성장해야 한다.**

분명 당신은 두렵다고 말할 것이다. 모든 것을 외부에 맡기다가 인류는 바보가 될지도 모른다는 생각이 들지도 모른다. 사실은 그렇지 않다. 인류 역사상 대뇌는 이미 세 번의 아웃소싱을 경험했고,

그때마다 더 똑똑해졌다.

첫 번째 아웃소싱은 언어가 탄생했을 때 진행됐다. 언어가 생김으로써 혼자 생각하던 대뇌가 유기적으로 생각하기 시작했다. 이야기를 통해서 인류는 힘을 합쳐 거대한 동물을 물리칠 수 있었고, 소식통을 통해 150명의 작은 집단에서 벗어나 낯선 사람들과도 협력할 수 있게 됐다. 『사피엔스 Sapiens』에는 '이야기가 인류를 어떻게 진화시켰는가'에 대한 상세한 설명이 나와 있다. 유발 하라리는 이를 인지혁명이라 칭했는데, 사실 독립적 사고, 일의 아웃소싱과 같은 이야기다.

첫 번째 아웃소싱으로 **인류는 개체에서 집단으로 진화했으며 이야기는 새로운 기술이 됐다.** 이에 따라 호모 사피엔스는 모든 개체를 누르고 사람으로 진화했다.

두 번째 아웃소싱은 책과 인쇄술이 출현하면서 시작됐다. 책은 인간의 기억력과 사고의 깊이, 영향력을 극대화했다. 문자의 탄생으로 모든 것을 기억하지 않아도 됨에 따라 인간 두뇌의 기억 용량도 더 커졌다. 일부 복잡한 연산과 논리적 추론은 글로 썼을 때 더 명확해지므로 인간의 사고 또한 훨씬 정확해졌다. 게다가 책이라는 실제 물건은 이런 생각들은 멀리, 오래 전해지게 만들었다. 우리가 오늘날에도 장자와 아리스토텔레스의 생각을 읽을 수 있는 것처럼 말이다.

두 번째 아웃소싱으로 인류는 **짧고 부정확한 언어의 한계에서 벗어나게 됐으며, 읽고 쓰는 능력은 교육계의 새로운 총아로 떠올랐다.** 이와 함께 과학, 인문, 경제 분야도 폭발적으로 성장했다.

세 번째 아웃소싱은 인터넷의 출현으로 진행됐다. 우리는 기억력을 검색엔진에, 협업을 인터넷에, 체력과 직무 능력은 기계에 아웃소싱했다. 이 모든 것의 기저에는 인터넷이 있다. 인터넷은 기억력이 아닌 목표에 도달하는 속도를 업그레이드했다. 정보는 책에도 있지만, 정보를 얻는 속도에서 큰 차이가 났다. 온라인 검색 속도가 오프라인보다 빠르니 온라인에서 자료를 찾게 되고, 옆 사무실의 동료와 얼굴 보고 이야기하기보다 메신저로 대화하는 게 더 빠르니 채팅을 하게 된다. 그러니 컴퓨터가 사람보다 편해지는 날이 오면 우리는 서로를 대하기보다 컴퓨터를 사용하게 될 것이다.

세 번째 아웃소싱으로 일부 기능은 필연적으로 약해지겠지만, 일부 기능은 100배 더 강해질 것이다. 대뇌는 **기억이 아닌 관찰, 사고, 창조, 다른 사람에게 영향력을 미치는 데 써야 한다.** 내가 이 책에서 말하고자 하는 바도 새로운 시대의 고수라면 반드시 지녀야 할 필수 인지와 사회의 법칙에 대한 이해, 그리고 반드시 깨닫고 있어야 할 기능에 대한 이야기다.

현재의 아웃소싱이 우리에게 또 어떤 변화를 가져오게 될지 아직은 알 수 없다. 우리가 아는 사실은 인류 역사상 유례없는 거대한 혁명의 기회가 올 것이며, 우리가 희망을 품으면서도 걱정하고 불안해한다는 사실, 그뿐이다.

나는 당신의 불안을 이해한다. 누구나 똑같다. 아웃소싱을 하면서도 자신의 핵심 역량을 아웃소싱 업체가 앗아가지는 않을까 늘 걱정하는 한편, 새로운 사업에서 폭발적으로 성장하길 바란다. 변화의 시대, 인류는 대뇌의 아웃소싱이라는 커다란 기회가 올 때마다 계속 초조해하고 불안해할 것이다.

문명사회가 시작된 이래, 세계 종말이 온다느니 사회 풍조가 나날이 나빠져서 세상을 뒤집어야 한다느니 하는 말들은 끊임없이 있어왔다.

예를 들어, 언어학자들은 이모티콘이나 줄임말 같은 신조어의 등장이 이를 사용하는 우리의 대뇌를 파괴하고 지금까지의 언어를 죽게 만들 것이라고 걱정한다. 그러나 최신 데이터가 보여주듯, '1990년대 생'들의 읽고 쓰는 능력은 우리와 별 차이가 없다. 과거 역사학자들이 마야 시대 노인들이 젊은이들이 점점 말을 못해서 마야어를 망친다고 원망했다는 사실을 알아냈다는 사실을 기억하는가. 오늘날 언어학자들이 보존하는 「경전經典」은 바로 선조들이 지독하게 싫어했던, 사회 풍조가 나날이 나빠져가던 때의 글이다.

사실 어느 쪽이든 다 기우다. 모든 시대의 사람들에게는 저마다의 자리가 있었다. 시대는 새로운 사람이나 나이 든 사람을 도태시키지 않았다. 오직 시대와 어울리지 않고 자리만 차지하는 사람을 도태시켰을 뿐이다.

몇 년 전 언론에서는 '1990년대 생' 창업자가 전 세계를 접수할 것처럼 대대적으로 떠들었지만, 지금 남은 건 1960년대 생 투자자와 1970~1980년대 생 CEO, 1990년대 생 젊은 친구들의 조합이다. 복잡한 세상은 그에 맞는 복잡한 구조로 이루어져야 잘 돌아간다. 다양한 세대가 어우러져 완전한 사회를 구성하는 것처럼 누구 하나 빠져서는 안 된다.

그러니까 세상의 종말이니, 사회가 이상해진다느니, 기계가 인간을 대신할 것이라느니 하는 말들에 두려워하지 말자. 앞서 말했듯 인류는 복잡한 이 세상에서 하나의 집단으로 구성돼 돌아가야 한다. 그래야 빛나는 앞날을 기대할 수 있다. 그러니 인간이 불필요해질 거라는 사실에 두려워할 시간에 자신의 능력을 키우는 일에 더 집중하는 편이 좋다.

인터넷 시대에는 강자는 더욱 강해지고, 약자는 더욱 약해진다. **미래는 집단이 아닌 개인이 부상하는 시대가 될 것이다.** 그렇다고 해서 개개인 모두가 떠오르지는 않을 것이다. 대부분은 기계라는 울타리 안에서 양처럼 순종적으로 길러질 것이며, 시대에 적응하는 소수의 사람들이 폭발적인 성장을 통해 급부상할 것이다. 즉 소수의 거인과 다수의 난쟁이로 구성되는 시대가 될 것이다.

정보가 많아질수록 사고는 얕아지며, 기회가 많아질수록 경쟁은 경계를 넘나든다. 지금은 누구나, 무엇이든지 언제나 개입하고 개입되는 온라인 시대다. 새로운 물결이라는 파도가 몰려올 때, 비난만 하고 관심조차 두지 않는 사람들은 가장 먼저 정신을 잃고 물에 흠뻑 젖은 채 수면 위로 둥둥 떠오른다. 이들은 의식도 없이 시대의 흐름에 떠밀려갈 뿐이다. 하지만 시대의 고수들은 파도의 흐름을 정확하게 파악하고 규칙을 이해하며 서프보드에 올라탄다. 그렇게 그들은 파도에 몸을 맡기며 새로운 시대의 선두주자가 된다.

앞으로 나는 변혁에 중요한 화두 몇 가지를 이 책에서 다루면서 이 시대의 고수가 되는 기술을 알려줄 것이다.

- 어떻게 기회를 알아채고 자신의 위치를 확고히 할 수 있을까?
- 무식하게 노력만 하지 않고, 사회의 지렛대를 잘 이용해 개인의 노력을 확대할 수 있을까?
- 한 분야의 고수가 되려면 어떻게 해야 할까?
- 배울 수 없는 지식에 대한 두려움에 어떻게 대처해야 할까?
- 창조적인 문제 해결이란 무엇인가?
- 내면의 여유를 어떻게 유지할 것인가?
- 낯선 사람들로 구성된 복잡한 세상을 어떻게 마주할 것인가?

위 질문들은 아래와 같은 문제들을 해결해줄 하나의 키워드이다. 개인의 노력을 뛰어넘어 사회 법칙이라는 지렛대를 활용해 **고수로 성장하는 전략**, 혼자서 지식을 습득하는 개인적인 학습 방식을 그만두고 다양한 라인을 활용해 지식을 습득하는 네트워킹 학습을 하게 되는 **지식 IPO**Initial Public Offering**의 법칙**, 평면적 사고에서 벗어나 문제를 보다 입체적이고 창조적으로 해결하는 **시스템적 사고방식**을 두루 살펴볼 것이다. 농경사회에서와 같은 단순하고 원초적인 사고에서 탈피해 다가올 미래의 행복한 **고수가 되는 내적 수련**을 시작해보자.

법칙을 활용해 노력을 극대화하라

시대적 특징
정보가 많아질수록 사고는 얕아지며, 기회가 많아질수록 경쟁은 경계를 넘나들고, 누구든지, 무엇이든지 언제나 개입하고 개입되는 온라인 시대

3대 트렌드
지식을 기억하지 말고 조회하라. 네트워킹을 통해 독립적으로 사고하라. 낯선 사람들과 기기를 이용해 협업하라.

고수의 비법
고수들은 기저의 법칙을 이용해 폭발적으로 능력을 발휘하고, 성장한다. 이것이 잘 알려지지 않은 그들만의 '비밀상자'이다.

폭발적 성장의 3요소
인지 성장 – 능력 강화 – 꾸준한 노력

브레인 아웃소싱
중요하지 않은 기능은 아웃소싱하고, 핵심 역량에 집중해 폭발적 성장을 이루어라.

제2장

성장력을
강화하는 법

능력을 고부가가치화하는 성장 전략

기회가 널려 있다는 것은 기회가 없다는 이야기다. 사회의 경쟁이 치열해질수록 우리는 더욱 심사숙고해서 전략을 세우고 '적지만 더 나은' 기회를 찾아야 한다.

많아진 성공 기회,
더 치열해진 경쟁

기회가 널려 있다는 것의 진짜 의미

지난 10년과 비교했을 때, 현재 우리를 둘러싼 성공의 기회는 늘어났을까? 아니면 줄어들었을까? 애플리케이션 시장을 한번 살펴보자. 애플리케이션 시장의 폭발적 성장과 함께 지난 몇 년간 누구나 전 세계 사람들을 대상으로 상품을 판매할 수 있는 기회를 얻었고, 길을 지나치다 만난 사람들 중 사업계획 하나쯤 갖지 않은 이가 없을 정도가 됐다. 모바일 인터넷 시대, 고정된 곳에서만 일을 할 수 있었던 PC 시대보다 성공의 기회가 많아진 것도 사실이다. 그러나 성공하는 사람의 수는 더 적어졌다. 오늘날 애플리케이션은 소셜, 엔터테인먼트, 쇼핑, 교육, 여행, 라이프스타일, 뉴스, 생산성도구, 지도 등의 카테고리로 분류되는데, 각 카테고리마다 대부분 상위 3위 애플리케이션이 모바일 트래픽의 80퍼센트를 차지한다.* 경쟁이 더욱 치열한 카테고리 내에서는 보통 상위 2위 애플리케이션이 모바일 트래픽의 대부분을 차지한다. 예를 들어 중국의 모바일 결제 시스템 카테고리에서는 위챗WeChat과 알리페이Alipay가 대표적이며, 나머지 수천 개의 애플리케이션이 시장을 나눠먹는 형태다.

책은 어떨까? 우리의 운명을 바꿀 만한 양서가 많아졌을까? 아니면 적어졌을까? 출판 업계의 발전과 인터넷 콘텐츠 상품의 등장으로 양질의 책이 많아졌지만, 독자의 니즈에 맞지 않는 종이 뭉치에 불과한 책도 많아졌다. 과거에는 지식인들이 쓴 책이 많지 않았지만, 전해오는 지식의 수준은 상당하며, 모두 고전으로 불린다. 심지어 『논어論語』는 그 내용의 반만 알아도 천하를 다스릴 수 있다고 할 정도다. 그러나 오늘날의 글은 어떠한가? 우리는 콘텐츠를 접하는 대부분의 시간 내내 제목을 클릭하기 전까지는 어떤 내용인지도 알 수 없는 SNS상의 글을 읽고 있다.

그렇다면 개인의 발전은 어떨까? 기회는 커졌지만 기회를 잡을 수 있는 사람의 수는 줄어들었다. 최근 몇 년 사이 새로운 기술과 개념이 등장하면서 우리의 마음을 들쑤신다. 지난 10년과 달리 앞으로는 우리에게도 기회가 주어질 것만 같다. 많은 사람들이 "집중

---

* 빅데이터 조사기관 퀘스트모바일QuestMobile 2016년 12월 자료 기준. ─ 저자

력을 발휘해 노력하면 분야를 뛰어넘는 멀티 플레이어가 될 수 있다"고 말한다. 한 사람이 다양한 영역에서 더 많은 기회를 잡을 수 있다는 이야기다.

그러나 기회가 널려 있다는 것은 기회가 없다는 것과 마찬가지다. 강자는 우리보다 더 멀리 영역을 확장해나가며, 집중하는 사람은 우리보다 더 빠른 속도로 앞서나간다. 과거에는 사람들이 자기 분야 내에서만 활동했다. 예를 들어 제품 개발자와 작가는 경쟁 관계가 아니었다. 그러나 현대에는 제품 개발자도 소스를 모아 콘텐츠를 만들기 때문에 작가와 경쟁 관계에 놓이게 되었다.

오늘날, 성공할 기회는 10배쯤 많아졌지만 경쟁자는 100배나 많아졌다. **기회는 많아졌지만 성공할 확률은 적은 사회다.** 곳곳에 기**회만큼이나 경쟁도 넘쳐난다.** 이렇게 시장이 넓어질 때는 핵심 경쟁력에 집중해야 한다. 넓어질수록 집중해야 하는 고수의 시대인 것이다. **자원이 풍부할 때는 선택하는 능력이 행동력보다 중요하다.** 책을 읽고 사람을 만나고 능력을 연마하는 것보다는 어떤 책을 읽을 것이며 누구를 만나고 무슨 능력을 갈고 닦을 것인지, 그리고 어떤 기회를 잡을 것인지 선택하는 것이 더 중요해졌다.

이런 것들은 단순히 노력만으로 얻어지지 않는다. **우리는 무엇을 선택해야 할지 심사숙고해서 고민하고 전략을 세우고, '적지만 더 나은' 기회를 찾아야 한다.**

최고에 투자하라

괴테는 "사방의 풍경을 가리키고 싶다면 먼저 정상에 올라야 한다"고 말했다. 정상에 올라야만 진짜 세상을 볼 수 있다는 뜻이다. 대부분 자기가 서 있는 위치에서는 풍경 전체를 볼 수 없다. 어떤 기술을 배우고 싶다면 우선 그 영역에서 최고인 전문가를 연구해야 한다. 고수의 곁에서 함께해야만 그들의 진짜 세계를 이해할 수 있다.

과거에는 전략 분야의 최고 전문가로 전쟁 전략을 수립하는 장군을 꼽았지만, 오늘날은 상황이 달라졌다. 일류 투자자야말로 전략의 전문가일 수 있다. 그들은 다음과 같은 특징을 지닌다.

- 투자자는 '선택 능력'이 뛰어나다. 투자자들의 주 업무는 선택이다. 주식 투자에서 일반인과 일류 투자자들의 행동력에는 차이가 없다. 단지 그들은 제대로 된 선택을 할 뿐이다.

- 투자자는 '전략적 결정'을 많이 내린다. 우리는 살면서 많아야 5~7개 회사, 3~4개의 직업을 선택하는 데 그치지만 일류 투자자는 매년 1000개 가까운 회사와 10여 개가 넘는 분야를 분석하고 전략을 세운 후 결정을 내린다.

- 투자자는 '제대로 된 안목'을 갖고 있다. 우리는 대부분 오늘 투자하고 내일 수익을 얻길 기대하지만 이들은 장기적인 안목을 가지고 투자한다. 펀드 하나가 수익을 내기 위해서는 최소 5~7년은 걸리며,

산업의 투자 주기는 20여 년이라고 한다. 투자에서 중요한 것은 바로 장기 수익을 바라보는 제대로 된 안목이다.

회사의 인풋 대비 아웃풋 비율을 판단해야 하는 투자자들은 전략의 고수다. 잘 생각해보자. 우리도 자신의 인생에 투자하는 투자자인데, 이런 판단력이 왜 필요하지 않겠는가?

'연습'은 투자이고, '기술'은 그로 인해 얻는 이익이다. '즐김'으로써 '경험'을 얻으며, '감정'으로 '관계'를 만들고 '공부'를 통해 '지식'을 습득한다. 우리 모두는 자기 인생의 투자자다. 아침에 24시간이라는 시간과 에너지를 받아서 저녁에 정산하고, 다음날 이를 반복한다. 몇 년 후의 차이를 만들어내는 것은 당신이 잠든 이후에도 계속해서 반복할 수 있는 것들에 있다. 그러므로 우리는 전략의 고수들에게 인생의 방향성을 설정하고 자신에게 맞는 성장 전략을 수립하는 방법을 배워야 한다.

해피존*으로 들어오는
공만 친다

야구의 신에게 배운 투자 이념

투자의 귀재, 워런 버핏Warren Buffett은 오랜 기간 「포브스」 선정 세계 부호 2위를 지켜왔다. 워런 버핏이 우상으로 추앙받던 수년간, 기업가들은 유행처럼 그의 회사 버크셔해셔웨이Berkshire Hathaway의 주식을 샀다. 그리고 매년 5월에 오마하에서 열리는 주주총회에 참석해 투자 귀재의 생각을 듣고 컴퓨터 하나 없는 워런 버핏의 사무실을 둘러봤다.

참관자들은 워런 버핏의 사무실에 있는 미국의 한 야구선수 포스

---

* 많은 힘을 들이지 않고 공을 원하는 방향으로 멀리 빠르게 날아가게 하는 최적의 타격 지점. 스위트 스폿Sweet Spot이라고도 한다.

터에 매료되었다. 포스터 속 야구선수는 스윙 자세를 취하고 있는데, 그 옆으로는 직사각형 형태로 야구공이 배열돼 있고 야구공마다 숫자가 쓰여 있다. 워런 버핏은 참관자들에게 포스터의 야구선수를 자신의 투자 이념에 지대한 영향을 미친 사람이라고 소개했다.

투자자가 야구선수에게서 무엇을 배울 수 있을까? 포스터 속 주인공은 야구를 사랑하는 미국인들에게 어쩌면 워런 버핏보다 더 위대한 사람일지도 모른다. 바로 보스턴 레드삭스의 테드 윌리엄스Ted Williams이다. 야구계에서 그의 입지는 금융계의 워런 버핏에 조금도 밀리지 않는다. 윌리엄스는 '역사상 최고의 타자'라 불리며 미국 메이저리그의 마지막 4할 타자로 알려져 있다.

테드 윌리엄스는 저서 『타격의 과학Science of hitting』에서 높은 타율의 비결로, 무작정 시야 내에 들어오는 모든 공을 치는 것이 아니라 '해피존' 내(포스터 속 숫자가 비교적 큰 구역)로 들어오는 공만 치는 것이라고 밝혔다. 다른 공은 무시하고 그 안의 공만 정확히 치면 최고의 성적을 유지할 수 있다는 것이다. 그리고 그는 다음과 같이 말했다.

우수한 타자가 되려면 좋은 공을 기다려야 한다. 내가 계속 해피존 밖의 공을 치려고 했다면 미국 야구 명예의 전당에 이름을 올리지 못했을 것이다.

테드 윌리엄스는 스트라이크존을 77개로 나눴다. 각 구역은 야구공 1개 크기다. 그는 이상적인 구역 안으로 공이 들어왔을 때만 야구 방망이를 휘둘렀고 4할의 타율을 유지할 수 있었다. 주변의 공까지 치려고 했다면 타율은 3할 혹은 2할까지도 내려갔을 것이다. 하지만 테드 윌리엄스는 해피존 밖으로 들어오는 공에는 절대로 야구 방망이를 휘두르지 않았다.

듣기에는 단순한 전략 같겠지만 실전에 적용하려면 엄청난 의지가 필요하다. 특히 승패가 갈리는 중요한 경기에서는 더욱 그렇다. 안타를 치길 바라는 수만 관중의 시선이 쏠려 있는 이때, 해피존이 아닌 곳으로 낮은 공이 들어온다면 어떨까. 식은 죽 먹기처럼 안타를 치기 좋은 기회 같은데, 방망이를 휘둘러봐도 되지 않을까? 이런 상황에서도 굳건히 해피존 내의 공만 치려면 냉정함은 물론 그 법칙에 대한 확신이 필요하다.

야구 경기에는 두 가지 유형의 타자가 있다. 먼저 모든 종류의 공을 다 치는 타자가 있다. 그는 매번 홈런을 치기 위해 전력을 다한다. 이 또한 엄청난 힘과 체력이 필요하기 때문에 금지된 약물을 복용하는 경우도 있다. 반면 현명한 타자도 있다. 선천적인 신체 조건은 안 좋을 수도 있지만 그들은 똑똑하다. 확률이 높은 공만 치고 홈런을 치려고 무리하지도 않는다. 그저 적절한 공을 수비수가 없는 곳으로 칠 생각뿐이다. 상위 10위권 선수들은 대부분 후자이며 테드 윌리엄스는 후자 중에서도 고수다. **고수는 고가치 영역에서 늘 정확하게 움직이는 사람들이다.**

워런 버핏은 테드 윌리엄스에게서 무엇을 배웠을까? 바로 '가치가 높은 곳에 집중하라'는 것이다. 2017년 〈워런 버핏이 된다는 것 Becoming Warren Buffett〉이라는 다큐멘터리에서 버핏은 이렇게 말했다.

투자 영역은 내게 영원히 끝나지 않는 야구 경기와 같습니다. 이곳에서 당신은 최고의 일을 찾을 수 있어요. 1000개가 넘는 회사가 있지만 전부 살펴볼 필요는 없어요. 50개도 볼 필요 없죠. 내가 원하는 공을 골라 치면 돼요. 투자의 비결은 가만히 앉아서 날아오는 공을 지켜보면서 최고의 공이 오기를 기다리는 겁니다. 사람들이 방망이를 휘두르라며 외치겠지만, 신경 쓰지 마세요.

워런 버핏과 빌 게이츠는 오랜 친구다. 하루는 빌 게이츠의 아버지가 워런 버핏을 초대했다. 식사 자리에서 둘에게 가장 영향을 크게 미친 단어를 쓰라고 했는데, 둘의 답은 똑같았다.

"Focus(집중)"

주식에는 두드러지는 경향이 있죠. 사람들로 하여금 빨리, 그리고 자주 운용하게 만들고 너무 쉽게 옮겨 다니게 하죠. 시간이 흐르면서 사람들은 주식을 고르는 자신만의 필터를 만들어냅니다. 하지만 저마다 능력의 한계가 있어요. 전 그 안에서 머물면서 밖의 일은 신경 쓰지 않아요. 투자에서는 자기가 어떤 게임을 하고 있는지와 자기 강점을 아는 것이 매우 중요합니다.

워런 버핏은 빌 게이츠에게 세계 최고 회사에 관한 정보를 얻을 수 있었겠지만 단 한 번도 마이크로소프트에 투자한 적이 없다. 왜냐하면 당시 이쪽 분야는 자신의 능력 범위 밖에 있었기 때문이다. 그래서 좋은 기회가 있었음에도 그는 투자하지 않았다.

투자의 귀재인 워런 버핏의 투자 원칙은 '**가치가 높은 회사, 반복적으로 투자할 수 있는 회사, 안정적인 회사에만 투자한다**'는 것이다. 다른 것은 신경 쓰지 않는다. 단기 이익을 추구하지 않으며 장기 수익을 보고 최대한 적게 이동한다.

야구의 신 테드 윌리엄스에게도 '해피존에 들어온 공만 치고 홈런에 욕심내지 않으며 오직 최상의 결과만을 추구한다'는 원칙이 있었다. 워런 버핏과 테드 윌리엄스는 세상에서 제일 안전하고 보수적이며 가장 움직임이 적은 방법을 선택했다. 그럼에도 이 두 사람은 자기 분야에서 최강자가 됐다. 고수들은 이처럼 '적지만 더 나은' 일을 찾아서 반복한다.

큰 뱀의 전략

아마존강 유역의 아나콘다는 세계에서 가장 큰 뱀이다. 다 자란 아나콘다의 길이는 약 9미터를 넘나들며 무게는 136킬로그램가량 나간다. 몸통을 완전히 펼치면 소형차 두 대 길이다. 크기보다 더 엄청난 것은 건장함이다. 사람의 근육이 639개인 데 반해 아나콘다는 1000개가 넘는다. 아나콘다가 사람을 휘감았을 때 가하는 압력은 25센티미터×25센티미터 너비의 사람 가슴팍에 4톤 트럭이 멈춰선 정도에 해당한다. 아마 뼈가 부러지는 소리도 들릴 것이다. 아나콘다는 아마존 열대 우림의 신으로, 먹이사슬의 정상에 서 있다.

덩치 큰 뱀(편의상 아나콘다 대신 뱀으로 지칭하겠다)에게도 나름의 고충이 있다. 보통 음식물로는 배가 차지 않으니 큰 먹잇감이 필요한데, 몸집이 커 멀리까지 쫓아가기가 힘들다.

그래서 나름대로 사냥 방식을 발전시켜왔다. 먼저 물가의 그늘진 곳(물새, 거북이, 악어 등이 빈번하게 출몰하는 지역)을 찾아서 그곳에 자리 잡고 조용히 먹이가 걸려들 때만을 기다린다. 처음에는 주변의 작은 동물들이 뱀이 있다는 것을 알아채고 가까이 다가갈 엄두를 내지 못한다. 하루, 이틀, 사흘이 지나도 뱀은 움직이지 않는다. 그 위로 나뭇잎이 쌓이고 이끼가 자라 뱀의 몸과 냄새를 가린다. 사흘, 나흘이 지나면 곤충과 새들이 그 위를 뛰어다닌다. 심지어 입만 벌리면 삼킬 수 있을 거리에 다람쥐가 있는데도 뱀은 입을 벌리지 않

큰 뱀 전략

는다. 이때부터 뱀 모양의 나무토막이라 생각한 작은 동물들이 다가가기 시작한다.

잠복 10일 째, 어린 물새 몇 마리가 겁 없이 물가로 물 마시러 왔다가 호기심에 뱀 모양의 나무토막을 쳐다본다. 장난기 많은 얼룩말이 가볍게 그 위를 뛰어넘기도 하지만 큰 뱀은 여전히 움직이지 않는다. 대체 뭘 기다리는 것일까? 바로 더 큰 기회다.

이제 양이나 악어도 담담히 물가로 간다. 동물들은 아무런 방어조차 하지 않은 채 뱀을 등지고 서 있다. 악어 꼬리가 뱀의 코끝에서 살랑거리는 순간, 이때가 기회다. 열흘 넘게 잠복해 있던 뱀이 돌연 거대한 스프링처럼 솟아오른다. 악어가 근육을 팽팽히 하며 달아나려 하지만 이미 거대한 뱀에게 휘감겨버린 후다.

큰 뱀은 서서히 공포의 살인 기술을 발휘한다. 이내 혈액 순환이 멎은 악어는 몸부림치지 않는다. 한 입에 악어를 삼키는 뱀, 이로써 한 달은 살 수 있게 됐다. 그리고 다시 물가의 나무그늘에 자리 잡고 천천히 소화시키면서 다음 사냥감을 노린다.

나는 다큐멘터리를 보면서 뱀의 전략에 감탄했다. 큰 뱀은 자기가 무슨 '전략'을 썼는지 모르겠지만 수억만 년의 진화의 시간을 보내면서 자연스럽게 최적의 공격법을 찾아냈을 것이다. 큰 뱀의 전략은 매우 명확하다.

- 해피존을 찾아라: 물가의 큰 나무 옆에서 인내를 갖고 기다려라.
- 전략적으로 집중하라: 작은 사냥감은 무시하고 큰 사냥감을 노려라.
- 기회를 기다려라 : 요령을 부리지 말고 포획이 확실한 순간에 공격하라.

큰 뱀의 공격 방법이 워런 버핏, 테드 윌리엄스의 방식과 어찌 이리 비슷하단 말인가!

우리는 지금까지 투자계, 야구계, 자연계의 최고 고수들이 모두 동일한 전략을 선택했다는 사실을 알았다. 난 이를 '고수의 전략'이라 부른다. 가치가 높은 것을 찾아 전략적으로 집중하고 가장 자신 있는 방식으로 쟁취하는 것이다. 지금부터 하나씩 살펴보자.

고가치 영역에
주목해야 하는 이유

　고가치 영역을 주시하라는 내 말에 어떤 사람들은 "요행만 바라는 게 아니냐"고 "지나치게 소극적인 것 아니냐"고 반응할 수도 있다. 하지만 사실은 정반대다. 큰 뱀이 오랫동안 아마존 열대우림의 물가를 지킬 수 있었던 것은 생태환경이 크게 바뀌지 않았기 때문이다. 변화의 속도를 따라잡기 힘든 현대 사회에서는 선택의 가짓수도 많고 불확실성도 높기 때문에 최선을 다해 사물을 관찰하고 새로운 것을 발견하고 검증하는 노력을 기울여야 한다. 그래야 무질서 속에서 가치가 높은 영역을 찾아낼 수 있다.

　어쩌면 이 책을 읽는 사람들은 나에게 가치가 높은 분야가 어디인지 말해주면 되지 않느냐고, 그런 기술에 관해 책을 한 권 쓰면 되지 않느냐고 질문을 던질 수도 있다. 그러나 고가치 영역이 무엇인지 콕 집어 말할 수 없는 데는 몇 가지 이유가 있다.

첫째, 고가치 영역은 종종 직감에 반^反하는 경우가 많다. 아마 내가 어떤 분야를 고가치 영역이라고 주장한다 해도 쉽게 믿지 못할 것이다. 게다가 요즘 세상은 누구나 다양한 콘텐츠를 통해 얻은 경제 상식을 갖고 있다. 많은 사람들이 고가치 영역이 무엇인지 알게 되면 다들 그리로 몰려들 텐데, 그러면 금세 가치가 낮아지지 않겠는가?

둘째, 고가치 영역을 차지하려면 자신만의 경쟁력이 필요하다. 앞선 사례들을 생각해보면 가장 큰 경쟁력은 인내심일 수도 있다. 아마존강의 큰 뱀 이야기를 떠올려보자. 몸집이 작은 뱀이었다면 강가에서 숨죽여 기다리는 전략은 통하지 않았을 것이다. 워런 버핏도 인내심이 없었다면 가치 투자에 실패했을지도 모른다. 경쟁력 있는 사람만이 고가치 영역에서 승리할 수 있다.

셋째, 고가치 영역은 시대에 따라 급변한다. 시대의 급속한 흐름은 평범한 사람을 생각지도 못했던 성공의 길로 이끌기도 한다. 평범한 청년들이 고수의 전략을 이용해 성장한 후 업계의 유명한 강사가 된 사례를 살펴보자.

교육 트레이닝과 표현 능력은 이미 하나의 전문 분야에서 통용되는 기술로 변했다. 최근 잘나가는 콘텐츠 창작자나 트레이너들은 더 이상 전업 강사가 아니라 강의 분야까지 섭렵한 각 분야의 고수들이다. 어떻게 하면 평범한 강사들이 더 빨리 자신만의 콘텐츠를 생산하거나 미래를 앞서나가는 특정 분야에서 성공할 수 있을까?

나는 대학교와 중·고등학교 및 여러 교육업체에서 일하는 우수한 교사들 100명 이상을 조사한 끝에 그들의 다섯 가지 핵심 능력을 도출해냈다. 우수한 교사들은 다음의 다섯 개 항목을 모두 갖추고 있었다.

- 전문 지식: 강의 영역 내 체계적이고 과학적이며 검증된 지식.
- 강의 계획안 구성: 각기 다른 학생들의 니즈에 맞춘 합리적인 강의 계획 구성 능력.
- 테크닉 발현: 언어와 동작, 교육용 소프트웨어와 멀티미디어를 활용한 강의 스킬.
- 개인의 매력: 자신만의 독특한 개성.
- 긍정적 마인드: 긍정적인 심리 상태와 마음가짐을 다잡을 수 있는 시스템 확보.

다섯 개 항목의 핵심 능력을 기준으로 우리는 강사 양성 시스템을 설계했고, 이를 통해 강사의 능력을 배양해 뚜렷한 성장 효과를 얻었다. 이 기간에 나는 흥미로운 점을 하나 발견했다. 같은 트레이닝 과정에서도 다른 무리에 비해 성장 속도가 남다른 무리가 있었는데, 그들은 남들보다 더 똑똑하거나 더 노력해서가 아니라 현명한 학습 방법을 취했기 때문에 더 빨리 성장할 수 있었다.

폭발적 성장 1단계: 2대 8법칙을 이용한 고효율 성장

모든 강사들이 앞에서 언급한 다섯 개 역량 항목을 갖춰야 하지만, 이를 습득하는 방식은 두 종류로 나뉘었다. 먼저 '쾌속 순환 유형'이 있다. 다섯 개 역량 항목을 빠른 속도로 실천해본 후, 핵심부터 습득하고 다음 항목을 훈련하는 방식이다. 다른 부류는 '심도 있게 파고드는 유형'이다. 이들은 한 분야를 성실하게 파고들어 완벽하게 습득한 후에야 다음 항목으로 넘어간다.

대부분 강사들은 후자에 속한다. 우수 강사의 강의를 듣고는 자신의 전문 지식이 부족하다고 느끼고 보통 1년 정도 대량의 전문 지식 습득에 몰두한다. 다양한 수업을 들으면서 배울 것이 더 많다고 느끼면서 그들은 계속 공부한다. 그렇게 2년이 지나고 현장에 나오지만 모든 시간을 할애해 전문 지식을 완벽히 보충했음에도 여전히 갈 길이 멀게 느껴진다. 왜 그럴까?

똑똑한 강사들은 '2대 8법칙'을 이해하고 적용한다. 이것이 바로 폭발적 성장의 첫 번째 단계다. 그들은 먼저 20퍼센트의 시간을 투자해 전문 지식을 80퍼센트 수준까지 끌어올린다. 그리고 강의

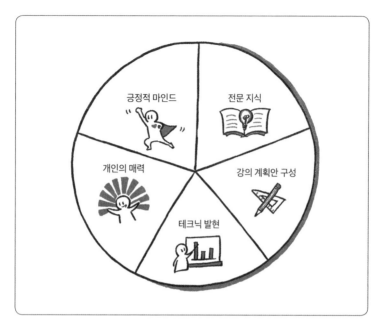

우수한 교사의 다섯 가지 역량

계획안 설계에 집중하는데, 앞서와 마찬가지로 100퍼센트가 아닌 80퍼센트 수준에 도달할 때까지만 집중한다. 다음으로 강의 스킬을 배양하고 개성을 키울 방법을 연구한 후, 마지막으로 자신의 학습 모델과 현 상태를 재정비한다.

이렇게 했을 때, 두 집단의 결과는 어떻게 달라질까? 같은 기간 동안 한 분야를 100퍼센트 수준까지 끌어올린 강사들은 100퍼센트 강사가 되지만, 같은 기간 동안 100퍼센트의 시간과 에너지를 다섯 개의 항목으로 나눠 각각에서 80퍼센트 수준으로 달성해낸 강사들은 400퍼센트짜리 강사가 된다. 단순한 학습 방법의 차이가 성과에서 네 배의 차이를 만들어내는 것이다. '2대 8법칙'과 '쾌속 순환 유형' 방식을 택한 강사들은 폭발적 성장의 첫 단계를 달성했다.

한 분야에 100퍼센트의 에너지를 쏟아서 100퍼센트의 전반적인 내용을 얻어내느니 각각의 영역에 80퍼센트의 에너지를 쏟아 20퍼센트의 정수精髓를 뽑아내는 편이 더 효율적이다.

우리는 시야를 넓혀야 한다. 고전도 읽고 한 분야의 대가도 만나보고 사회의 바탕이 되는 기저논리도 공부해야 한다. 그래야 하는 이유는 명확하다. 사회를 구성하는 시스템이나 전체적인 큰 그림을 볼 줄 알아야 그 이면을 구성하는 서브시스템 내에서도 우리는 2대 8법칙과 쾌속 순환 방식을 이용해 100퍼센트의 수확에 집착하지 않으며, 빠르게 사이클을 돌아 다양한 분야에서 성장할 수 있기 때문이다. 현대 사회를 이해하고 경제학, 심리학, 과학사, 복잡계 등 기초 학문의 지식을 습득하는 것은 넓은 시야를 갖추고 성장의 사이클을 원활히 도는 데 유리하다.

폭발적 성장의 첫 단계는 차이를 만드는 첫걸음이다. 전문 지식을 공부한 사람들은 비록 시작은 늦었더라도 자신의 탄탄한 기초 지식을 바탕으로 다섯 배의 시간을 들이면 500퍼센트를 얻을 수 있을 거라고 자신할지도 모른다. 그러나 이미 늦었다. 세상은 그들에게 공들이는 시간을 허락해주지 않는다. 400퍼센트를 얻은 강사가 가진 미세한 우위는 폭발적 성장을 통해 미래에 100배의 효과를 낸다. '부익부 빈익빈'의 마태효과Matthew effect가 발휘되고 소수의 강사들이 스타 강사가 되어 자리를 확고히 하게 되는 것이다.

폭발적 성장 2단계: 시스템을 이용해 명성을 키워라

폭발적 성장의 두 번째 단계는 시스템을 활용하는 것이다. 앞서 말한 강사를 예로 들자면 우수 강사에서 스타 강사로 발돋움하는 결정적 단계다.

만약 우리가 학생이라면 어떤 기준으로 강사를 평가하겠는가? 강사 평가의 기준은 내부적으로는 점수, 외부적으로는 명성이 있다. 내가 신동방에 몸담고 있을 때 유학 준비를 하던 대부분의 사람들은 대학생이었는데, 이 학생들 사이에서 강사에 대한 평판은 매우 빠른 속도로 퍼지곤 했다. 높은 점수를 얻은 학생이 있으면 그 학생을 가르친 강사에게 남다른 교습법이 있는 것처럼 소문이 나는 것이다.

우수한 강사들은 점수 면에서나 학생 피드백 면에서 일반적인 강사들보다 우위를 점한다. 당연히 수업을 배분할 때도 이런 강사들에게 더 많은 강의를 배정한다. 수업 수가 많다는 것은 강사에게 보유 학생의 수도 많아지지만, 강의 연습의 기회도 늘어난다는 것을 의미한다. 결국 강의 방식이나 강의 수준이 동일하다고 해도, 더 많은 성공 사례를 만들고 더 좋은 평판을 얻는 강사가 자신의 명성을 높이면서 더 많은 수업 기회도 얻게 되는 '자기 강화의 선순환'을 가져오게 된다.

고득점 → 수업 배정 확대 → 학생 수 증가(평판) → 명성 높아짐

강의 수가 많을수록 선순환의 반복도 더욱 빨라진다. 수많은 강의를 차질 없이 소화해내려면 커리큘럼 연구 개발과 설계는 바쁘지 않은 평소에 해야 한다. 여름학기 수업이 끝나고 나면 우수한 강사들은 다섯 개의 역량 항목을 1~2회쯤 실행하게 되고, 우수 강사에서 매력적인 스타 강사로 업그레이드된다.

스타 강사들은 강의 스킬에 집중하고 수업 범위를 확대함으로써 빠른 속도로 개인의 브랜드를 만들어나간다. '고득점 - 수업 배정 확대 - 평판'의 메커니즘 아래 일부 강사들이 개인 브랜드를 강화하면서 스타 강사들이 다수 배출되었다.

물론 오늘날에는 흔히 볼 수 있는 플랫폼이다. 그리고 흔히 볼 수 있는 윈 - 윈 전략이다. 생방송 플랫폼에서 수천 만 위안을 버는 인기 앵커든 지식 공유 플랫폼의 유명한 인터넷 스타든 TV의 유명한 MC든 위와 같은 우선순위를 선별하는 메커니즘을 거쳐 폭발적 성

장을 달성했다.

폭발적 성장 3단계: 최우수 두뇌 간의 네트워킹

스타 강사들이 서로 교류를 통해 네트워킹을 만들어가면서 대형 수업이 생겨나기 시작했다. 수업이 많은 강사들일수록 만날 기회도 많아지는데, 자주 만나다 보면 우수한 두뇌끼리 그룹을 형성하게 된다. 쉬는 시간마다 흥미로운 뉴스나 수업 소감, 학생들과의 에피소드, 개개인의 가치관 등에 이르기까지 많은 이야기를 나누며 교류의 물꼬가 터지는 것이다.

생각의 교류보다 더 중요한 것은 감정적인 연결과 신뢰의 축적이다. 이 강사들이 친구가 되고, 동료가 되고, 미래의 창업 파트너가 된다. 이들 중 한 그룹이 업계에서 창업을 하고 이름을 날리며 교육 분야를 주름잡는 CEO가 되는 것이다.

이것이 바로 폭발적 성장의 위력이다. 평범한 강사들이 커리큘럼만 죽어라 고치는 동안 스타 강사들은 수백 번도 넘게 강단에 올랐다. 그리고 자기 강화의 선순환을 만들어나갔다. 스타 강사들의 성공은 개인의 폭발적 성장을 통한 집단 성장의 발현이었다. 소형 수업이 주를 이루는 시대에는 이런 기회가 쉽게 찾아오지 않을 것이다.

강사 개인이든, 개인 브랜드의 성장이든, 그룹의 성장이든 모두

한 가지 원칙에 부합한다. 바로 고가치 영역의 '선두'에 집중했다는 것이다.

내가 말하고 싶은 것은 최고의 자리에 오르기 위해서는 남들과 다른 전략이 필요하다는 것이며, 그 전략은 '인풋'과 '아웃풋'의 비선형을 달성하는 것이다. 80퍼센트의 시간을 투자해 20퍼센트의 정수를 습득하고 빠른 속도로 경기의 선두를 차지하여 최고의 자원을 얻고 최고의 인재와 교류하면서 함께 1등이 되는 것이다.

그렇다면 선두에서는 왜 이런 신기한 효과가 나타날까? 우리가 늘 접하면서도 잘 모르는 멱법칙Power law, 冪法則 때문이다.

멱법칙,
사회의 지렛대를 이용하는 법

1895년, 이탈리아의 경제학자 빌프레도 파레토 Vilfredo Pareto는 국가별 재산 분포도를 연구하면서 흥미로운 현상을 발견했다. 국가마다 대부분의 재산을 점유하는 사람은 소수이며, 대다수 사람들은 적은 재산을 소유했다. 그래프로 보면 머리 부분이 세로축 가까이에 붙어 있고 꼬리가 길게 늘어진 형태다.

멱법칙의 첫 번째 특징은 '고도의 불균형'이다. 흔히 '2대 8법칙' 또는 '마태효과' '롱테일 이론'이라고 한다. 20퍼센트의 고객이 매출의 80퍼센트를 차지하고, 전 세계 20퍼센트의 사람들이 전 세계 부의 80퍼센트를 점유하며, 20퍼센트의 단어만 써도 정보의 80퍼센트를 표현할 수 있다. 과학자들은 이 논리가 인간 사회뿐 아니라 자연계에도 분포한다는 것을 알아냈다. 지진 폭발의 빈도, 달 분화

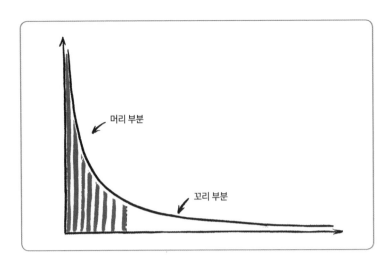

멱법칙(롱테일 이론)

구 직경의 분포, 언어 중 단어의 분포, 국가 인구 분포, 인터넷 클릭 수, 논문 인용 횟수, 오스카상의 분포 등이 모두 멱법칙에 해당한다. 이를 '예상된 불균형'이라고 한다. 어찌됐든 **불공평은 대자연의 한 가지 현상**인 듯싶다.

불공평의 정도 차이는 상상을 초월한다. 2016년 GDP 1위 국가인 미국은 GDP가 17만 4000억 달러였던 반면, 최하위 국가는 3800만 달러로 46만 배 차이가 났다. 1퍼센트의 미국인이 미국 재산의 34퍼센트를 소유하고 있으며, 위키피디아 표제어의 반 이상은 세계 인구의 0.7퍼센트의 사람 수에 의해 만들어진다. 중국도 마찬가지다. 대부분 사람들의 연봉은 몇만에서 몇십만 위안 사이인데, 마윈馬雲은 2016년도에만 재산의 증가폭이 820억 위안에 달했다.

먹법칙의 두 번째 주요 특징은 '프랙탈Fractal'이다. 프랙탈이란 작은 구조가 전체 구조와 닮은 형태로 계속 반복되는 구조를 말한다. 예를 들면 세계지도에서 볼 수 있는 각 대륙의 울퉁불퉁한 해안선이 바로 그것인데, 구글 지도를 10배 이상 확대해 보면 어떤 형태인지 이해할 수 있다. 이러한 현상은 자연에서 쉽게 찾을 수 있는데, 인체의 폐엽 세포와 육지의 강 유역도 매우 유사하게 생겼으며, 잎과 눈꽃에서도 프랙탈 현상을 찾아볼 수 있다.

사회 시스템도 그렇다. 도시 간 GDP, 도시 내 기업의 규모, 기업 내 각 부서의 중요도, 부서 내 직원의 중요도 역시 먹법칙에 들어맞는다. 개인의 인풋 대비 아웃풋의 비율도 먹법칙에 부합한다.

효율의 시작, 레버리지

우리 삶 속 어디에나 존재하는 먹법칙이 던지는 시사점이 있다. 사회와 자연의 시스템에는 핵심 포인트가 있으므로, 어떤 일이든 핵심 포인트를 지속적으로 장악하는 것이 최고의 효율을 얻어내는 관건이라는 점이다.

당신이 비교적 발전한 중소도시에 살면서 작은 회사의 작은 부서에서 일을 한다면, 실제 당신이 일하는 부서는 당신 인생의 핵심이다. 출근 후의 일상이 뻔해 보여도 우연히 상관과 나눈 대화 한마디가 당신 인생 전반에 영향을 미칠 만큼 중요할 수도 있다. 다른 업무는 80퍼센트만 해내면 충분하다. 이 책에도 내가 볼드체, 제목, 도안 등으로 강조해둔 내용이 있듯이 특히 더 중요한 부분이 있다. 그것만 장악해도 책 대부분을 이해한 셈이다.

이렇게 작은 투자로 큰 효과를 얻는 수단을 '레버리지Leverage'라고 한다. 멱법칙에서 알 수 있듯 모든 시스템에는 레버리지가 있다. 이것만 찾으면 힘을 적게 들이고도 큰 성과를 얻을 수 있다.

멱법칙의 프랙탈은 앞서 말한 시스템의 핵심이 계속해서 나눠지면서 더욱 세분화된 핵심을 찾아낼 수 있음을 의미한다. 레버리지에 레버리지를 계속 더할 수도 있다.

2대 8법칙을 예로 들어보자. 20퍼센트의 투자가 80퍼센트의 수익을 낸다는 것은 모두가 아는 사실이다. 하지만 한 걸음 더 들어가 생각해보면, 20퍼센트 안에서도 2대 8법칙에 따라 20퍼센트 내의 20퍼센트가 존재한다. 이 이론대로 계산해보자. 당신이 20퍼센트의 20퍼센트, 그 20퍼센트의 20퍼센트를 찾으면 수확은 80퍼센트의 80퍼센트, 그 80퍼센트의 80퍼센트가 되므로 남들 대비 64배의 효율을 얻는 셈이다.

2 : 8법칙: 20% - 80%

2 : 8법칙의 제곱: 4% – 64%

2 : 8법칙의 세제곱: 0.8% – 51.2%

물론 끊임없이 변화하는 세상에서 핵심이 되는 20퍼센트를 찾는 것은 어려운 일이다. 그러나 그만큼 가장 가치 있는 일이기도 하다.

일의 핵심 레버리지를 찾으려면 상당한 관찰력과 사고력이 요구된다. 레버리지를 찾은 후에는 각종 유혹에도 흔들리지 않고 20퍼센트에 집중하는 확고한 의지가 있어야 한다. 이러한 사고방식은 자신에게 투자하는 '고수'에게 가장 중요한 전략이다.

계층 분화에 어떻게 대처할 것인가

먹법칙 외에 자연에서 흔히 볼 수 있는 법칙이 또 있다. 바로 정규분포다. 이는 푸아송 분포Poisson distribution와도 유사하다. 뒤집어진 U자 형태의 곡선을 자주 보았을 텐데, 이와 마찬가지로 사람들 중에도 걸출하고 특별한 사람은 언제나 소수다.

예를 들어 세계에서 키가 제일 큰 사람은 2.72미터에 체중은 222킬로그램이며 키가 제일 작은 사람은 55센티미터에 체중은 12킬로그램이다. 대부분의 사람은 이 둘 사이에 있다. 당신과 나의 지능지수, 외모지수, 체중, 그리고 자연계 모든 생물은 정규분포에 해당한다. 정규분포에서 볼 수 있는 것은 먹법칙과는 정반대인 평등주

의다.

그런데 따로 놓고 보면 특별할 것 없는 두 가지 법칙을 같이 두면 아주 흥미로워진다. 마윈이 당신보다 부지런할 수도 있지만 100만 배나 부지런하지는 않을 것이다. 지능지수와 노력의 정도 차이는 크지 않은데 부의 축적에서는 왜 이렇게 큰 차이가 날까? 당신과 연예인의 외모 차이가 몇만 배씩 나지는 않을 터인데, 왜 인기 차는 클까? 중소도시의 집과 베이징 CDB(비즈니스 중심 구역) 지역의 집 상태에는 큰 차이가 없는데 집값은 왜 몇 배나 차이가 날까?

2016년 발표한 「후룬바이푸胡潤百富*」의 부자 리스트를 보면 부의 분포는 전형적인 멱법칙에 해당한다. 그러나 리스트 속 인물들의 지능지수와 노력 정도는 정규분포에 들어맞는다. 그렇다면 정규분포형의 노력이 어떻게 멱법칙의 부로 변했을까? 또한 세계는 처음부터 평등했는데 어째서 불평등한 결과가 나오고 불평등의 정도는 점점 심해질까? 이것이 흔히 볼 수 있는 '계층 분화'다.

대체 어떤 결정적 요인이 평등을 불평등으로 바꾸었을까? 그리고 우리는 이점을 어떻게 이용할 수 있을까? 계층 분화의 시대에 어떤 역량으로 계층의 분화를 막을 수 있을까? 혹은 계층이라는 옷을 입지 않을 방법은 없을까?

---

* 중국판 「포브스」로 불리는 잡지로 중국 기업가 집단의 변화를 추적하고 부자 순위를 집계한다.

이미 경제학자들은 20년 전부터 이 방면에 관해 연구해왔다.

불가사의한 설탕 인간 게임

1996년, 컴퓨터 시뮬레이션을 통해 사회 발전의 변화를 이해하는 흐름이 학술계에 유행하면서 미국 브루킹스연구소의 조슈아 엡스타인Joshua Epstein과 로버트 액스텔Robert Axtell은 부의 분배에 관한 시뮬레이션을 설계하고 '슈거스케이프Sugarscape'라고 이름 붙였다.

당시 서구 사회에서는 심각한 빈부 격차가 나타나, 그 원인에 대해 의견이 분분하던 상황이었다. 좌파에서는 자본주의가 모든 악의 근원이며, 정부가 부를 위해 온갖 수단을 다 쓰는 부자들을 통제하지 못하기 때문에 빈부 격차가 생긴다고 주장했다. 우파에서는 가난한 자들이 무지하고 게으르기 때문에 더 가난해진다고 주장했다. 엡스타인과 액스텔은 이들의 주장과 달리 가상 세계를 만들어 빈부 격차가 생기는 현실을 좀 더 객관적으로 알아보고자 했다.

먼저 그들은 가상의 설탕 더미를 만들었다. 짙은 곳은 설탕 함량이 높은 구역, 색이 옅은 곳은 설탕 함량이 낮은 구역, 흰색 구역은 설탕이 생산되지 않는 곳으로 현실의 부유한 구역, 한계 구역, 빈곤 구역, 황무지에 대응했다. 그리고 각 특성을 지닌 설탕 인간, 즉 행위자들을 이동시켰다. 행위자들은 다음의 단순한 규칙에 따라 움직였다.

- 사방의 격자를 둘러보고 설탕 함량이 제일 높은 구역으로 이동해 설탕을 먹는다.
- 매일 일정량의 설탕을 소모해야 하며 소모하지 못하면 탈락이다.
- 모든 행위자의 타고난 자질과 시력, 신진대사 등은 무작위로 주어졌다.

타고난 시력이 좋으면 남들이 한 칸을 볼 때 네 칸을 볼 수 있을 것이다. 더 많은 칸을 본 사람이 우위를 점한다. 남들에 비해 열량 소모량이 적은 자, 남들이 두 칸 소모할 때 한 칸만 소모한 사람은 체력이 좋은 것으로 이해할 수 있다. 일부 재벌 2세로 태어난 사람들은 날 때부터 설탕을 더 많이 갖고 태어났다. 이처럼 수치를 다르게 설정해 변수를 조정하고 모형을 만든 후 작동하면 시뮬레이션 세계가 시작된다.

처음에는 설탕 인간들 사이에 큰 차이가 없다. 가장 부자인 24명이 열 개의 사탕을 갖고 있는데, 뛰기 시작할수록 불평등이 나타난다. 189회 가동 후, 가장 부유한 두 명은 225개의 사탕을 가졌지만 131명은 한 개의 사탕밖에 갖지 못했다. 설탕 인간의 나라에 소수의 부자 계급이 생겨났고 설탕 수입이 많은 인간들은 좌측에 위치했다. 이것이 흔히 말하는 '계층 분화'다.

그렇다면 계층은 나뉜 그대로 굳어지게 될까? 그렇다. 636회 시뮬레이션 기간 동안 계층은 그대로였다.

처음 이 게임을 접하고 입이 떡 벌어졌지만 이내 설정을 바꿀 수 있다는 사실을 깨닫고, 선천적으로 더 좋은 유전자를 분포한다면 어떨지 생각해봤다. 무작위로 행위자를 선택해 체력을 더 좋게 하거나 더 똑똑하게 만들어 실험한다면 사회의 분포도 바꿔볼 수 있지 않을까? 하지만 결과는 그렇지 않았다. 어떻게 조정해도 결국엔 불평등한 멱법칙 곡선이 나타났다.

설정을 바꾸면 빈부 격차가 가속되거나 느려지기도 했고, 개인의 운명을 바꾸기도 했다. 하지만 빈부 격차가 생기는 양상은 바꿀 수 없었다. 작은 설탕 인간들 사이에는 나쁜 놈도, 자본가도, 야심으로 가득한 정치가도 없었다. 그저 규칙을 따르는 작은 점이었을 뿐이다. 그런데 이들이 만들어낸 복잡한 시스템은 매번 돌이킬 수 없는 불평등을 만들어냈다. **끊임없이 변하는 개방형 사회에서 계층의 분화는 예측 가능한 불변의 진리다.**

예측 가능한 불평등

우리는 인터넷이 세계를 재편했고, 그래서 어떻게 세상이 바뀌게 되었는지 알고 있다. 상호 네트워킹을 통해 인터넷 접속이 빨라지고 재택근무가 가능해진 것만이 다가 아니다. 관건은 각 시스템이 상호 교환을 통해 정규분포를 멱법칙 상태로 바꿔간다는 데 있다.

이 과정에서 선두 그룹 효과는 점점 더 커져간다. 시스템의 선두를 식별하지 못하면 아무리 노력해도 시대에 뒤처지게 될 것이고 가난한 자는 더욱 가난해질 뿐이다.

빈부 격차는 왜 점점 커질까? 부가 부의 격차를 만든다는 이야기는 급격히 대두됐다. 생각해보자. 20퍼센트의 부자와 80퍼센트의 일반인이 가진 재산 차이가 얼마나 클까? 20퍼센트의 부자 중에서도 20퍼센트 안에 드는 갑부들과 나머지 80퍼센트 부자들의 차이는 어느 정도일까?

『플루토크라트Plutocrats』라는 책에서 크리스티아 프릴랜드Chrystia Freeland는 각국의 2퍼센트를 차지하는 슈퍼 리치들, 그리고 세계의 갑부층을 연구했다. 저자는 이 책에서 1억 만 명의 갑부와 보통 부자들의 재산 차이가 보통 부자들과 일반인의 재산 차이보다 더 크다고 지적했다.

그러면 이제 개천에서 용이 나는 일은 불가능한가? 그런 셈이다. 교육 자원이 한 단계 발전해 그들만의 선두 그룹을 형성해버렸기 때문이다.

베이징대학교 교육대학의 류윈산劉雲杉 부교수가 1978~2005년간 베이징대학교 학생들의 가정환경 통계를 냈는데, 1978년 30퍼센트에 달했던 빈곤 가정의 학생 수가 2005년에는 10퍼센트밖에 되지 않았다. 최근 들어서는 작은 마을에 사는 학생이 명문대에 붙었다는 이야기를 더 듣기 어려워졌다.

그러나 희망은 아직 있다. 개천에서 용이 나기 어려워졌다는 말은 작은 마을이나 도시에서 명문 학교를 입학하는 학생들이 줄어들었다는 이야기에 지나지 않는다. '용'이라고 부르는 대상이 명문 학교의 졸업생, 대학 입학시험 고득점자가 아니라면 교육 환경이 만들어낸 '우수 학생'과 '용'의 관련성은 크지 않다. 크게 성공한 부자들도 전부 명문대학을 졸업한 것은 아니다.

왜 투자 대비 수익은 정비례하지 않는가

신체적 조건이 같은 학생 두 명이 체육 학교에 선발됐다. 만일 선발전 전날 B가 배탈이 나서 움직임이 둔했다면 A만 뽑히고 B는 탈락했을지도 모른다. 그렇게 되었다면 어떤 결과가 펼쳐졌을까? A는 B보다 더 좋은 코치의 과학적인 훈련과 영양 관리를 받으며 더 많은 국제 경기에 참가할 기회를 얻었을 것이다. 이런 상황에서 B가 A와 똑같은 노력을 한다고 해도 둘의 실력 차이는 점점 커져갈 것이다.

국가대표팀에서 계속 승리를 거두며 국제적인 챔피언이 된 A가 고향에 돌아와 당시 엇비슷한 실력을 갖고 있었던 친구들을 보면 '이 무슨 운명의 장난인가' 하면서 놀랄지도 모른다. 하지만 이건 운명의 장난이 아니라 시스템 내에서 흔히 볼 수 있는 메커니즘이다. 복잡한 시스템에서는 미세한 기본값의 차이가 엄청나게 큰 결과의 차이를 가져온다. 경제학에서는 '수평적 불균형Horizontal inequity'이라고 하는데 수입과 지식, 능력 등의 내재 가치가 반드시 연관성이 있는 것은 아니란 이야기다.

운명은 원래 불공평하다. 자원은 고도로 집중돼 있고 우리는 시뮬레이션 게임 속의 설탕 인간 같다. 그러나 현실은 시뮬레이션과 달라서 인류에게는 운명을 바꿀 수 있는 수많은 '치트키*'가 있다.

- 설탕 인간은 관찰에 의지할 수밖에 없지만 우리는 학습할 수 있다.
- 설탕 인간은 황무지에서 자원이 있는 곳까지 많이 이동해야 하며, 길을 가다가 죽을 수도 있다. 그러나 우리에게는 교통수단과 인터넷이라는 무기가 있다.
- 시뮬레이션 속 설탕 더미의 위치는 고정돼 있지만, 현실 세계의 설탕 더미, 즉 고가치 영역은 계속 이동하므로 기회는 늘 있다.
- 사회 계층은 고정돼 있지만, 개인의 운명은 그렇지 않다.

고로 우리는 다음과 같은 결론을 얻을 수 있다.

---

* 컴퓨터 게임에서 제작자들만이 알고 있는 속임수를 말하는 용어. 게임 진행을 빠르게 할 수 있는 방법이다.

- 불평을 그만둬라. 세계란 원래 불공평한 법이니 받아들여라. 계층 분화는 개방형 사회의 필연적인 흐름이다.
- 끊임없이 공부해서 시야를 넓히고 효율을 높이면 이동 능력이 확대된다.
- 계속 고가치 영역에 집중하고 관찰하고 검증하라.
- 올바른 방향으로 움직여서 멱법칙의 정상에 올라라.

우리는 이런 전략적 사고를 통해 운명을 바꿀 수 있다. 같은 양의 노력을 쏟아도 위치에 따라 결과가 다르게 나온다는 것을 알면서, 또한 세계가 불평등하다는 사실을 알면서 왜 성공 확률이 높은 곳으로 이동하지 않는가?

지금까지 고수의 전략 중 두 가지 레버리지 법칙을 이야기했다.

안으로는 세제곱한 2대 8법칙을 통해 내재된 잠재력을 키우고, 밖으로는 시스템의 선두로 이동해 막대한 추진력을 얻어내자.

선두 그룹 효과,
노력보다 중요한 위치 선점

선두 그룹이란 무엇인가

세계에서 가장 높은 산은 어디일까? 에베레스트다. 그럼 두 번째로 높은 산은? 8611미터의 K2로, 에베레스트(8848미터)보다 237미터 낮다.

달에 가장 먼저 착륙한 사람은 누구일까? 닐 암스트롱Neil Armstrong이다. 그럼 두 번째는 누구일까? 버즈 올드린Buzz Aldrin이다. 몇 분 늦었을 뿐인데, 올드린을 기억하는 사람은 많지 않다. 버즈 올드린을 모델로 한 애니메이션〈토이스토리Toy Story〉의 '버즈'는 기억하겠지만.

위와 같은 상황은 회사 내에서도 벌어진다. 회사에서 가장 사진을 잘 찍는 사람이 누구인지는 알아도, 그 다음가는 사람은 잘 모를 것이다.

더 높은 수익을 가져온다

하나의 시스템 내에서는 보통 선두 집단이 사람들의 관심을 40퍼센트 정도 끌어온다. 두 번째는 20퍼센트, 세 번째가 7~10퍼센트, 나머지가 통틀어서 30퍼센트 정도를 끌어온다. 이처럼 선두 그룹은 사람들의 많은 관심을 끌고 큰 영향력을 미치며, 개별 능력에 프리미엄을 더해 더 높은 수익을 가져온다.

가속도가 더 빠르다

한 시스템 내에서 선두를 차지하면 바로 긍정적인 피드백이 나타나기 시작한다. 아주 작은 우위를 차지함으로써 더 많은 명성을 불러오고, 그 명성이 더 많은 기회를 불러와 높은 수익을 얻게 된다. 이로 인해 더 많은 자원을 투자할 수 있게 돼 강점은 계속 커져가고, 결국 선두에 있는 사람들이 최고의 성장률을 얻게 된다.

실력을 키우려면 제대로 된 방법론과 부단한 연습, 수차례의 실전 기회가 필요한데 선두에 있는 사람들은 이 세 가지를 동시에 얻는다. 예를 들어, 회사 내의 수석 디자이너는 대형 프로젝트를 따낼 기회가 제일 많다. 대형 프로젝트를 진행하면 최우수 건축팀과 시공팀을 유치할 수 있는데, 이들이 업무에 적합한 최상의 전략을 제공한다. 게다가 가장 많은 실전 기회를 얻게 되므로 제일 빠른 속도로 발전할 수 있다.

선두 주자들이 서로 학습하고 교류한다면 선두 그룹의 발전 속도는 더욱 빨라진다. 높은 수익과 높은 가속도가 시너지를 내면서 엄청난 에너지를 만들어내는 까닭이다.

높은 관심 → 높은 수익 → 높은 투자 → 고성장

치열한 경쟁과 네트워킹 시대에는 소수만이 선두 그룹에, 그리고 다수가 긴 꼬리 부분에 포진한다. 대부분의 투자자들은 경쟁 사회에서 1, 2위에게만 투자하게 된다. 따라서 어떤 분야에서든 선두 그룹에 놓인 사람만이 지속적으로 승리를 거머쥐게 되는 것이다.

업계 상황도 유사하다. 비슷한 능력을 갖춘 두 사람이라도 선두 분야인 금융, 인터넷 업계에 종사하는 것과 꼬리 분야에 해당하는 우편 업계에 종사하는 것에는 초임 연봉과 성장 속도부터 큰 차이가 있다. 같은 회사에서 일하는 능력이 비슷한 사람들도 어떤 부서에 있는지, 즉 핵심 부서인지 아닌지에 따라 수입과 성장 속도는 확연히 다르다.

수익은 능력도 능력이지만 어떤 위치에 있느냐와 더욱 상관이 있다. 탁월한 능력은 곧 시스템을 통한 발현된 것이다. 선두 그룹에는 탁월해질 수 있는 엄청난 기회가 있다. 만약 과거 어느 날, 한 청년이 나에게 사는 것이 너무 힘들다며 어떻게 하면 좋겠냐고 물어왔다면 나는 자신의 강점, 타고난 자질, 열정을 찾으라고 말할 것이다. 지금 그가 다시 물어온다 해도 내 대답은 똑같다. 그러나 단기간 내에 자신의 강점, 타고난 자질, 열정을 찾아내지 못한다면 일단 '진입 가능한' 선두 그룹에 들어가보라고 권하겠다. 최고의 도시에 가서 가장 트렌디한 영역에 들어가 내공을 쌓으며 견문을 넓히고 위대한 사람들과 함께해보라고 말이다. 시야가 넓어지고 경쟁이 잦아지면 자연히 자신의 강점을 찾고, 열정을 깨닫게 될 것이며, 꿈을 이룰 내공도 쌓게 된다.

생애설계사가 된 후 각 업계에 종사하는 수천 명의 우수한 인재들을 만나 보니, 세분화된 영역의 가장 우수한 인재들 간에는 실력 차가 크지 않았다. 도시와 농촌을 넘나들며 활약하는 우수 영업사원의 지능과 능력은 투자은행의 투자 고수와 큰 차이가 없다. 마찬가지로 경쟁이 치열한 영역에서 그럭저럭 밥벌이를 하는 사람들의 수준 역시 어디를 가도 대동소이하다.

당신 주위에도 자리를 잘 잡은 일반인이 있을 것이다. 재벌 2세도 아니지만 선두 그룹에 끼어서 일반인들보다 더 많은 것을 얻는 사람들 말이다. 만약 당신이 성공의 법칙을 아무것도 모른다면 이들을 보며 그저 '운이 좋네' 혹은 '인맥이 있겠지'라고 생각하기 쉽다.

우수함은 멱법칙의 단적인 상징이다. 사회의 불평등을 한탄하기보다는 빨리 선두 그룹을 찾아 그 그룹에 합류하고 이익을 누리는 게 낫다. '고가치 영역을 찾고' '선두 그룹을 찾는' 것이 바로 고수들의 전략이다.

선두 그룹은 어떻게 찾을까

어느 날 친구가 말했다. "나는 앞으로 최고의 제품 개발자가 될 거야."

나는 물었다. "어떻게 할 건데?"

"스티브 잡스Steve Jobs와 장샤오룽張小龍*이 내 롤모델이야. 먼저 이들의 성공 방법을 연구하고 내 업무에 적용해서 제품을 개선해나가야지."

내 친구가 과연 이렇게 노력한다고 최고의 제품 개발자가 될 수 있을까? 가능성은 매우 희박하다. 친구는 국영 기업의 정보 시스템을 구축해주는 회사를 다닌다. 이런 회사에서 핵심은 '제품'이 아니라 '루트'다. 동종업계의 회사들 중에서도 친구의 회사는 메인이 아니며, 정보 시스템 영역에서도 국영 기업에 시스템을 구축해주는 일은 메인이 아니다. 즉 고가치 영역이 아닌 것이다.

자질과 노력 면에서 친구와 비슷한 사람이 제품이 핵심인 정상급 회사에 취직한다면 성장 속도는 훨씬 더 빠르지 않을까? 친구가

---

* 위챗 개발자.

롤모델로 삼는 애플의 스티브 잡스와 위챗의 장샤오룽은 둘 다 제품이 핵심인 최고 회사 출신들이다.

친구의 상황을 이해하겠는가? 그는 업계 최고의 제품 개발자가 되기를 간절히 바라지만 진짜 '업계'는 구경도 해보지 못했을뿐더러 '최고'도 경험해보지 못했다. 친구처럼 장외에서 외롭게 고군분투하는 이들은 성공의 위치를 잘못 잡았기 때문에 목표에서 점점 멀어질 수밖에 없다. 이 친구는 우리 주변에서 흔히 볼 수 있는 평범한 사람이다. 평범한 학교를 졸업하고, 중간 정도 되는 회사에서 무난한 일을 하며, 업계에서 실력으로 중상위권 정도를 차지하는 사람. 그러나 전혀 다른 분야에서 신이 되기를 희망하는 그런 사람.

보통 사람일수록 먼저 자기 강점을 찾아야 하며, 다른 사람의 힘을 이용해 실력을 키울줄 알아야 한다. 그렇다면 선두 그룹 효과를 활용해 자신의 강점을 키워보려면 어떻게 해야 할까?

진입 가능한 선두 그룹부터 찾아라

선두 그룹에 대한 정의부터 내려보자. 선두 그룹이란 당신이 서 있는 경주로에서 가치가 높고 우위에 있는 영역이다. 사람들은 '선두 그룹 전략'이라는 말을 들으면 알리바바의 마윈이나 인터넷 쇼핑몰로 성장한 징둥그룹京東集團의 류창둥劉强東을 떠올린다. 그러고는 어떻게 1억 위안을 벌지 생각하거나 향후 자신이 속한 사회의 발전

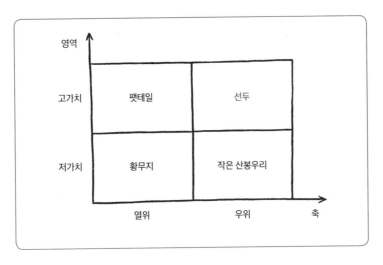

선두 그룹 매트릭스

분야는 무엇일지를 고민한다. 힘든 시기를 오래 겪고, 경쟁 경험이 적은 사람일수록 이렇게 생각하기 쉽다. 왜? 이렇게 유명한 사람이 있거나 큰돈을 버는 분야만이 선두 그룹이라고 생각하기 때문이다.

솔직히 평범한 사람들에게 이런 분야는 선두 그룹이 아니다. 그들은 이런 영역을 경험해본 적도 없을뿐더러 우위는 말할 것도 없다. 대부분의 사람들에게는 자신과 가까운 곳에 진입 가능한 선두 그룹이 있다. 애당초 경험해보지도 않은 영역에는 들어갈 수 없는 법이다.

'선두 그룹 매트릭스'를 이용해 선두 그룹을 찾는 방법을 알아보자. 경쟁 영역은 고가치와 저가치의 두 개 차원으로 나눌 수 있고, 경쟁력 축은 우위와 열위로 나눌 수 있다.

고가치는 인풋 대비 아웃풋이 가장 높은 20퍼센트의 영역으로, 우위는 실력이 상위 20퍼센트에 해당할 때로 정의했다. 이렇게 하면 선택지는 네 개로 나뉜다.

선두 그룹: 고가치—우위

고가치 영역의 제1진영에 있는 당신은 기업으로 치면 유니콘*, 명문학교의 우등생, 인기 드라마의 주인공이라고 할 수 있다.

팻테일Fat-tail** 그룹: 고가치—열위

고가치 영역에서 3~4위 진영에 해당한다. 유니콘 기업에서 일하는 잡역꾼, 명문 학교의 열등생, 인기 드라마의 엑스트라쯤 된다.

작은 산봉우리 그룹: 저가치—우위

당신은 작은 산봉우리의 왕이다. 본인 회사의 핵심 직원이면서 사이드 영역의 1등이자 이들 그룹의 중심인물이다. '용꼬리보다 뱀머리'인 케이스.

---

*   기업 가치가 10억 달러(1조 원) 이상인 비상장 스타트업 기업을 가리키는 용어로 미국의 우버, 에어비앤비, 중국의 샤오미, 한국의 쿠팡 등이 이에 해당된다.

**   통계학의 정규분포에서 꼬리 부분이 두꺼운 모양새를 말하는 용어. 꼬리가 살쪄 두꺼워지면 집중될 확률이 낮아지고 예상치를 벗어나게 되는 형태를 설명할 때 사용된다.

황무지 그룹: 저가치—열위

회사에서도 주변 직원에 불과한 당신. 종사하는 분야도 비핵심 산업에, 부서마저도 비핵심 영역이다. 왜 아직도 여기에 머물러 있는가? 아마도 안정감 때문일 터. 저가치 영역에서는 경쟁이 적기 때문에 편하다. 오래 안주하고 능력마저 바닥나면 이곳에 갇히게 된다. 뱀 머리마저도 안 되는 케이스.

선두 그룹 효과는 매우 간단명료하게 설명할 수 있다. 바로 고가치, 우위의 영역에 집중하는 것이다. 실제로 다양한 이론들이 너무 단순하게 여겨져 깊이 있게 다뤄지지 못하거나 주목을 끌지 못하는데, 선두 그룹 효과가 그 전형적인 예다. 하지만 사람들은 모른다. 단순한 일일수록 인간의 본성을 거스르기 때문에 행하기 어렵다는 것을.

이 때문에 우리는 종종 아래와 같은 세 가지 잘못된 인식에 빠지는데 원칙만 잘 지킨다면 이를 피할 수 있다.

잘못된 인식 1: 현재 자신의 강점에서 출발하라

시중에 나온 자기계발서의 대부분이 사람들에게 자신의 강점을 발견하고, 흥미를 갖고 있는 영역에서 무엇이든 시작하라고 강조한다. 이는 잘못된 인식이다.

장외 선수들은 진짜 강점을 파악하기 어렵다

우리가 말하는 강점이란 '경쟁 분야에서의 강점'이다. 경쟁 분야를 모르는데 누구와 경쟁할 것인지, 자신이 어떤 강점이 있는지 어떻게 알겠는가? 동료들이 당신에게 노래에 소질이 있다면서 칭찬한다고 해서 가수가 되겠다고 회사를 그만둘 수 있는가? 정말 가수로 직업을 전향했다고 치자. 본인이 강점이라 생각했던 노래 실력이 전업 가수들 무리에서는 꼴찌 중의 꼴찌라는 것을 금세 알게 될 것이다.

'상대의 마음을 잘 이해한다'고 해서 '최고의 상담사'도 아니며 '사색을 즐긴다'고 해서 '사고력이 뛰어난 사람'도 아니다. 강점인지 아닌지는 경기장에 들어가봐야 알 수 있다. 핵심 역량은 지도상으로 알 수 있는 것이 아니다. 경기 과정에서 하나씩 드러나게 되어 있는 것으로 경기를 치르지 않으면 무엇이 핵심 역량인지 알 수 없다.

과거의 강점이 미래에도 강점일 가능성은 낮다

인터넷 쇼핑 사이트 '징둥京東'이 초기에 내세운 강점은 '값싸고 질 좋은 상품'이었다. '타오바오淘宝'를 상대로 징둥이 내세운 정품 전략은 분명 강점에 해당한다. 그러나 추후에 다른 사이트에서 '정품'을 강점으로 내걸자 징둥은 '자체물류 시스템 개발을 통한 빠른 배송'이라는 새로운 강점을 개발하게 된다. 시대의 흐름과 경쟁자의 출현에 맞춰 강점을 다시 만들어낸 것이다. 이처럼 과거의 강점을 노린 경쟁사들의 출현에 대비해 늘 새로운 강점을 추구해야 한다. 과거의 강점을 고집하는 것은 강점이 없어진 것과 마찬가지다.

대학생들이 졸업 후 직장을 구할 때 '전공과 일치하지만 비전이 없는 직장'과 '전공과는 다르지만 비전이 있는 직장' 사이에서 고민한다. 그러나 선배들은 경험해봤기에 안다. 2년쯤 일하고 나면 자기가 생각했던 전공이라는 강점이 사실은 아무것도 아니며, 오히려 진짜 강점은 학교생활을 하며 길러진 사고방식이나 처세술 등의 종합적인 소양이라는 것을 말이다.

원칙은 '강점이 아닌 가치를 생각하라'는 것이다

고가치 영역을 확인한 후에 강점을 생각하자. 왜 대부분의 사람은 그렇게 하지 못할까? 고가치 영역은 대체로 힘들고, 경쟁이 치열하다. 저가치 영역인 '작은 산봉우리'를 선택했을 때의 편안함과 심리적 안정감과는 거리가 멀다는 것도 느낀다. 이런 경험을 하면 사람은 순간적으로 물러나게 되면서 합리화를 한다. "어쩌면 내가 원하는 게 아닐지도 몰라"라고. 단순한 이치일수록 인간의 본성을 거스르기 때문에 통제하기가 가장 어렵다.

하기 쉬운 일이라고 선택하지 말고 자신에게 가치가 있는 일을 선택하자. 값이 싸다고 옷을 사지 말고, 살 가치가 있는 옷을 사자.

익숙하고 편한 사람이라고 결혼하지 말고, 사랑하는 사람과 결혼하자. 자신이 원하는 삶을 살기 위해서는 고생하는 것을 두려워해서는 안 된다. 오히려 이 고생이 헛되이 돌아갈 것을 두려워해야 한다. 지치는 것을 두려워하는 것이 아니라 무의미하게 지치는 것을 두려워해야 한다.

난 기독교인은 아니지만 「마태복음Matthew」에 매우 좋아하는 구절이 있다.

좁은 문으로 들어가라. 멸망으로 인도하는 문은 크고 길은 넓어 가는 이가 많지만, 영생으로 가는 문은 작고 길이 협소해 가는 이가 적다.

고수들은 자기의 강점은 잠시 내려놓고 가치를 고려한다. 정확한 방향으로만 간다면 자원, 기술, 강점은 스스로 쌓을 수 있다고 믿기 때문이다. 그래서 고수는 늘 좁은 문을 선택한다.

잘못된 인식 2: 강점은 생각하지 말고 일단 경기장에 뛰어들어라

사람들은 대부분 소극적이다. 고가치 영역을 마주하게 되면 덤비기보다는 물러서기에 바쁘다. 강점을 어떻게 차별화해서 고가치 영역에 뛰어들지 생각하는 사람은 흔치 않다. 첫 번째 소개한 잘못된 인식이 우리를 제자리에 머물게 만든다면, 이 두 번째 잘못된 인식은 우리를 없앨 수도 있다.

최근 새로운 매체와 콘텐츠 창업이 인기를 얻으면서 많은 사람들이 글쓰기를 공부한다. SNS에는 그들이 만들어낸 새로운 콘텐츠가 넘쳐난다.

글쓰기는 미래의 핵심 역량이며 자신을 표현하고 단련할 수 있는 좋은 방법이다. 다만 '나도 남들처럼 콘텐츠 판매로 수익도 벌고 지적재산권도 확보해야지' 하는 생각이라면 다시 고려해봐야 한다. 그런 목적의 글쓰기는 자신을 표현하고 단련하는 방법이 될 수 없기 때문이다.

제대로 글쓰기를 시작하는 사람들은 자신이 이미 경쟁의 최고조에 달해 있는 영역에 들어와 있다는 사실을 알게 될 것이다. 세분화된 글쓰기 영역에서도 이미 선두를 차지한 그룹이 있다. 그들은 이미 끊임없이 생각을 거듭하고 그 결과물을 글로 써낸 지 오래된 사람들이다. 이들에게는 공통점이 있다. 오래전부터 어떤 분야에서 남다른 경험을 갖고 있었으며, 애초에 자발적이든 우연치 않게 시작한 일이든 필사적으로 고민하고 오랜 시간 판단한 끝에, 결국 한 분야를 깊이 파고들기로 선택했다. 거기다 이미 가지고 있던 실력을 더해 강력한 경쟁력을 형성한 집단이 된 것이다.

하지만 대세를 좇아 글쓰기가 보편화된 지금에 와서야 글쓰기를 준비하고 시작하는 사람들은 미어터지는 경쟁의 레이스에서 선두 그룹은 말할 것도 없고, 그들의 발끝을 따라가기도 힘들다. 이들은 대부분 '더 꾸물대다간 정말 늦을지도 모른다'는 생각, 혹은 '나도 대박 한번 쳐보자'라는 조바심에서 경쟁에 진입한 경우가 많다. 그러나 조바심으로 시작한 일은 뜻을 이루지 못하고 결국 조바심만 내다가 끝나는 경우가 많다. 많은 사람이 기회가 찾아오면 조바심을 내면서 뛰어들려고 하는 경향이 있다. 습관적인 행동이다. 레이스의 규칙이나 우승 선수의 특징, 자신의 경쟁 전략을 분석하는 사람은 소수에 불과하다. 그저 인터넷에서 작가가 되고 싶을 뿐인 사람들이다. 어떤 정보를 입수하면 바로 관련 학원부터 등록하고 남들이 창업한다고 자신도 덩달아 사업자부터 내며 인공지능, 인터넷 금융, 빅데이터가 대세라고 하면 자신도 그 분야에서 빛을 발하기를 희망하는 그런 부류다. 몇 년에 한 번씩 기회의 물결을 타고 유망 직종에서 다른 유망 직종으로 갈아타기 때문에, 뛰는 심장 외에는 제대로 된 가치를 얻어본 적이 없다. 몇 년 동안 이렇게 파도를 타고 나면 유일한 자본이었던 '젊음'마저 바닥나고 만다.

원칙은 '강점을 차별화할 생각을 하라'는 것이다

"다시는 대세에 휩쓸리지 말자!" 중요한 일 앞에 섰을 때 이 문장을 세 번 말해보라. 가치가 높은 영역일수록 경쟁이 극심하기 마련이다. 따라서 우리에겐 차별화된 강점이 필요하다. 조급하게 움직이지 말고, 충분한 시간을 두고 경쟁자를 관찰하면서 자신의 강점을 차별화할 방법을 생각한 후 뛰어들자.

이렇게 하기 어려운 이유는 '더 꾸물대면 늦을지도 모른다'는 조바심이 본능적으로 생기기 때문이다. 이런 충동은 인간이 장기간 축적해온 생존 본능에서 기인한다. 침착하게 생각하고 판단하는 일은 본성을 거스른다. 워런 버핏이 사무실에 당일 주가를 볼 수 있는 컴퓨터나 TV를 두지 않는 이유도 이런 충동에 영향을 받지 않기 위함일지도 모른다.

지식의 원천 ◎ OODA 사이클

미국 역사상 위대한 전투기 조종사로 불리는 존 보이드John Boyd. 그의 전술적 사고는 F-16 전투기 개발을 이끌었다. 존 보이드의 공중전 기술인 'OODA 사이클'은 오늘날 군사, 상업, 체육 분야에 두루 활용되고 있다.

보이드는 전투에서 중요한 것은 공격 속도만이 아니라 기회와 전투 방법이라고 생각했다. 상대가 움직이기 시작하면 먼저 '관찰Observe'하고 '방향을 설정Orient'한 후, '결정Decide'하고, '행동Action'하는 4단계로 움직여야 승리를 쟁취할 수 있다는 것이다. 이 네 가지 패턴이 반복되기 때문에 'OODA 사이클'이라고 부른다.

진짜 고수들은 오랫동안 여러 레이스와 경기 규칙, 승리자의 방식을 관찰하고 자신의 실력과 비교해본 후 최적의 기회를 찾아 치고 들어간다. 이들은 기회가 곳곳에 있어도 많은 경우 자기 몸에 맞지 않는 옷이라는 것을 안다. 자기에게 적합한 기회가 찾아올 때까지 조급하게 움직이지 않고 더 높은 성공 확률을 기다리는 것이 고수다.

그러니까 절대로 "맨땅에 헤딩해야 한다 하더라도, 일개 병사밖에 될 수 없더라도, 가장 치열한 전쟁터에 뛰어들어라" 하는 말 따위는 믿지 말자. 성공한 스타들이야 이렇게 말할 수 있겠지만, 아무것도 아닌 상태의 우리는 경기장에 들어서기도 전에 이러면 안 된다.

1등이 되기에 부족한 실력이라면 차별화로 경쟁하자. 주력 전쟁터에 뛰어들 수 없다면 우선 차순위 전쟁터부터 점령하자. 전체 영역에서 이기기 어렵다면, 세분화된 영역을 찾아서 작은 선두 그룹부터 시작해 더 큰 선두 그룹으로 나아가자.

성공의 어머니는 '성공'이며, 닭의 머리가 되는 것이 봉황의 머리가 되는 지름길이다.

잘못된 인식 3: 남의 밥그릇을 주시하라

사람들은 경쟁의 장소를 자신의 삶과 거리가 먼 영역부터 찾는다. 이는 세 번째 잘못된 인식이다. 자신의 삶과 동떨어진 영역은 애초부터 당신이 뛸 경기장이 아니다. 인터넷 시대에 우리는 수많은 이야기를 전해 듣는다. 그때마다 당신의 심장도 요동칠 터이다. 이런 이야기들을 전해 들으며 시야를 넓히는 것은 좋지만, 현재 당신이 직면한 어려움을 해결하는 데는 별 도움이 되지 않는다는 사실을 명심하라.

앞에서도 말했지만 선두 그룹을 찾기 위해서는 관찰과 사고를 지속해야 한다. 당신과 거리가 먼 영역의 정보와 상대 선수는 관찰을 할 수도 없고, 무언가를 깨달을 도리도 없다. 들리는 것은 '카더라' 혹은 '듣기 좋은' 소리일 뿐이다. 이런 데서는 유용한 정보를 얻기 힘들다.

술집에서 술 마시며 나누는 이야기를 들어보면 할 일 없는 사람들일수록 외교, 군사, 정치 등의 거창한 주제로 대화를 나눈다. 이런 주제는 워낙 거창해서 검증할 수 없으니 그저 목소리 큰 놈의 주장이 옳을 뿐이다.

자신이 신경 쓸 수 있고 컨트롤할 수 있는 영역에 관심을 두고 최대한 빨리 가까운 곳에 있는 선두 그룹으로 가라. '어떻게 업계에서 최고가 될까?' 하는 생각 따위는 집어치우자. 아직 당신은 최고가 무엇인지, 업계의 속사정은 무엇인지 보지도 못했을 테니까.

원칙은 '주변의 선두 그룹에서 시작하라'는 것이다

멀리 보지 말고 주변의 선두 그룹부터 시작하자. 작은 팀에 있다면 그 팀의 선두부터 차지하라. 중소 도시에서 회사를 운영하고 있다면 그 도시의 시장을 뚫을 방법을 고민하자. 소규모 창업자라면 이전에 응대해온 고객을 활성화할 방법을 생각하고 택배 배달원이라면 먼저 그룹 내에서 어떻게 리더가 될지 고민하자. 아무리 작은 조직의 선두 그룹이더라도 그 안에는 더 큰 선두 그룹으로 나아가게 할 어마어마한 잠재력이 있다.

현 상황을 바꿀 수 없는 전략은 무의미하다. 시작부터 '어떻게 세상을 바꿀 제품을 만들 것인지' 혹은 '업계 최고를 목표로' 하는 생각은 하지 말자. 우선 가장 근접한 작은 산봉우리를 점령하면, 그 산봉우리가 우리에게 새로운 자원과 시야를 안겨줄 것이다. 그러고 나면 더 큰 산봉우리를 점령하고, 마지막으로 산맥과 정상을 정복해야 한다. 가장자리부터 조금씩 에워싸다 보면 비록 느리지만 언젠가는 앞으로 나아가게 된다. 규칙도 모르고 이길 재주도 없는 경기장에 들어가면, 우연히 이길 수는 있어도 결국에는 아무것도 얻지 못한 채 질 것이다. 이제부터는 주변에서 가장 가까운 곳에 있는 선두 그룹부터 점령하자.

지금까지 **선두 그룹 효과의 세 가지 원칙**을 살펴보았다.

첫째, 강점이 아닌 가치를 생각하라.

둘째, 강점을 차별화할 생각을 하라.

셋째, 주변의 선두 그룹에서 시작하라.

선두 그룹 효과는 '관찰과 판단을 통해 가치가 높고 우위에 있는 선두 그룹을 선점한 후, 작은 선두 그룹에서 더 큰 선두 그룹으로 나아가는 일'이다. 선두 그룹 효과의 세 가지 원칙을 이해했다면 큰 뱀의 포식 전략이 얼마나 심오한지 인정할 수밖에 없을 것이다.

큰 뱀은 절대 체력만 믿고 먹잇감을 쫓지 않았으며 오로지 판단력에 의지했다. 가장 가치가 높은 영역인 물가로 이동해 가장 가치가 높은 사냥감인 대형 동물을 기다렸다. 독도 없고 속도가 빠르지도 않으니 자신이 없으면 움직이지 않았다. 확실히 잡을 수 있다고 판단이 들었을 때만 움직였다. 큰 뱀의 승리는 판단력과 강점에 집중해 얻어낸 승리다.

물론 뱀은 동물이기에 동물계에서 최고수가 되겠다는 생각 따위는 하지 않았을 것이다. 그러나 우리는 다르다. 끊임없는 기회를 붙잡고 자신을 계발할 수 있다. 다음에서는 어떻게 선두 그룹 효과를 이용해 직업, 인생, 비즈니스를 선택할지 살펴보자.

인생에서
선두 그룹 효과를 활용하는 법

겉보기에 근사한 일 vs 비전이 있는 일

대학을 졸업한 S에게 두 가지 직업의 기회가 주어졌다. 하나는 대형 국유 은행의 창구 직원이었고, 다른 하나는 인터넷 금융회사 대표의 비서였다. S는 어디로 가야 할지 고민이 되었고 나에게 상담을 요청했다.

나는 물었다. "은행에 입사하려면 인맥이 있어야 하는데, 가족 중에 아는 사람 있어요?" 그러자 S는 "그런 사람은 없어요. 친척이 두 다리 건너 부탁해 그나마 얻은 자리에요"라고 했다. 그래서 나는 인터넷 금융회사가 너무 터무니없지만 않다면 그 자리를 선택하라고 제안했다. 대형 국유 은행은 항공모함이지만 창구 직원은 그곳에서 어떤 우위도 차지하지 못하는 갑판 닦는 군사에 불과하다. 인터넷 금융회사는 작은 유람선이지만 빨리 배우기만 한다면 1등 항해사도 될 수 있다.

다음으로 비교우위를 고려해야 한다. 작은 회사의 직원들은 종종 착각한다. 자기가 이 업무를 담당할 유일한 직원인데 누구와 비교를 하겠느냐고 생각하는 것이다. 사실 작은 회사는 일손이 부족하다 보니 한 직원이 여러 업무를 책임지고 담당해야 하는 형태다. 그래서 더욱 시야를 넓혀야 한다. 당신의 경쟁상대는 회사 밖, 모든 업종의 사람들이기 때문이다.

새로운 분야를 모두 배울 수 없다면 어떤 세부 영역에서 고수가 될 수 있는 기회가 있는지 알아보는 일에 집중해야 한다. S는 조사하고 고민한 끝에 이런 결론을 내렸다. '전문성 강한 금융, 빅데이터, 알고리즘 영역에 뛰어들고 싶지 않다. 어차피 전문가들을 이길 수도 없을뿐더러 내 수준에서는 응용 분야를 이해나 하면 다행이다. 사내 정치도 하기 싫은데다 배경이나 외모도 받쳐주지 않는다면 조직 내에서 1등할 방법은 없다. 내가 우위에 설 기회는 비즈니스 모델을 이해해 직접 운영하는 데 있다.' 그래서 S는 회사를 다니는 2년 내내 전력을 다해 회사 업무와 인터넷 금융 운영에 대해 공부하고, 한가할 때는 글을 쓰면서 영향력을 키워나가며 젊은 세대의 선두 그룹을 차지해가기 시작했다.

S의 회사는 2년쯤 더 지나자 문을 닫게 되었다. 다른 은행권에서

S를 인터넷 금융 분야로 스카우트하려고 했지만 이를 거절한 S는 연봉 50만 위안에 스톡옵션까지 받으며 다른 회사의 운영 파트너로 옮겼다.

이처럼 기회의 문은 어디에서 열릴지 모른다. 대기업이라고 무조건 좋은 것은 아니다. 기업 규모에 현혹되지 말고, 높은 가치를 가지고 높은 우위에 있는 기회를 잡아야 한다.

대도시를 떠나야 할까

나의 친한 동료인 Z는 이공계에서 공부의 신이었다. 한데 무슨 바람이 불었는지 중도에 학업을 그만두고 마케팅 디렉터가 됐다. 나중에는 사랑하는 여자를 따라 베이징에 가더니 직업을 바꿔 바이두에 입사했다. 서른다섯이 되던 해, Z부부는 베이징에서 연봉 60만 위안을 받는데 집도 장만하지 못했고 아이도 없었다. 그렇다면 이들은 고향으로 돌아가는 편이 나을까?

이는 베이징에서 후커우^{戶口}* 없이 거주하는 사람들이 공통적으로 고민하는 어려운 문제다. 베이징에 남으려니 기회는 많고 월급은 높

---

* 해당 도시의 시민임을 증명하는 일종의 신분증으로 우리나라에는 없는 제도다. 농촌에서 도시로 유입되는 인구를 제한하기 위해 만든 제도로, 후커우가 없으면 기본 의료보험도 제공받지 못하며 그 밖에도 최저생활보장제도, 대학 입시, 주택 구입, 세금 등 여러 면에서 더욱 엄격한 기준이 적용돼 삶의 질에서 차이가 난다.

지만, 경제적으로나 자녀 양육 면에서 부담이 크다. 이들에게 베이징은 가치는 높지만 우위는 낮은, 팻테일 영역이다. 고향에 돌아가자니 기회도 적고 월급도 적다. 대도시에서 연마한 능력을 펼쳐 보일 곳도 없다. 하지만 스트레스가 적고 경쟁도 없다. 고향은 가치는 낮지만 높은 우위에 있는 '작은 산봉우리' 영역이다. 그러나 조심해야 할 것이 있다. 오르기 쉬워 보여도 자칫하면 낭떠러지로 구를지도 모르기 때문이다. 대도시에 살면서 몸에 배인 이상한 우월감이 고향 사람을 대하는 데 영향을 미칠 수도 있는데, 그럴 경우 가치도 없고, 우위도 없는 황무지 영역으로 굴러 떨어질지도 모른다.

여러 선택지가 있겠지만, 고성장 단계에 있는 사람이라면 대도시에서 몇 년 더 머물면서 선두 그룹에 자리를 잡을 수 있을지 지켜보는 것이 좋다. 성장이 잠시 멈춘 상태라면 고향에 돌아가는 것도 전략적으로 현명한 선택일 수 있다. 관건은 어떻게 중소도시에서 잘 지낼 것인가이다.

고향에 돌아가는 일은 지역에 구애받지 않는 일을 하는 프리랜서들에게는 괜찮다. 인터넷만 있으면 몸이 어디에 있든 머리는 원하는 곳에 있을 수 있으니 말이다.

대부분의 사람이 강점을 찾은 다음 가치를 찾는 실수를 범한다. '내가 가진 프로그래밍 기술이 고향에서 유용할까?' '박사학위로 고향에서 먹고살 수 있을까?' 하는 식이다. 하지만 결론도 그리 탐탁지 않다.

선두 그룹 효과의 첫 번째 원칙을 기억하자. 먼저 가치를 확정한 후 강점을 만들어가야 한다.

중소도시에서 고가치 영역은 어디일까? Z는 고향에 돌아가 기업 오너들을 모아 그룹을 꾸렸다. 본래 그는 기업 오너의 모임을 이끌면서 프로그램과 관련된 일이나 받아서 진행할 예정이었다. 그런데 이 오너들은 현재 기업을 어떻게 인터넷 시대에 맞는 형태로 전환할 것인지 고민하고 있었다. 실제로 중소도시의 기업들은 이 분야에 대한 니즈가 상당하다. 다수의 전통 기업은 변화에 직면했음에도 어디서부터 손을 대야 할지 모르는 상태다. 200개 기업 컨설팅 회사의 산업 도감을 살펴보면 억대 수입을 올리는 회사들 중 이윤이 가장 많은 영역은 종합 서비스 제공업, 플랫폼 산업, 중소도시의 중소기업 오너 트레이닝이다. 이중에서도 이윤이 가장 많이 남는 후자가 고가치 영역에 해당한다.

대도시에서 지낸 사람들은 이런 변화가 낯설지 않다. 지난 몇 년간 그들 주변에서 발생한 일이 중소도시에서 다시 재현되는 것뿐이니까 말이다. Z는 중소도시의 대형 기업이 인터넷 시대에 적합한 모델로 전환하는 일을 도와주기로 했다. 급여에 스톡옵션을 더하는 형태로 대형 농업 전자상거래에 뛰어든 것이다. 집중만 잘하면 몇 년 후, 그는 이 분야에 경험 많은 경영자가 될 수도 있다.

이처럼 가치를 먼저 찾고 자신의 강점을 확인하자. 강점을 먼저 찾아서는 경쟁우위에 있는 가치를 발견하지 못한다. 자신의 강점에 절대로 현혹되어서는 안 된다.

창업의 선두 그룹 효과

입사 3~10년차 직원들은 누구나 한번쯤 시대의 흐름을 타고 기회가 넘치는 유망 업종으로 진입하기를 희망한다. 그러나 이는 매우 위험한 일이다.

모두 알고 있겠지만, 일단 어떤 기회든지 해당 업종을 오랫동안 주시해온 사람들에게 제일 먼저 주어진다. 각 분야의 리더나 이 분야의 개척자, 혹은 유사 분야에서 미리 경험을 쌓은 사람들이 제일 먼저 유망 업종으로 옮겨간다. 고로 아마추어는 이런 흐름에 휩쓸리지 말아야 한다. 유망 업종이라고 해서 제대로 알지도 못하면서 기회가 자기 눈앞에 떨어지길 바라며 죽기 살기로 달려들어서는 안 된다는 이야기다.

빅데이터 분야를 한 번도 경험해보지 않았는데, 누군가 당신에게 빅데이터 분야가 전도유망하니 함께 공부해 창업하자고 들면, 이 제안을 수락해야 할까? 그러면 안 된다. 차별화 전략을 취하는 것만으로도 유망 업종에 진입할 포인트는 충분히 찾을 수 있다. 어떤 분야에 대해서 하나도 모르면서 무작정 유행 따라 뛰어드는 것보다는 훨씬 나은 전략이다.

세분화 전략에 초점을 맞춰보자. 기존의 진입자들이 미처 챙기지 못한 세분화 영역으로 뛰어들 수도 있다. 예를 들어 대화법에 관한 유료 음성 강좌인 〈하오하오쉬화好好说话〉가 인기라면 굳이 이 분야에 진입하려 하지 말고 이 콘텐츠를 연애 버전으로 만들어볼 수 있지 않을까? 양식도 구조도 명확하고 콘텐츠가 말하려는 바도 정확하게 나와 있으니 성공의 가능성이 클 것이다.

주변을 바꾸는 전략

주변 분야의 시장에 몸담는 이들도 핵심 시장에서 필사적으로 싸우던 선수다. 청바지 브랜드 리바이스는 미국 서부의 골드러시로 인해 시작됐다. 리바이스의 창업자는 서부 사람들이 하나같이 금을 캐러 다니고 있으니 마모성이 적은 바지가 필요할 거라 생각했던 것이다

직업도 마찬가지다. 초반에 큰 흐름을 따라가지 못했다면 주변 시장으로 도전해보자. 모두가 위챗에 빠져 있을 때, 모바일 콘텐츠 창업서비스 플랫폼 '신방新榜'이 생겼고 모두가 콘텐츠를 만들 때, 유료 지식 콘텐츠 플랫폼 '첸랴오千聊'가 생겨났다.

내 친구 중 한 명은 UI를 배우고 싶다면서 마케팅 분야에서 기술 분야로 전향하겠다고 했다. 당시 나는 애플리케이션 분야가 곧 질

별이라고 생각했기에 찬성하지 않았다. UI 기술에 대한 니즈도 크게 늘어날 일이 없었고 이 분야에서 배출한 노동력도 이미 넘쳐나고 있던 실정이었다. 그러자 친구는 미래에 뭐가 유망하겠느냐면서 "빅데이터나 VR을 배울까?"라고 물었다.

그러나 이 분야의 천재가 아니라면 시작도 해서는 안 된다. 빅데이터 전문가가 되려면 꽤 오랜 학습 기간이 필요하기 때문에 이미 그 분야에서 일하는 사람의 속도를 따라잡기 어렵다. 오히려 그 주변에 포진한 시장을 노리는 것이 좋은 전략이다. 빅데이터는 몇 년 내 수돗물처럼 모든 사람, 모든 회사와 연결되겠지만 개인이 활용하기는 어려울 것이다. 개인에게는 문턱이 너무 높아서 분명 기업 사용자가 타깃이 될 것이다. 기업 사용자도 개인의 니즈를 이해하고 마케팅 계획을 세우기 위해서는 빅데이터 회사의 도움이 필요하다. 결국 빅데이터 회사는 고객도 이해해야 하고 기술도 이해해야 한다. 더불어 CRM(고객 관리 시스템)이나 기업 판매 플랫폼 같은 방안도 도출해내야 한다. 그러므로 내 친구는 새로운 기술을 배우기보다는 그 기술을 활용할 가치를 찾고 자신의 강점을 살려 주변 시장을 살펴보아야 한다. 그의 주변에 널린 시장에 분명 기회가 있을 것이다.

고수는 가치도 높고 경쟁우위에 있는 일만 한다. 만약 자신에게 그 분야의 강점이 없다면 2류 경기장에서 강점을 쌓고 다시 메인 경기장으로 돌아와야 한다. 선두 그룹 효과를 얻기 위해서다. 선두 그룹 효과란, 하나의 작은 선두 그룹에서 더 큰 선두 그룹으로 옮겨 가는 일이다. 즉 하나의 성공에서 또 다른 성공으로 향하는 것을 의미한다. 선두 그룹 효과는 성장하기 위한 발판이 되어주는 강력한 무기다. 정상에 오르는 모든 과정에서 내리는 '옳은' 판단들은 우리의 본성을 거스를 것이다. 그래서 힘겹겠지만 이러한 의사결정은 고수가 되기 위한 여정에 반드시 필요한 경험이 된다.

노력과 기술을 이기는
집중의 힘

먼저 축하부터 하겠다. 만약 당신이 선두 그룹에 진입할 방법을 찾았다면, 그것만으로도 이미 당신의 전략적 안목은 입증한 셈이다. 게다가 당신이 선두 그룹이 주는 이점까지 누리고 있다면? 분명 많은 사람들이 당신의 강점을 추종하고 모방할 것이다. 자, 그렇다면 이제 선두 그룹에 무사히 안착한 당신이 고수로서 우위를 유지하고 자신만의 방어벽을 세우는 방법을 알아보자.

방법은 간단하다. 바로 집중이다. 그러나 집중하기란 말처럼 쉽지 않다. 인간 본성을 거스르는 일이기 때문이다. 나는 사람들에게 늘 집중하고 집중하고 또 집중하라고 말한다. 집중, 집중, 집중! 아무리 반복해서 언급해도 사람들의 충분한 관심을 끌어내기에는 부족한 듯 보인다. 미래가 당신을 초조하게 만든다면 마음을 다잡고 현재 최고의 역량에 집중하자.

이는 전술상의 집중일 뿐이다. 아직 전략적 집중의 강점에 대한 이야기는 시작도 안 했다. 그것은 우리 눈앞의 일에 집중하거나 어떤 한 가지 일을 처리할 때 한눈팔지 않는, 그런 종류의 집중이 아니다. 한 가지 일이 모두 끝날 때까지 눈을 떼지 않는 장기적인 집중을 말한다. 약자들에게 최고의 공격 전략이자 강자들에게 최고의 수비 전략이 바로 집중이다. 집중의 위력을 실현하기 위해 간단한 계산법을 따라해 보자.

두 개의 군대가 있다. 홍군은 1000명, 청군은 500명이다. 쌍방의 화력은 같고, 동시에 공격을 시작한다. 공격당 명중률이 10퍼센트, 20퍼센트, 30퍼센트라고 할 때, 다음을 생각해보자.

- 청군이 전멸했을 때, 홍군은 몇 명이 생존했을까?
- 화력과 패배 속도는 어떤 관계가 있을까?

답은 나와 있다. 명중률에 따라 청군 500명이 전멸했을 때 홍군은 각각 840명, 816명, 790명이 살아남는다. 명중률이 높을수록 우세한 쪽의 손실은 더 크다.

- 수적 우세가 유리한 고지를 차지한다. 210명으로 상대방 500명을

전멸시킬 수 있다.

● 무기의 살상력이 클수록 약자가 유리하다.

그런 까닭에 초강대국인 미국도 핵을 보유한 작은 나라를 두려워하는 것이다. 핵폭탄 정도의 위력이라면 양측은 기껏해야 두 번의 공격 기회밖에 없을 테니까 말이다. 각종 과학기술의 발명으로 강자와 대형 조직을 상대해야 하는 일반인에게는 강력한 무기가 생긴 셈이다. 과학기술은 약자에게 행운이다.

그러나 병력을 집결하고 화력에 집중해도 우리는 과소평가되기 일쑤다. 군대와 달리 우리에게는 시간과 정신, 체력이 병력이며, 지성과 감성이 화력이다. 정신과 체력이 다른 사람의 두 배고, 지성도 두 배인 똑똑한 사람을 상상해보자. 대단하지 않은가? 그러나 이 사람이 목표를 세 개로 지정하고 병력을 분산하는 순간, 자기보다 능력이 부족하지만 하나에 집중하는 사람에게 지고 만다. 탐욕과 분산은 똑똑한 사람에게 내려진 최대 저주다.

그렇다면 집중이 왜 어려울까? 똑똑한 사람일수록 시야가 더 넓어지고, 마주하는 기회도 더 많아진다. 가능성도 더 많고, 분야도 더 많이 알게 되어서 일단 무엇이라도 시작하면 초기에 작게라도 성공한다. 가볍게 하수를 제압하고 나면 자신의 능력이 대단하다는 생각이 들기 때문에 점점 더 한 가지에 집중하지 못한다. **하늘은 우**

리에게 기회는 무한하게 주지만, 시간과 정신, 체력, 재능은 유한하게 준다. 그러므로 **똑똑할수록 집중해야 한다.** 똑똑한 사람들이 무너지는 이유는 '집중하지 않기' 때문이다. 집중은 고수에게 첫 번째 방어벽이다.

여러 분야를 넘나드는 사람을 많이 봤지만, 결국 그들이 반복해서 사용하는 기술은 한결같은 마음가짐과 능력이다. 동시에 여러 분야에 자문을 하고 강의를 나가고 글을 쓰는 피터 드러커 같은 사람은 그런 면에서 추앙받을 만하다. 나는 그처럼 다양한 분야에서 뛰어난 사람을 본 적이 없다. 기본적으로 평범한 사람인 우리는 각기 다른 영역에서 각기 다른 능력으로 1등의 자리를 차지하기 쉽지 않다. 사실은 멀티 플레이어도 될 수 없다.

3류 고수는 노력에 의지하고, 2류 고수는 기술에 의지하지만, 1류 고수는 집중에 의지한다. 적지만 더 나은 일을 하자. 이미 우위를 선점했다면 그것에 집중하고 확장에 욕심을 부리지 않는 것만으로도 지지 않을 수 있다. 판매량 최대인 애플의 휴대전화도 판매하는 기기 모델 수는 제일 적지 않은가.

군자가 다투지 않는데 세상 누가 다투려 하겠는가. 집중은 한 가지 수비 방법이다. 이제 고수의 공격 방식을 배워보자.

반복이 만드는
절대 깊이

오직 51퍼센트의 효율을 추구한다

바둑을 두는 사람이라면 바둑기사 이창호를 모를 리 없다. 16세에 세계 정상의 자리를 차지했고, 전성기 때는 한·중·일 3국의 대회를 전부 휩쓸었다. 돌부처라 불리는 그는 바둑계의 고수 중에서도 고수다.

이창호 바둑의 가장 큰 특징은 묘수가 적다는 것이다. 묘수란 바둑에서 수가 나지 않을 듯한 곳에서 나오는 절묘한 수를 말한다. 때로는 이 묘수 하나로 곤경에서 벗어나기도 하고 다 진 경기의 형국이 바뀌기도 한다. 심지어 승리의 한 수가 되기도 한다.

어느 날, 기자 한 명이 그의 바둑 스타일에 대해 이창호에게 물었다. 이창호는 한참을 생각하더니 답했다. "저는 묘수를 두려고 하지 않습니다." 기자가 다시 물었다. "왜죠? 묘수는 이길 확률이 가장 높은 방법이잖아요!" 그러자 이창호는 답했다. "저는 모든 대국에서 51퍼센트의 효율만을 추구합니다."

51퍼센트의 효율만을 추구한다니 기자는 어안이 벙벙해졌다. 모두가 알겠지만 바둑은 효율이 높을수록 우세한 게임이며 효율 높은 바둑을 두는 것이 모든 바둑 기사들의 목표가 아니던가?

이창호는 덧붙였다. "단번에 상대를 이길 생각은 하지 않습니다." 기자가 재차 물었지만, 이창호는 침묵했다.

자, 이제 한 번 생각해보자. 세계 최고의 바둑기사가 51퍼센트의 효율만을 추구하는 이유는 무엇일까?

51퍼센트의 효율이면 충분히 이길 수 있다

프로 바둑기사들은 단차가 있더라도 보통 두세 집 차이로 승패가 갈린다. 일반적인 바둑에서는 200~300수를 두는데, 매 수마다 51퍼센트의 효율을 추구한다면 어쨌든 절반 이상의 성공률을 얻는 셈이다. 이창호의 '반 집 승'으로 상대 선수들은 골머리를 썩어야 했다. 그는 한 대국에 몇 백 수를 두고도 결국에는 반 집 차이로 이겼다. 그렇다면 묘수는 더 좋지 않을까?

아니다. 생각해보자. 51퍼센트 효율의 안정적인 수를 두는 것과 100퍼센트의 묘수 한 번 중에 어느 쪽이 더 승률이 높을까?

묘수는 아름답지만, 다른 관점에서는 함정과도 같다. 사람은 보통 가장 냉정하지 않은 순간에 한방을 날린다. 성공하면 이내 득의양양해져 집중력을 잃게 되고, 그러면 다음 자신의 차례에 실수하기 쉽다. 전력을 다한 후에는 해이해지게 마련이고, 빛의 뒤에는 어둠이 있게 마련이다.

그러나 51퍼센트의 효율이라면 모든 게임에서 매번 안정적으로 차곡차곡 한 수씩 쌓아나가며 반드시 승리하게 돼 있다.

묘수의 가장 큰 결함: 반복 불가, 노력으로는 얻을 수 없다

매번 상황이 다르기 때문에 묘수 또한 그때마다 영감이 번쩍 하고 떠올라야 한다. 이런 식으로는 영원히 기술을 연마할 수 없다. 그저 영감이 올 때를 기다려야 할 뿐이다. 영감이 다하는 그날, 바둑 인생도 끝난다. 연습으로 얻어지는 게 아니라서 갈고닦을 방법도 없다. **영감에는 지켜줄 방어벽이 없다.**

누군가 현재 만담의 1인자인 궈더강에게 물었다. "만담의 창작력이 고갈되면 어떻게 하실 건가요?"

그러자 궈더강은 "배우는 건 기술이지만, 연마하는 것은 기예죠. 만담은 재주가 아니라 기예라고 생각해요. 재주는 언젠가 소모되지만 기예는 갈고닦을수록 깊어지니까요."

많은 작가들이 좋은 책을 한 권 낸 후에, 그처럼 멋진 책을 좀처럼 출간하지 못한다. 어떤 밴드는 첫 번째 앨범으로 사람들을 깜짝 놀라게 하지만, 이후에 내는 곡들은 완전히 사람들의 머릿속에서 잊히는 경우도 있다. 그리고 많은 예술가가 영감을 얻겠다며 마약에 손을 댄다. 이들은 자신의 영감이 부족하다 여긴다. 과연 그럴까? 그들의 영감이 부족해서 작품을 만들어내지 못하는 것일까? 아니다. 실제로는 그들이 자신의 영역에서 기술을 충분히 갈고닦지 못해서다.

주걸륜周傑倫 같은 싱어송라이터 출신 가수를 생각해 보라. 그는 많은 곡을 써야 하다 보니 영감에 의지할 도리가 없음에도 계속해서 신곡을 발표하며 가요계에 이름을 남겼다. 우리는 늘 누가 영감이 가장 충만하고, 똑똑한지에 대해 토론하지만 실제 영감에 의지하는 부류는 쉽게 무너진다. 총명함에도 방어벽은 없다.

이창호의 위기십결圍棋十訣* 중 하나는 '부득탐승不得貪勝'이다.

텍사스 홀덤 포커를 치는 사람들은 부득탐승을 자주 경험한다. 초보들은 중간 패에 돈을 걸어 작은 차이로 지는 실수를 자주 범하며, 몇 판을 하고 나면 밑천이 바닥난다. 베테랑은 좋은 패가 없으면 계속 패스하다가 기회가 왔을 때 올인한다.

---

* 바둑을 둘 때 명심해야 할 열 가지. 부득탐승도 그중 하나로, 승리를 탐하면 이기지 못한다는 뜻이다.

부득탐승은 과소평가되는 이치 중 하나다. 모든 분야의 고수는 주의를 끌 만큼 비범한 것이 나올 때까지 계속 반복한다. 초짜들은 한 판의 역전을 바라지만 고수는 계속 반복할 뿐이다.

초짜는 승패에 집착하지만, 고수는 확률을 본다. 고수는 작은 우위가 반복돼 승리가 만들어진다는 것을 안다.

울타리를 탄탄히 치고, 기다림을 무기로 삼아라

이창호의 비결은 51퍼센트의 철학이다. 청나라 말기의 대신이었던 증국번曾國藩*은 이 전략을 두고 "울타리를 탄탄히 치고, 기다림을 무기로 삼아라**"라고 표현했다.

증국번의 일생은 세 단계로 나뉜다. 첫 번째 단계는 문인으로서의 생애다. 6세에 학업을 시작해 27세에는 진사에 급제하고 대학사까지 지냈다. 당대 학술계의 최고봉이었다. 두 번째 단계는 군인으로서의 생애다. 태평천국운동 중, 스스로 상군***을 조직해 13년을 싸워 무너져가던 청나라를 되살렸다. 세 번째 단계는 서구의 과학문물을 받아들이던 생애다. 그는 중국 최초의 증기선을 제작하고

---

*   청淸 말기의 정치가이자 학자, 군사가다. 태평천국의 난을 진압하고 나라의 안정을 도모하였다. 우수한 서구 문물을 받아들이자는 근대화 운동인 양무운동을 추진했다.

**   먼저 기본을 탄탄히 하고, 묵묵히 때를 기다리라는 의미.

***   증국번이 태평천국의 난을 진압하기 위해 조직한 군대의 명칭.

군사학교를 세워 서구의 서적을 받아들였으며, 미국에 유학생을 파견하기도 했다.

문인으로서만 살던 일개 선비가 어떻게 막강한 전투력을 자랑하던 태평천국군을 상대로 승리했을까? 그의 전략은 매우 흥미로운 연구 대상이 아닐 수 없다.

증국번의 전투법은 '수졸*'이었다. 잔꾀를 쓰지 않고, 적은 힘으로 큰 효과를 기대하지도 않았다. 증국번은 병법을 몰랐기 때문에 가장 단순한 방법을 사용했던 것이다.

그렇다면 그가 주장했던 울타리를 탄탄히 친다는 것은 무슨 뜻일까?

상군 수령이 "10만 군사를 이끌고 남경성을 함락하라!"는 임무를 받았다. 이 수령은 남경성으로 달려가 공격하지 않고 먼저 주둔했다. 지형을 탐색해 우세한 위치를 찾고 그 즉시, 한 시진(오늘날로 치면 약 2시간) 내에 벽을 만들고 해자를 팠다.

벽은 두께 1척(33.3센티미터)에 높이 8척으로 짚과 흙덩이를 이용해 만들었다. 해자도 1척 깊이로 파고, 파낸 흙은 적군 보병들이 되묻을 것을 대비해 2장(1장=3.3미터) 거리에 옮겨두었다. 해자 밖은

---

* 큰 힘을 발휘해 공격하기보다는 자기 실력에 맞게 잘 방어한다는 뜻. 오늘날 바둑용어로 프로 초단을 뜻한다.

높이 5척의 덤불로 그중 2척에는 병사들이 매복했다. 또한 기마병을 대비해 덤불은 2겹, 3겹으로 만들었다.

상군은 공격도 하기 전에 철저하게 수비를 마쳤다. 이것이 바로 '울타리를 탄탄히 친다'는 의미다. 공격 명령을 받은 상군은 수비를 공격으로 삼은 것이다.

이와 같은 포위 전략은 태평천국군을 힘겹게 했다. 태평천국군은 청나라 말기 전투에 매우 능하고 용맹한 군대였지만 상군의 전략에는 속수무책이었다. 이들은 시원하게 최후의 결전을 벌이고 싶었다. 그러나 상군은 꼭꼭 숨어 구슬땀을 흘리며 앞으로 구덩이를 파나갈 뿐, 이들과 결전을 벌일 생각이 없었다. 공격이 시작되면 빗발치는 총탄에 후퇴했다가 상대가 공격하지 않으면 계속 구덩이를 팠다.

상군은 주둔하는 내내 매일 구덩이를 파면서 천천히 상대를 포위하는 방식으로 전진했다. 그렇게 도시 하나를 점령했다. 1년, 2년 계속해서 구덩이를 파며 포위해나가는 전략이었다. 적진의 탄약과 군량이 바닥나면 정복하기가 수월했다. 작은 강점을 계속해서 반복하는 전략이었다. 요즘 말로 하면 '시간을 친구 삼는' 전략이랄까.

상군과 태평천국군은 13년간 전쟁을 치렀다. 우창 등 몇몇 곳을 제외하고는 대체로 다치거나 죽은 사람도 극소수였다. '기다림을 무기로 삼는' 전략이 전쟁을 승리로 이끈 것이다.

『손자병법孫子兵法』에 이런 말이 있다. "먼저 적이 이길 수 없는 나를 만든 후 이길 수 있는 적을 기다려라." 증국번의 전략과 같다. 간단히 말하자면, 질 수 없는 토대를 만들고, 천천히 작은 우위를 선점해나가라는 이야기다. 이는 이창호의 51퍼센트 철학과도 맥락을 같이한다.

매일 꾸준히 반복하는 힘

스탠퍼드대학교 경영대학원 교수인 짐 콜린스Jim Collins는 저서 『위대한 기업의 선택Great by choice』에서 '탁월한 기업이란 어떤 기업이며, 이들의 차이점은 무엇인가?'라는 한 가지 문제를 다뤘다.

2002년을 기점으로 그는 이전 30년을 돌아보며 2만 400개 상장 기업 중 7개 기업을 선택했다. 이들 기업은 시장 가치가 15년 연속 동종 업계 대비 10배 증가했으며, 일부는 100배를 뛰어넘었다. 짐 콜린스는 이들 10X기업*을 분석하면서 다양한 이야기를 소개했는데, 그중 '매일 20마일의 행군' 이야기가 가장 기억에 남는다.

1909년 미국인이 북극점을 점령한 후, 1911년 10월 두 명의 탐험가가 미개척지인 남극점을 목표로 삼아 출발했다. 한 사람은 노르웨이의 로알 아문센Roald Amundsen이었고, 다른 한 사람은 영국의

---

* 짐 콜린스가 저서에서 동종 업계 대비 시장 가치가 최소 10배 이상 증가한 기업을 지칭한 용어.

로버트 스콧Robert Scott이었다. 두 사람이 이끄는 탐험대는 거의 동시에 남극점을 향했다. 그러나 같은 해 12월 15일, 아문센이 먼저 남극점에 노르웨이의 국기를 꽂았다. 그리고 한 달 늦게 남극점에 도착한 스콧 탐험대는 불행히도 탐험대 다섯 명 전원이 복귀 도중 재난을 만나 사망했다.

당신은 아문센과 스콧 중에 어떤 사람이 되고 싶은가?

이들 사이에는 많은 차이가 있지만, 짐 콜린스는 그중 한 가지를 언급했다. 탐험 과정 중 아문센 탐험대는 한 가지 원칙을 고수했다는 것이다. 탐험대장인 아문센은 날씨가 좋을 때도 지칠 것을 대비해 많이 걷지 않았고 악천후에도 꾸준히 전진하며 매일 15~20마일(약 24~32킬로미터) 내외로 행군 속도를 조절했다.

한편 스콧 탐험대는 완전히 달랐다. 스콧은 날씨가 좋을 때는 전력을 다해 앞으로 돌진했고 날씨가 안 좋을 때는 텐트 안에서 궂은 날씨를 탓했다. 결과로 보았을 때, 매일 20마일씩 꾸준히 탐험한 아문센의 전략이 더 효율적으로 작용했다고 볼 수 있다. 그렇다면 '매일 20마일의 행군'이 왜 중요할까? 짐 콜린스는 다음과 같은 이유를 들었다.

- 역경이 닥쳐도 스스로를 믿을 수 있다.
- 치명적인 위기 상황이 발생해도 재난의 가능성을 최소화할 수 있다.

● 통제 불가능한 상황에서도 자제력을 유지할 수 있다.

좋은 날씨로 인한 '폭리'는 자제력뿐 아니라 심리 상태와 기대치까지 파괴한다. 이런 요행심리를 안고 모진 환경의 남극에 들어가면 생존의 여지는 없다.

묘수는 고수에게 최대의 장애물이며, 솜씨를 반복해 연마하는 것만이 정도正道다. 묘수의 유혹을 간파한 후에 남은 평범함이야말로 진정 최고의 묘수다. 자신이 무엇을 반복하는지 아는 사람은 자신의 방어벽을 찾은 셈이다. 시간을 들여 실력을 연마한다면 당신에게도 당신만의 방어벽이 생길 것이다.

돌부처 이창호, 대학사 증국번, 탐험가 아문센 모두가 이 이치를 이해하고 선두 그룹을 선정한 후, 필사적으로 목표에 집중했음이 틀림없다. **집중은 당신을 무적으로 만들고, 반복은 당신을 더욱 깊이 있게 만들어준다.** 꼼수를 부리거나 내면이 무너지지 않는 한, 그 무엇도 당신을 선두 그룹에서 밀어낼 수 없다.

이창호, 증국번, 아문센은 **작은 강점이 반복되면 막강한 힘이 된다**는 것을 알고 있었기에 차분히 반집의 승리를 기다린 것이다. 멋진 성공은 똑똑한 사람들이 빚어낸 미련한 노력의 결과다.

선두를 고집하되, 승리를 탐하지 말라

선두 그룹 = 고가치 × 고우위

계속해서 선두 그룹을 차지해나가는 방식을 취하라, 그러면 더 큰
성공을 이룰 수 있을 것이다.

선두 그룹 효과의 3원칙

강점이 아닌 가치를 생각하라. 차별화된 사고를 하라. 가까운 곳의
선두 그룹에 들어서는 것부터 시작하라.

집중

집중은 고수의 방어벽이다. 불패의 위치를 선점하고 천천히 작은
우위를 확보해나가자.

반복

계속 반복하라. 묘수를 찾지 말고 승리를 탐하지 마라.

제3장

네트워킹
학습

지식의 근원을 찾아내 인지 효율을 높인다

지식이 폭발적으로 넘쳐나면서 평생 학습해야 하는 시대가 도래했다. 이제 경쟁의 핵심은 공부를 했느냐 안 했느냐가 아니라 얼마나 효율적으로 공부했느냐에 있다. 학습 전에 무엇을 배울지, 어떻게 공부하고 원하는 바를 실현할지 명확히 하라.

질은 더 높게 양은 더 적게, 실리주의 학습법

정보의 홍수 속에서 무엇을 읽을 것인가

우리 주변에는 '단물 빠진 껌' 같은 정보가 널려 있다. 커뮤니티 사이트나 플랫폼을 통해 전해지는 각종 이야기와 정보들, 유명 인사나 친구가 추천한 책 등 각종 B급 정보들이 부지기수다.

우리는 보유한 지식이 부족하다는 생각에 불안감을 느낄 때면 이런 B급 정보를 습득하면서도 만족감을 느끼게 된다. 그러나 이런 B급 정보들에는 사람들의 흥미를 돋우기 위한 대량의 자극적인 내용과 이미지 파일, 멋진 남녀의 사진이 조미료처럼 첨가돼 있다. 따라서 지식의 근원에 있는 본질적인 지식을 접하지 못한 채 B급 정보에 먼저 익숙해져버리면, MSG에 입맛이 길들어 천연 재료로 맛을 낸 음식이 맛없게 느껴지는 것처럼 질 좋은 정보를 접했을 때도 그 우수성을 제대로 느끼지 못하게 된다.

예전에 티베트에서 장강長江의 발원지를 봤을 때의 일이다. 발원지가 너무나도 좁아서 깜짝 놀랐다. 내가 그곳에 누우면 물의 흐름이 그대로 막힐 것 같았기 때문이다. 상하이에서 바라보았던 장강의 망망대해 같던 모습은 상상도 할 수 없었다.

지식의 근원도 마찬가지다. 강의 발원지처럼 지식이 막 만들어져서 멀리로 뻗어나가는 지점이다. 근원에서 생성된 지식은 내용이 깊고 질이 좋다. 풍성한 논리와 기초 개념이 바탕에 깔려 있다. 물이 흘러내려 근원에서 점점 멀어질수록 부차적인 내용이 많아지며, 불필요한 정보들이 녹아든다. 한 조각의 지식에 너무 많은 불순물이 끼게 되면, 기껏해야 감성팔이 글 정도밖에 되지 않는다.

현재 우리가 얻는 정보의 대부분은 B급 정보다. 많은 사람이 1차 정보를 감별하는 능력을 잃었기 때문이다. 이것은 우리의 인지 효율을 저하하는 원인이 되기도 한다.

1차 정보: 지식의 근원

1973년, 노벨상 수상자인 허버트 사이먼Herbert Simon과 윌리엄 체이스William Chase는 국제 체스의 거장과 신인을 비교한 논문에서 전문적인 기능을 습득하기 위한 '10년의 법칙'을 처음으로 제시했다. 체스 거장의 장기 기억에는 5~10만 가지의 대국 기보가 들어 있으며, 이를 얻는 데는 대략 10년이라는 시간이 걸린다는 것이다.

1976년, 안데르스 에릭슨Anders Ericsson은 사이먼의 연구 성과를 바탕으로 체스 고수에 초점을 맞춰 한 단계 확장된 연구를 진행하고 사이먼과 공동으로 논문을 발표했다.

1993년, 에릭슨은 두 명의 동료, 랄프 크람페Ralph Krampe와 클레멘스 테쉬뢰머Clemens Tesch-Römer와 함께 「전문역량 습득에 의한 의도적 연습의 역할The Role of Deliberate Practice in the Acquisition of Expert Performance」이라는 논문을 발표했는데, 이는 1차 정보에 해당한다.

2차 정보: 1차 정보의 상세한 전달

2016년, 위에서 설명한 논문의 제1 저자인 에릭슨은 자신의 이론이 사람들에게 오독되는 것을 발견하고, 『1만 시간의 재발견Peak』이라는 책을 출간한다. 에릭슨은 이 책에서 전문가가 되는 데 정해진 시간은 없다고 강조했다.

인터넷 회사를 창업한 사람들은 전문성을 얻는 데 1만 시간을 들이지 않았다. 이 책에서 에릭슨이 제시한 근거 역시 '1만 시간의 법칙'이 아니다. 음악 교육을 받는 학생들이 18세가 되기 전 바이올린 연습에 들이는 평균 연습 시간은 3420시간이었다. 우수한 학생의 평균 연습 시간은 5301시간, 출중한 학생의 경우 7401시간이었다. 의식적인 노력과 천부적인 재능, 연습 방식은 높은 상관 관계를 보였으며, 낮은 수준의 부단한 노력은 얼마를 한들 소용이 없었다.

2016년 11월, 학습 전문가 에두아르도 브리세뇨Eduardo Briceno는 '좋아하는 일을 어떻게 잘 해나갈 것인가'를 주제로 한 TED* 강연에서 위의 관점을 다시 설명했다.

여기서 에릭슨의 책 『1만 시간의 재발견』과 브리세뇨의 TED 강연은 2차 정보에 해당한다.

3차 정보: 간소하고 극단적인 관점의 표현

말콤 글래드웰Malcolm Gladwell은 에릭슨이 1993년 발표한 논문에서 '의도적 연습'이라는 개념은 빼고, 오직 '1만 시간의 법칙'이라는 개념만 가져와 『아웃라이어』라는 유명한 저서를 출간했다. 이 책은 한때 전 세계에서 선풍적인 인기를 끌었다. 책에서 글래드웰은 이렇게 말했다.

사람들은 천재가 탁월하고 비범한 이유가 부단한 노력 때문이 아닌 천성적인 자질 때문이라고 생각한다. 그러나 1만 시간 동안 단련하면 누구나 비범해질 수 있다.

---

* TED는 기술Technology, 오락Entertainment, 디자인Design의 영어 앞 글자를 딴 것으로 미국의 비영리기구에서 만든 강연 프로그램으로 유명하다.

노력이 탁월함을 얻기 위한 필수 조건임은 두말할 필요도 없다. 그렇지만 1만 시간은 성공의 진정한 경로가 아니다. 이것이 바로 3차 정보이다.

4차 정보: 개인적 경험을 담은 정서적인 글

수많은 SNS의 공식 계정이나 인생 멘토, 트레이너, 자기계발 작가들은 자신의 경험에 근거해 1만 시간의 법칙을 해석한다. 그리고 누구나 노력하면 한 분야의 대가가 될 수 있다면서 자신의 성공 방식을 공개한다. 그들의 성장 과정, 1만 시간의 비결, 1만 시간의 도구와 방법 및 감동적인 이야기들은 모두 4차 정보에 해당한다.

당신은 1~4차 정보에 각각 얼마나 시간을 소비하는가? 영어 4급(토익 기준 600~700점) 정도 수준의 사람은 구글 번역기를 이용하면, 1시간 정도 시간을 들여 1차 정보에 해당하는 논문 한 편을 읽을 수 있고, 4시간이면 2차 정보인 『1만 시간의 재발견』이나 『아웃라이어』도 읽을 수 있다. 실질적인 가치는 후자가 떨어지는데도 오히려 독서의 만족감은 더 높다. 대부분의 사람은 4차 정보에 낚여 이를 맹목적으로 실천하느라 100시간을 허비하기도 하는데, 이는 인지 효율의 차이 때문이다. "가짜 정보는 1만 권의 책으로 엮을 수 있을 만큼 복잡하지만, 진정한 깨달음은 간결하고 단순하다"는 옛말이 바로 이런 의미다.

지식의 근원을 찾는 법

지식의 근원을 식별하라

인류의 인지 경계에서 연구하고 사고하며 검증하는 이들이 곧 지식의 근원이다. 이를 1차 지식이라고 한다. 그들의 신선한 사고는 머리와 노트 속에 있다. 그것은 상세하게 다듬어지지는 않았지만 신선하고 날카롭다. 그들의 일부 지식은 체계화해 전문 학술지에 논문으로 발간하기도 하고 집단 내에서 토론하는 주제가 되기도 한다.

- 1차 연구 논문, 업계 학술지, 업계 최신 데이터 보고.
- 업계 대가들과의 대화와 교류를 통해 얻은 최신 결과.

2차 지식은 실제 가치가 높다. 비교적 내용에 충실하게 서술하고 있으며, 뚜렷한 근거와 출처를 밝히고 있다.

- 명문학교의 교과서, 온라인 대중 공개 수업Massive Open Online Course에서 추천하는 자료, 위키피디아 자료 등.
- 중립적인 입장을 지닌 제3의 업계에서 조사하고 보고한 문서 내용.
- 기저논리를 서술하며 사고의 질량도 비교적 높은 글, 즉 『국부론』 『가난한 찰리의 연감』 등 이해가 어려운 책과 글, 각 분야의 최고수,

대가들이 추천하는 도서 목록.

- 업계 최고수와 대가들이 자기 공중 계정에 올리는 글.

3차 지식은 베스트셀러가 되어 대중이 이해할 수 있고 전파하기 쉬운 글로 바뀐 상태다. 그러나 대중의 인지 능력이 비교적 낮기 때문에 주제에 예시와 이야기 및 부정확한 개념들을 대량으로 더한다.

4차 지식은 흔히 접하는 것들이다. 베스트셀러와 이론을 바탕으로 자신의 경험을 첨가해 쓴 자기계발서 형태의 글로, 개인적인 이야기와 정서적인 요소가 너무 많이 첨가된다. 한 가지 관점을 이야기하는 데 어마어마한 조미료가 첨가되는 것이다. 대부분의 공중 계정의 글과 베스트셀러를 토대로 쓴 책 등이 여기에 해당한다.

지식의 근원을 좇아라

시간이 없다면 지식의 근원에 서 있는 사람을 따라가자. 그들은 근원에서 갓 생성되는 지식을 마주하는 사람들이다. 만약 이들이 설명하고 표현하는 능력까지 갖추고 있다면 당신에게는 그야말로 행운이다.

더다오 칼럼의 작가들이나 최근 폭발적으로 뜨고 있는 지식 스타들이 이에 해당하는데, 동시에 여러 칼럼을 구독해보면 작가들 모두 다른 언어를 사용하지만 결국 한 가지 이치를 설명하고 있음을 알 수 있다. 이럴 때 댓글을 보면 독자의 사고 수준이 드러난다. 사고 수준이 평범한 사람은 "다른 사람들과 똑같은 말을 하는군요. 재미없어요"라고 말한다. 사고 수준이 높은 사람은 "×××도 이렇게 말하던데, 흥미롭군요"라고 한다.

후자는 근원이 되는 지식이 각기 다른 것이 아니라 결국 하나로 귀결된다는 사실을 깨달은 사람이다. 이것이 정수다. 정수를 몇 번 더 그리고 여러 각도에서 살펴보는 것이 쓸데없는 이야기만 잔뜩 늘어놓은 글을 읽는 것보다 더 낫고 인지 효율도 더 높다.

지식의 근원을 만들어라

지식의 근원을 만들어내는 것은 쉽지 않은 일이다. 이는 지식을 아웃풋하는 방법을 다룰 때 자세히 이야기하도록 하겠다.

일단 지식 폭발의 시대에는 1~4차 정보를 분별하고 지식의 근원을 만들어내는 사람과 가까이 하는 것이 가장 좋은 방법이다. 그러면 언젠가 당신도 지식을 창조하는 사람이 될 수 있다.

남송의 철학자 주희朱熹는 말했다. "호수물이 어찌 이리 맑은가 물으니, 원천에서 활수가 보충된다 하였다." 지식의 근원에만 서 있으면 누구든 지속적으로 새로운 것을 만들어낼 수 있다.

어떻게 읽을 것인가

1, 2, 3, 4차 지식을 통해 무엇을 읽어야 할지에 대한 고민은 해결됐다. 이제 '어떻게 읽을 것인지'를 이야기해보자. 나는 이 독서법을 '실리주의 독서법'이라고 한다.

벌써 눈치 챘겠지만, 지식의 종류를 열심히 분류해보았자, 정보 홍수의 시대에는 이를 다 습득할 수 없다. 그런데 우보판 같은 대가들은 모 프로그램을 만들 때 원고도 없이 앉아서 유창한 말솜씨를 선보였다. 이런 대가들은 엄청난 양의 책을 읽고 당신이 전혀 모르는 대화만 하는 듯하다. 동일한 24시간을 사는데 차이는 왜 이렇게 큰 차이가 날까?

사람들은 내게 매일 몇 시간씩 책을 읽느냐고 묻는다. 하지만 독서는 시간 관리의 문제가 아니라 개개인의 인지 효율 문제다.

예를 들어 당신이 누군가에게 이런 질문을 했다고 하자. "평소에 뭐 하세요?" 그러자 그가 답한다. "다들 영어를 공부하니까, 저도 영어를 공부하죠." 그 말을 들은 당신이 다시 묻는다. "왜 공부해요?" 그러자 그는 "언젠가는 쓸모가 있을 테니까요"라고 답한다. 그럼 또 한 번 물어보자. "내일 당장 쓸 수 있는 건 없어요?" 자, 이제 그는 대답하지 못한다. 그는 근본적으로 왜 공부하는지, 뭘 공부하고 싶은지 생각해본 적이 없는 것이다.

어렸을 때를 생각해보자. 어른들은 늘 우리에게 "또 놀아? 공부

안 하니?"라고 되물었다.

반면 어린 우리가 공부만 하면 아무리 속도가 더디든, 어떤 책을 읽든 어른들은 간섭하지 않았다. 시간이 오래 지나면 우리 머릿속에는 '공부가 답이야'라는 관념이 박혀버린다.

이런 사고방식은 틀렸다. 물론 지식이 부족하고 평생 학습의 개념이 없던 시대에는 공부하는 게 안 하는 것보다는 나았다. 그러나 오늘날은 지식이 폭발적으로 넘쳐나고 평생 학습해야 하는 시대다. '왜Why' '무엇을What' '어떻게How' 공부하느냐가 '어쨌든 공부만 하면 돼Do'보다 더 중요하다.

'인지 효율'이라는 개념은 인지를 통해 얻는 이익 대비 시간과 노력의 비율이다. 동일한 인지 자원의 투입에도 도출되는 결과가 완전히 다른 것은, 인지 효율의 차이 때문이다. 인지 효율이 낮은 사람은 낮은 수준의 노력을 한다. 대가들의 진짜 비결은 '정수'에 있다. 훨씬 높은 수준의 인지적 자원으로 공부하니, 인지 효율 역시 당신보다 몇 배가 높은 것이다. 고수의 기술은 투자와 결과물이 비례하지 않는, '인풋과 아웃풋의 비선형'에 있다.

인지 효율을 높이는 가장 효과적인 방법은 **'강력한 목적성'**이다. 나는 이것을 **실리주의적 학습법**이라고 부른다.

매우 실리적인 소량의 학습

새로운 지식의 습득률이 가장 높은 때는 언제일까? 인지심리학에서는 성인의 학습에 **방향성 있는 목표와 즉각적인 피드백, 근접발달지대***라는 세 가지 전제 조건이 붙을 때 효율이 가장 높다고 보았다. 간단히 말하면 당면한 문제를 해결할 수 있고, 쓸모가 있으며, 난이도가 적절한 지식을 습득할 때 가장 효과적이라는 것이다.

국내에서 12년이나 공부했는데도 안 되던 영어가 어째서 외국에만 나가면 3개월 만에 소통이 가능해질까? 그 이유는 외국에 나가면 일단 소통의 문제가 시급하고 현지에서 바로 써먹을 수 있기 때문이다. 또한 외국의 현지인들은 다른 나라 사람의 어색한 발음에도 관대해 학습 난이도가 까다롭지 않다. 앞서 말한 세 가지 조건이 갖춰지니 효율성이 높아지고, 자연히 습득도 빨라진다.

선별된 '관리자 필독서 목록'이 왜 당신에게 별 의미 없는지 이해가 될 것이다. 이런 인지적 자원은 목적성도 약하고, 실천할 환경이 뒷받침되지 않은 데다 난이도 역시 제각각이다.

"이 글을 읽지 않으면 1억 위안을 놓치는 겁니다"와 같은 낚시성 SNS상의 글들은 아무런 근거도 없이 '해결해야 할 문제'를 만들어

---

* 레프 비고츠키의 '근접발달지대 이론'. 아동의 발달 수준은 독립적으로 문제를 해결할 수 있는 실제적 발달 수준과 또래 혹은 성인의 도움을 받아 문제를 해결할 수 있는 잠재적 발달 수준으로 나뉘는데 이 사이의 이론적인 영역이 바로 근접발달지대다.

낸다. 생각해보자. 설령 1억 위안을 획득할 방법을 알게 된다고 해도, 이것이 현재 당면한 문제일까? 현재 수준에는 맞는가? 배운 대로 써먹을 수 있는 지식인가?

SNS 알림을 꺼둔 지 한 달이 넘었지만 나는 습득해야 할 가치 있는 정보를 놓친 적이 없다. **지극히 실리적인 것만 공부하기 때문**이다. 나는 당면한 문제와 직접 실천할 수 있는 영역에서부터 출발해 적합한 인지 자원을 찾는다. 이렇게 하면 읽을거리가 많이 줄어들기 때문에 방대한 지식으로 인한 문제가 기본적으로 해결된다.

실리적인 자원 배치

모티어 J 애들러, 찰스 반 도렌이 공저한『생각을 넓혀주는 독서법How to read a book』에서는 독서를 오락형, 지식형, 사고력 향상형 등 몇 가지로 분류했다. 등산에 비유하자면 오락형은 비탈길을 내려가는 것으로 내려갈수록 편하다. 지식형은 평지로 이동은 하지만 약간 힘이 든다. 사고력 향상형은 비탈길을 오르는 유형이다. 힘들어 보이지만 지능과 이해력이 향상돼 새로운 관점을 빨리 이해할 수 있고 학습력이 강화된다.

많은 사람이 매일 공부하지만 학습력은 딱히 향상되지 않는다. 나이가 드니 뇌력도 체력도 떨어진다. 인지 방식이 주로 오락형과 지식형이어서 그렇다. 그래서 평생 신문을 읽어도 학습 능력은 좋아지지 않는다.

학습 능력을 향상하고 싶다면 인지 목적에 따라 다른 목표를 설정하고 다른 자원을 배분해야 한다. 이번 달 나의 인지 자원 구성을 예로 들어보겠다.

인지성 독서

새 책 준비를 위해 『광기와 우연의 역사Sternstunden der Menschheit』 『안티프래질Antifragile』 등의 해당 서적의 창작 기교를 살펴본다.

사고력 향상은 '열심히 연마해야 하는' 영역에 속해서 인지 난이도가 만만치 않으므로 충분한 시간과 체계적인 독서가 필요하다. 그래서 인지성 독서는 주로 아침이나 늦은 밤에 배치한다.

지식성 독서

각 산업의 조사 보고서, 포럼, 대량의 전문서적을 살펴보는 것이다. 지식성 독서의 목표는 배움이다. 그래서 분할 학습이나 사교형 학습법에 잘 맞는다. 출퇴근길 시간을 쪼개 검색형 독서가 가능하며, 그마저도 안 될 때는 다른 이에게 읽게 하고 소통하는 방법도 있다. 독서를 할 때에는 유용한 지식인지 빨리 판단해 독서의 깊이를 결정한다.

오락성 독서

지식보다는 흥미와 재미를 위한 책을 읽거나 다양한 장르의 영화를 보는 것도 해당한다. 오락성 독서의 목적은 긴장감 완화와 카타르시스다. 지식 자원의 수준은 낮은 편이고 지칠 때 머리를 식히기 위해 몇 페이지씩 읽는 정도면 충분하다.

가장 좋은 책은 위 세 가지 조건을 겸비하고, 읽는 상황에 따라 다른 효과를 얻을 수 있는 책이다. 피터 드러커의 자서전이나 스티븐 코비Stephen Covey의 『성공하는 사람들의 7가지 습관The Seven Habits of Highly Effective People』, 문학 중에서는 『홍루몽红楼梦』 같은 책이 이에 해당한다.

책 구매의 욕망은 최대한 자제하고, 지극히 **실리적으로 자원을 분배하자. 자신의 욕구에 맞춰 세 종류로 독서 형태를 구분하고 목표를 설정, 자원을 분배하자.**

1페이지부터 읽지 말 것

책의 첫 페이지부터 읽어 내려가는 것은 가장 어리석은 독서 방식이다. 여행할 때를 생각해보자. 당신은 역에서 처음 만난 사람과 계속 이야기를 나누면서 이 도시의 가장 재미있는 볼거리를 알아보는가? 아니다. 지도를 보고 목적지를 찾아 택시를 타고 직접 이동할 것이다. 그런데 공부에서는 늘 이런 식이다. 목적지로 바로 가는 것이 아니라 책의 첫 페이지부터 읽기 시작하면서 유용한 정보를 얻기를 바란다.

좋은 독서 방법은 책을 잘 고르는 것부터 시작한다. 국내 서적은 더우반에서, 외국 서적은 아마존에서 서평을 찾아보자. 꽤 유용하다. 동시에 몇 권을 비교해보고 한 권을 선택하면 된다.

다음으로 차례를 보자. 보통은 온라인 서점 사이트에 다 나와 있다. 대략적인 책의 내용과 틀을 파악하자. 가끔 흥미로운 서문은 미리보기 등을 통해 읽어보는 것도 괜찮다.

마지막으로 구체적인 챕터를 살펴보고 중요한 챕터로 바로 넘어가자. 체계적인 학습은 차례에서 시작한다.

이런 방식으로 대략 15분 정도만 투자하면 좋은 책을 고를 수 있다. 당장 도움도 안 될 아무 책이나 붙들고 몇 시간을 허비하는 것보다 인지 효율이 훨씬 높아진 것 같지 않은가?

책을 처음부터 읽는 게 더 체계적이지 않느냐고 반문할 수도 있겠지만 그렇지 않다. 그 이유는 다음과 같다.

첫째, 책의 구성을 모르는 상태에서 읽기 시작하면 다 읽은 후에도 여전히 내용을 모른다. 체계를 코끼리라고 치면 당신의 인지와 기억 공간은 손바닥이다. 그냥 쭉 읽기만 하는 행위는 '장님 코끼리 만지기'나 다름없다. 머릿속에 전체 그림이 없으면 세부적인 요소를 아무리 더해도 무용지물이다.

둘째, 자원과 시간을 더 체계적으로 배분하지 못해서 많은 책을 읽다가 그만두는 바람에 체계가 더욱 없어질 수도 있다. 실리적인 독서는 니즈에 맞춰 필요한 곳부터 찾아 읽는 것이지, 첫 페이지부터 책을 읽는 게 아니다. 목적성과 인지 자원 및 문젯거리, 이 세 가지에 따라 엄격히 선별한다면 읽을 책은 75퍼센트쯤 줄어들 것이다. 독서 속도도 최소 두 배 이상 향상되어 과도한 지식의 피로에서 벗어날 수 있다.

그런데 왜 많은 사람이 이렇게 하지 못할까? 인간의 대뇌가 인지에 관해선 구두쇠라 그렇다. 우리는 본능적으로 가장 간단하고 뇌를 덜 소모하는 방식을 선택한다. 그래서 누구나 읽는 책이나 한 권 꺼내들고는 "암, 독서는 언제나 옳지. 다들 책을 읽고 있잖아"라고 말한다. 마치 파블로프의 개처럼 독서로 보상이라도 받고 싶은 듯이 말이다.

실리적인 독서법은 보상을 받기 전에 만족감을 늦추기로 선택하는 것이다. 먼저 목표를 찾고, 시간과 노력이라는 우리에게 주어진 자원을 조정한 후, 생각할 거리를 갖고 책을 읽자. 이 세 단계만으로도 우리는 독서라는 긴 레이스에서 90퍼센트의 승리를 확보할 수 있다. 어떤 분야에서든 성과를 얻어내는 가장 좋은 방법은 언제나 인간 본성을 거스르는 방식이라는 사실을 잊지 말자.

지식의 결정체란 무엇인가

무엇을 공부해야 할지, 어떻게 공부해야 할지 알았다면 이제 필요할 때 어떻게 지식을 취합할지를 배워야 한다.

학습에서 매우 중요한 개념을 하나 먼저 짚고 넘어가겠다. 바로 **지식의 결정체**다. 통장에 아무리 돈을 많이 입금해도 비밀번호를 모르면 은행카드로는 인출할 방법이 없다. 지식도 마찬가지다. 지식의 결정체는 지식을 인출하는 비밀번호와 같다. 공부를 많이 했다는 사람들도 안타깝게 이 개념을 몰라서 지식을 써먹지 못하는 경우가 있다.

반대로, 학습에 큰 투자를 하지 않는 데도 정리와 성과를 얻는 일을 잘하는 사람도 많다. 그들은 어수선하게 늘어져 있는 지식 안에서 훌륭한 정보를 골라낸다. 지식의 결정체는 학습의 전 과정에서 가장 관건이 되는 요소다.

다이아몬드의 경도는 광물 자체의 결정에 따라 정해진다. 흑연과 다이아몬드는 둘 다 탄소 원자로 조성된 광물이다. 그러나 다이아몬드는 탄소 원자 사이에 안정적인 육면체 결정 구조를 형성하고 있어, 자연계에서 경도가 가장 높은 광물이다. 다른 예로 모래와 콘크리트를 들 수 있다. 모래알은 아무리 힘을 줘도 뭉쳐지지 않는다. 그러나 시멘트와 돌을 넣어 섞으면 이들 사이에 결정이 형성돼 제멋대로 흩어지던 모래로도 높은 빌딩을 지을 수 있다.

지식도 마찬가지다. 지식의 양과 지식의 요점 사이에 있는 구조가 매우 중요하다. 둘 사이에 안정적인 구조만 만들어지면 '지식의 결정체*'가 완성된다. 산적해 있는 지식이 결정체로 변하면 쉽게 소모되지 않고 강도는 더 커지며 그대로 가져다 활용하기에도 쉽다.

별자리도 전형적인 지식의 결정체다. 하늘의 수많은 별을 누가 다 기억하겠는가. 옛날 사람들은 상상력으로 수천 광 년 떨어져 있던 별들을 연결해 '결정체(통합 지식)'를 만들었다. 그리고 각 결정체에 아름다운 이야기를 부여(형상화)했다. 우리는 몇 시간만 투자하면 여름밤 하늘에 별자리를 알아볼 수 있다. 누구나 어렵지 않게 할 수 있는 일이다.

지식 결정체 개수에 따라 전문성의 정도가 정해진다. 앞에서 언급했던 심리학자 사이먼도 체스 대가들의 작업 기억이 일반인보다 높지 않다는 사실은 발견했다. 그러나 그들의 장기 기억에는 5~10만 개의 체스 기보가 있다. 고수들의 뇌에도 한 세트, 한 세트의 지식 결정체가 있다.

정보를 취합해 사용할 때는 뇌 속 지식이 얼마만큼 결정체를 형성하고 있는지가 보유한 지식의 양보다 더 중요하다. 무엇인가를

---

* 키스 E. 스타노비치가 『지능검사가 놓치는 것: 이성적 사고의 심리학What intelligence tests miss: the psychology of rational thought』에서 제시한 '결정적 지능crystallized intelligence' 개념을 차용했다. -저자

봐도 답이 생각나지 않고, 말하려 해도 입이 떨어지지 않는다면? 기억은 하는데 말로 설명이 안 된다면 **머릿속에 지식만 가득할 뿐 결정체로 만들어지지 않았다는 소리다.**

지식을 결정화하는 방법에는 뭐가 있을까? **트리 구조, 연관 구조, 서열 관계, 데이터 구조**는 우리가 흔히 마주하는 지식의 구조다. 이

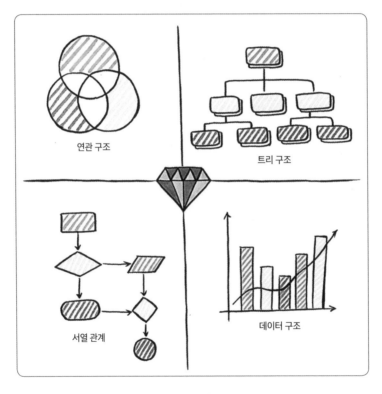

지식의 네 가지 구조

와 같은 지식 결정체는 당신에게 책을 펼치지 않고도 표현할 수 있는 능력을 준다.

트리 구조: 관계를 포함한 계층화 구현

트리 구조는 가장 흔히 볼 수 있는 지식 단위다. MIT공과대학교의 컴퓨터 인지과학 연구실(실험실)의 연구원 조시Josh는 컴퓨터 모형으로 순환 구조, 별모양 구조, 사각형 구조, 체인 구조 등을 만들어보았다. 그리고 인류가 지식 구조를 추상화하기에 가장 좋은 방식이 트리 구조라는 것을 수학적으로 증명했다.

가장 전형적인 트리 구조는 도서 목록이다. 지식의 저장, 추출, 구현의 세 개 부분으로 나뉘는 지식 관리 역시 전형적인 트리 구조다.

이와 같은 계층 구조는 종종 알파벳 앞 글자를 따서 표현한다. 타고난 자질을 알아보는 SIGN 법칙, 상황 분석에 유용한 AEIOU 법칙 등이 그것이다. 지식을 트리 구조화하고, 위와 같이 앞글자를 따서 줄임말로 표기하는 것은 지식을 결정체로 만드는 좋은 방식이다.

연관 구조: 사물의 상호 관계 구현

내가 연재하는 칼럼에 자주 등장하는 피라미드 구조는 에이브러햄 매슬로Abraham. H. Maslow의 욕구 5단계 이론과 같이 기저에서 점진적으로 업그레이드되는 연관성을 보여준다. 깔때기 구조는 이와 정반대다.

우리에게 익숙한 SWOT 분석도 전형적인 4분법 구조다. 중요도와 긴급한 정도에 따라 나뉘어 4분할되며 2차원 간 평가 관계를 나타낸다.

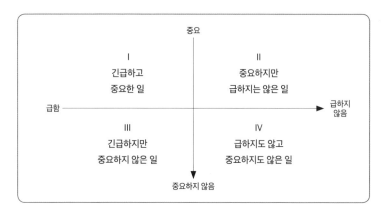

시간 관리 매트릭스

재미난 그림을 하나 더 보자. 세 개 요소가 서로 중첩된 관계다.

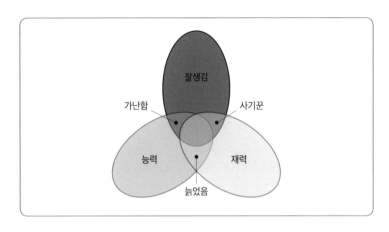

좋은 남자는 어디에?

공식도 연관 구조다. 상대성이론 $E=mc^2$도 에너지와 질량, 빛의 관계다. 공식은 포지셔닝에도 쓸모가 있다. '포지셔닝=산업×기업×직위'로 공식화할 수 있는 것이다.

서열 관계: 전후와 인과 관계 구현

서열 관계는 일종의 계통도 형태의 구조다. 일의 전후, 인과, 논리적 관계를 보여준다.

설명서(1단계, 2단계, 3단계의 순서로 진행)에서 흔히 볼 수 있다. 앞에서 언급했던 독서의 단계(책 선택 - 목록 - 장과 절)도 마찬가지다. 처음부터 끝까지 전부 거쳐야 끝나는 관계로, 전형적인 인과 구조다.

데이터 구조: 데이터 간 차이 관계

마지막은 데이터 구조다. 바 차트, 원형 차트, 상승형 그래프 등의 데이터 구조는 사물의 공간과 시간상의 차이를 보여준다.

이렇듯 많은 지식 구조가 보여주는 오묘함에 우리는 감탄하지 않을 수 없다.

탄소 원자의 명확한 결정체가 다이아몬드를 만들듯, 지식도 안정적인 구조를 갖추지 못하면 저평가된다. 지식 결정체는 학습 내용을 정제하는 과정으로, 결코 쉬운 일이 아니다. 다이아몬드도 고온과 고압을 견뎌야 만들어지고, 황금도 몇천 ℃를 견뎌야 정제된다.

'황금만 영원히 빛나는' 그런 일은 없다. 제련을 거치지 않으면 순도 높은 금도 일반 돌과 다를 바 없다. 우리는 지금까지 수많은 지식을 섭렵했다. 반드시 그 지식을 뽑아내 결정체로 만들어내자.

지식 결정체를 추출하는 법
지식 결정체 많이 보기

지식을 보기만 하지 말고, 그것이 무엇을 표현하려고 하는지를 생각하자. 나는 지식 결정체 마니아로, 칼럼에 도표나 그림을 집어넣는데, 이것이 바로 지식 결정체다.

지식 결정체 모방하기

하나의 모형을 보면, 기억나는 대로 한번 그려봐도 좋다. 더 좋은 방법은 다른 사람에게 이를 설명해보는 것이다. 그리고 비교해보자. 원래 구조와 무엇이 다른가? 차이점을 찾았다면 반영해 다시 정리하자. 이렇게 하는 이유는 사람마다 지식 구조가 다르고 그것을 구현해내는 방식과 형태도 차이가 있기 때문이다. 오랜 시간이 지나 당신의 뇌에도 모듈이 많아지면 지식은 자동으로 모듈에 맞춰 저장된다.

스스로 지식 결정체 창조하기

자, 지금까지 설명으로 지식 결정체 추출의 중요성을 알았는가? 그렇다면 이제 우리 스스로 지식 결정체를 만들어보자.

첫째, 초급자 단계는 '~에 관한 다섯 가지 테크닉' 같은 '목록형'이다. 좋은 지식 결정체는 책을 덮어도 설명할 수 있는 구조다. 예를 들면 시간관리 매트릭스, 직업 선택 다이어그램, 수익률 분석표 등이다. 이런 결정체는 자체적인 체계를 갖고 있어서 개인의 조각난 관점들보다 값어치가 있다.

둘째, 은유를 활용하면 더 좋다. 이성에서 감성으로 회귀하는 구조는 전파하기도 더 쉽다. 생애진로무지개는 생애를 무지개에 빗댄 것으로 각기 다른 삶의 역할을 무지개 색상으로 표현했다.

좋은 커리어를 설명하는 클로버형 직업 생애 모델은 흥미, 능력, 가치, 이 세 가지가 상호 강화하고 순환하는 관계다. ABZ 커리어 계획은 이름 그대로다. 좋은 커리어 계획이란 지금 하고 있는 계획 A, 줄곧 하고 싶었지만 기회가 없었던 계획 B, 여기에 문제가 생긴 만일을 대비한 계획 Z를 포함하는 것이다.

지식의 근원을 찾아 실리적으로 공부하고 지식 결정체를 뽑아내는 것. 이것이 바로 인지 효율을 높이는 핵심 방법이다.

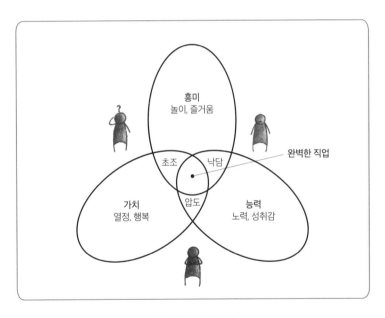

클로버형 직업 생애 모델

지식을 공유하는
네트워킹 학습자

인지 효율을 높이려면 잡념을 버리고 마음을 가다듬으며 도를 닦듯 지식 습득에 정진해야 한다. 그래야 배움의 성과를 빨리 얻을 수 있으며, 노력한 만큼의 보상도 얻을 수 있고, 더 나아가 지식인으로 거듭날 수 있다. 그러나 진짜 고수는 지식을 학습하는 일에서 멈추지 않는다. 그들은 지식의 이면 아래 감추어진 본질적인 가치를 꿰뚫어보고 자신들이 터득한 법칙을 활용해 지식 투자를 확대하여 폭발적 성장을 이루어낸다.

네트워킹형 학습자, 이소룡

이소룡. 그는 중국인 최초로 세계 무대에서 확고하게 자리 잡은 스타이자 쿵푸 고수다. 그는 무술계의 시조이자 무술 사상가였는

데 철학, 피트니스, 춤, 중국 전통 무술, 태권도, 가라테, 필리핀의 쌍절곤, 유술 등을 한데 융합해 독특한 무술 분파를 형성했다. '쿵푸KongFu'라는 영문 용어도 사실상 그가 창조한 것이었다. 이소룡은 「타임Time」이 선정한 20세기 가장 위대한 인물 100명에 이름을 올리기도 했고, 일본에서는 '무술의 성자'라고 불렸다.

19세에 처음 미국에 간 이소룡은 당시 중국의 남파무술의 일종인 영춘권을 몇 년 연마했을 뿐이고, 그마저도 걸출한 실력을 갖추지 못한 상태였다. 그러나 24세가 됐을 때 그는 캘리포니아 롱비치에서 열린 국제 가라테 선수권 대회에 귀빈으로 초청됐으며, 차이나타운에서 다른 중국 무술 고수들을 제패하면서 고수의 풍모를 지니게 되었다. 불과 5년 사이에 이소룡에게 대체 무슨 일이 있었을까? 어떻게 이 짧은 기간에 그는 무술을 기예 수준까지 올리고 무술에 인문적인 사상까지 결합할 수 있었을까? 타고난 재능 외에 어떤 노력을 기울이고 어떻게 공부했기에 이렇듯 짧은 시간 동안 고수가 된 것일까?

이소룡은 무술계의 첫 번째 네트워킹형 학습자였을지도 모른다. 당시 무술계는 폐쇄적이었다. 한 문파에 들어가면 평생 한 사부만을 모셔야 했고, 다른 문파의 무술을 배우는 것은 스승을 기만하고 문파를 욕 되게 하는 일이었다. 이런 개념이 없었던 이소룡은 대학 2학년 때 주차장을 빌려서 영춘권을 가르치기 시작했다. 이에 많은 무술 고수들이 매료됐다. 처음 그가 가르친 두 명의 학생은 유도와 가라테 유단자였다. 이소룡은 무술 외에도 학교에서 배운 철학과 심리학을 가르치면서 자신만의 독자적인 무술 철학 체계를 세웠다. 전통 중국 무술과 서양의 철학, 심리학을 융합한 이 무술은 '절권도'라고 불렸는데, 이것은 그가 세계에 남긴 첫 번째 지식 모듈이었다.

이소룡의 절권도는 개방적인 무술로, 문파에 구별을 두지 않았다. 제자들에게서 배운 무술을 절권도에 통합하고 더 많은 제자들에게 다시 가르쳐주었다. 그는 '학습－이해－공유'의 신속한 순환을 통해 자신의 무술을 집대성해나간 것이다.

이소룡은 문파가 없는 사람이었다. 영화 〈정무문〉으로 주목받은 쌍절곤은 미국계 필리핀인 무술가 댄 이노산토Dan Inosanto에게 배운 것이며 〈용쟁호투〉의 트레이드 마크였던 하이킥은 태권도 고수였던 한국의 이준구에게 배운 것이었다. 이소룡은 이들에게 자신의 펀치 비결을 공유했다. 완벽에 가까운 그의 체격은 서양식 피트니스 체계로 훈련한 결과이며, 민첩한 발의 움직임은 전설의 복서 무하마드 알리의 풋워크를 참고해 훈련했다.

이소룡은 혼자 답을 찾지 않고, 사람들과의 교류를 통해 학습했다. 서로가 가진 답을 교환하는 방식이었다. 과거 '학습－사고' 형태를 띠는 개별적인 학습과 비교해 '사회'라는 네트워크가 개입된 학습 방식이다.

- 먼저 지식 모듈을 연마한다.
- 연마한 지식 모듈을 내보내고, 다른 이의 지식 모듈을 배워온다.
- 앞의 두 단계를 반복해 충분한 지식 모듈을 쌓는다.
- 그런 후 자기만의 시스템에 융합해 폭발적 성장을 실현한다.

이런 방식은 처음 시작할 때는 다소 불편할 수 있다. 기존의 학습 방식을 넘어서는 까닭이다. 옛날에는 스스로 학습하고 스스로 깨달 아야 제대로 된 공부라고 생각했다. 그러나 **정보 홍수의 시대에는 다른 사람의 답을 조달해 융합하는 것이 훨씬 더 중요**하다.

과거에는 반드시 스스로 통달하고 큰 깨우침을 얻어야만 남을 가르칠 수 있었다. 100점짜리가 5점짜리를 가르쳤다. 스승은 서서 가르치고, 제자는 무릎을 꿇은 채 들었다. 그러나 정보화 시대에는 약간 우위에 있는 사람에게 배우는 일도 있고, 학생이 선생을 가르 치는 일이 생기기도 한다.

큰 변화 없이 체계화된 지식을 가르치던 과거에는 전자의 방식 이 더 우세했다. 그러나 정리되지 않은 최신 지식을 학습해야 하는 시대에는 후자의 방식이 훨씬 더 빠르게 배움을 터득할 수 있다.

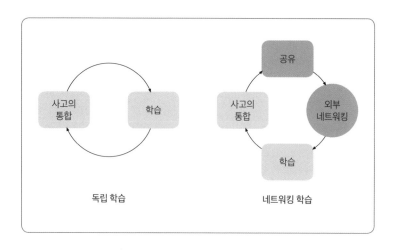

독립 학습   네트워킹 학습

인지 홀덤 포커 실험: 답과 답을 교환하라

인지 홀덤 포커 실험을 하나 설계해 네트워크형 학습 방식의 효과를 알아보자. 홀덤 포커 게임 방식은 간단하다. 테이블에는 다섯 장의 커뮤니티 카드가 있고, 참가자는 두 장의 개인 카드를 들고 게임을 한다. 마지막에 다섯 장의 커뮤니티 카드와 자신의 카드 두 장을 결합해서 가장 큰 값이 나온 사람이 승리한다.

인지 홀덤 포커 실험에서는 모든 패가 하나의 지식 모듈로, 모든 참가자가 자기의 전문 지식과 경험을 포함한 지식 모듈 카드를 갖고 있다. 또한 테이블 위의 책, 논문, 정보 등을 포함하는 커뮤니티 지식 카드도 갖게 된다. 최종 목표는 누가 개인 카드와 커뮤니티 카드를 합쳐 문제 해결 방안을 만들 수 있는지를 겨루는 것이다.

예를 들어 누군가 '스토리텔링' '선종禪宗' 패를 쥐고 있고 테이블 상의 커뮤니티 카드 중에는 '소프트웨어 발전' '실리콘밸리' '모바일 인터넷' 카드가 있다면 이를 통해 '아이폰'을 조합해내는 것이다.

인지 포커 실험과 진짜 포커의 가장 큰 차이는 자신의 좋은 카드를 다른 사람의 좋은 카드와 바꿀 수 있다는 점이다. 지식은 나누면 두 배가 되기 때문이다. 전제는 공유할 내용이 충분히 좋아야 한다는 것이다. 이렇게 되면 최소 세 종류의 책략이 나온다.

- 책략 1: 자신의 카드로 승리.
- 책략 2: 다른 참가자의 좋은 카드와 교환해 승리.
- 책략 3: 동시에 여러 테이블에 참여해 모든 카드를 갖고 상호 교환하면서 게임 진행.

뻔한 결과겠지만 첫 번째 책략은 가장 더디고, 두 번째 책략으로는 이길 수 있으며, 세 번째 책략으로는 최상의 패를 낼 수 있다. 이것이 바로 세 가지 학습의 방향이다.

- 독학: 스스로 답을 찾는 방법.
- 네트워킹 학습: 동료와 교류하고 답과 답을 교환하는 방법.
- 확장형 네트워킹 학습: 다른 분야와 교류하고 답과 답을 교환하는

방법.

당신은 어떤 방식으로 학습하는가? 문제를 마주했을 때, 첫 반응을 생각해보자.

- 고뇌하는 유형: "어떡하지?" 고민하며 밤새 생각함.
- 책을 찾는 유형: "어디에 답이 있지?" 인터넷과 책을 통해 자료를 찾음.
- 사람을 찾는 유형: "누가 이 답을 제일 잘 알까? 그 전에 난 뭘 준비해야 하지?" 소통할 준비를 하고 수준 높은 질문을 함.

네트워킹을 통한 학습이 가장 빨리 답을 얻는 방식이다. 인류는 역사상 세 번의 지식 대폭발을 경험했는데, 이 모두 경계를 넘나들며 사람들과 네트워킹하는 방식으로 성과를 얻어냈다.

춘추전국시대의 백가쟁명

춘추전국시대는 철학 사상이 폭발적으로 빛을 발했던 시기였다. 그 무엇에도 얽매이지 않았던 노자와 장자, 기품 있고 깊이가 있는 공자와 맹자, 만민평등의 겸애를 주장했던 묵자, 정치가 한비자 등 도가, 유가, 묵가, 법가, 명가 외 수많은 학파가 사상을 자유롭게 논쟁했던 때다. 이후 2000년간 우리는 이들의 철학적 체계를 바탕으로 살아왔다. 어떻게 춘추전국시대에 이처럼 대대적인 문화, 사상의 교류가 가능했을까?

춘추전국시대의 제후들이 대량으로 선비들을 양성했던 일과 관련 있다. 그 당시 선비는 각 분야의 기술 고수들이었다. 중국 동한東漢 때의 저명한 사학자이자 문학가인 반고班固는 『한서漢書』「예문지藝文志」에 이렇게 기록했다.

도가는 역사를 관리하던 사관에서 나왔고, 유가는 교육을 관장하던 관리에서 나왔다. 묵가는 종묘를 지키던 관리에서 나왔고, 법가는 법을 관장하던 관리에서 나왔다. 명가는 예를 관장하던 관리에서 나왔으며 음양가는 천문을 관장하던 관리에서 나왔다.

주나라는 그 당시 이미 사분오열하여 봉건사회 초기 모습이 나타나고 있었다. 각 제후들은 자신을 보호하기 위해 선비를 양성하기 시작했고, 지식인들을 한데 모아 나라를 다스릴 이론적인 체계를 만들게 했던 것이다.

고대 그리스 문명의 탄생

기원전 476년, 주나라의 마지막 천자가 물러나면서 춘추전국시대도 막을 내렸다. 그로부터 6년 후, 서양의 항구도시 아테네에서 서구 문명의 계몽자인 소크라테스가 태어났다.

버트런드 러셀Bertrand Russell은 『서양철학사』에서 그리스 아테네가 서구문명의 발원지가 된 이유를 이렇게 설명했다. 당시 아테네의 기후는 사람이 살기에 알맞았고 물자가 풍부해 힘들게 일하지 않고도 풍족한 삶을 영위할 수 있었다. 소크라테스는 모포를 구해 낮에는 옷으로 사용하고 밤에는 깔개로 삼아 잠이 들었다. 그리스인들은 다들 여유롭고 한가했기 때문에, 함께 모여 인생에 대해 토론할 수 있었다. 또한 아테네는 지중해 항로가 교차하는 지점이어서 이곳 사람들은 각기 다른 지역, 민족, 언어의 상품과 문화도 경험할 수 있었다.

그리스 문명의 1대 철학가들은 이 세계의 본질을 분석하고 싶어했다. 그들은 끊임없이 '세계는 어디에서 시작됐나?' '무엇으로 만들어졌는가?' '사물의 본질은 무엇일까?' '그것을 어떻게 일관되게 묘사할 수 있을까?' 하는 질문을 던졌다. 그들의 학생도 오전에 간단한 일을 마치고 오후 내내 이 문제를 토론했다. 1대 철학가, 과학자, 교육가, 즉 소크라테스, 플라톤, 아리스토텔레스 등의 사상은 모두 이런 토론에서 시작해 과학, 철학, 민주주의의 기원으로 발전했다.

르네상스 시대의 융합

근대 서유럽 문명사에 나타난 과학문화의 대부흥운동이 르네상스다. 기나긴 중세시대가 끝나고 이탈리아에서는 상업이 활기를 띠기 시작했다. 베네치아 등의 도시는 세계 무역의 중심지가 됐고, 피렌체는 방직업의 중심지가 됐다. 각자의 관점을 가진 상인들이 이탈리아로 모여 지혜의 허브를 구축했다. 상업으로 거대한 부가 축적되자 예술가들에게는 대형 공공 프로젝트와 개인 예술 작품을 창조할 기회가 생겼고, 개인에게는 공부할 시간이 생겼다.

르네상스는 이탈리아에서 은행업으로 성장한 메디치 가문과 직접적인 관계가 있다. 지식 폭발의 메커니즘을 꿰뚫어본 메디치가 사람들은 다양한 분야의 창의적인 사람에게 자금을 댔고, 자주 살롱*을 열어 예술을 토론하고 인간의 가치를 탐색하게 했다. 이들이 찬조한 예술가, 과학자들은 레오나르도 다빈치, 미켈란젤로, 마사초, 갈릴레오 등이다. 이후 메디치 가문은 르네상스의 대부로 불렸다. 이와 같이 각기 다른 분야의 요소들이 결합해 지식적 폭발과 같은 시너지를 내는 것을 '메디치 효과Medici effect'라고 한다.

이와 같은 세 차례의 사상 대폭발에는 분명한 공통점이 있다. 다

---

* 　귀족과 문인, 혹은 예술가들의 정기적인 사교모임.

원화, 상호 연결, 영역의 확장을 통해 지식의 폭발적 성장이 이뤄지면서 당대 최고의 고수들이 배출됐다는 점이다.

현대 인터넷은 르네상스 시대의 이탈리아와 똑같은 조건을 갖고 있다. 언제 어디서든 정보를 얻을 수 있고, 언제 어디서나 접속할 수 있으며, 다른 학문 분야와도 융합할 수 있다. 또한 끊임없이 나타나는 각종 문제들을 직면해야 한다.

현대 사회에서는 이런 경계를 넘나드는 네트워킹 학습이 어디에나 존재한다.

- 브라운대학교의 수학, 의학, 신경과학 및 컴퓨터 과학 전문가 그룹은 함께 원숭이 뇌의 비밀을 밝혀내 전 세계를 뒤흔들었다.
- 엔지니어와 생물학자는 공동 연구로 조개껍데기가 견고한 이유를 밝혀내 탱크와 장갑차 외관에까지 응용했다.
- 1976년 생물학자인 리처드 도킨스Richard Dawkins는 진화론에 대한 새로운 해석을 담은 『이기적 유전자』를 출간했다. 그는 진화가 종이나 개체가 아닌 유전자에서 나타난다고 생각했고, 이 때문에 유전자를 이기적이라고 표현했다. 이 책으로 그는 생물학계에서 명성도 얻었다.

흥미로운 점은 도킨스가 책 속에서 무의식중에 내놓은 한 가지 관점에 더 큰 영향을 받았다는 점이다. 그는 생물이 유전자를 통해 진화한다면, 인간 사회는 문화 유전자를 통해 진화한다고 말하며 생물학적 유전자에 대응하는 '밈meme*'이라는 단어를 만들어냈다.

오늘날, 최신 지식의 근원은 어떤 교수의 머릿속이나 교과서에 있는 게 아니다. 대뇌와 대뇌의 충돌, 문제와 지식의 합류 지점, 일선 고수들의 실전 상황 속에 있다. 그러므로 우리는 지식의 근원과 네트워킹해야 한다.

네트워킹을 통해 무엇을 할 수 있는가

어떤 영역이든 효율성을 대폭 높일 새로운 스킬이 있으면 핵심 경쟁력이 바뀐다. 인지와 기능을 아웃소싱할 수 있는 무리 안에서 가장 중요한 기능은 무엇일까? 바로 질문 능력과 통합 능력이다.

인지 포커 비유를 생각해보자. 그 상황에서 가장 중요한 능력은 어떤 카드를 들었느냐가 아니라 신속하게 카드를 조합하는 능력이다. 조합을 가장 잘하는 사람이 승리한다. 인공지능 시대에 인류에게 가장 중요한 기능이다.

또 다른 기능은 '창조적인 질문을 던지는 방법'이다. 기계가 탐색

---

*   유전자처럼 개체의 기억에 저장되거나 다른 개체의 기억으로 복제될 수 있는 문화의 전달 단위. 리처드 도킨스가 『이기적 유전자』에서 소개한 개념이다. –저자

속도는 빠를지 몰라도 창의적인 질문을 던지지는 못한다.

이 책을 쓸 때도 나는 집단 학습 방식을 이용했다. 몇 가지 비결을 공유하자면 바로 **다원화, 고빈도, 질문, 구조, 취합**이다.

- 다원화: 나는 지식 마이닝* 안에서 가장 우수한 몇 사람을 찾아 사고 네트워킹 성장 집단을 만들었다. 이 그룹은 다원화 개념에 따라 대학교수, 외국계 가전회사 연구개발팀 책임자, 의학박사, 출판계 편집자 등으로 구성되었다. 대학 졸업 후 무료하게 반복되는 일에 빠져 있던 이들에게 이 집단의 목표는 매우 큰 흥미를 불러일으켰다.
- 고빈도: 잦은 소통은 성장의 속도를 가속화했다. 우리는 매일 한 차례씩 연구하고 토론했다.
- 질문: 좋은 질문은 사고 네트워킹의 원동력이 된다. 책을 쓰면서 나는 매일 아침 이 책에 관련된 주제를 질문으로 던졌다. "왜 똑똑함과 선함은 똑같이 중요할까요?" "성장 예시가 있나요?" "인생 최대의 폭발적 성장은 뭐였죠?" "고수의 구체적인 전략 예시를 어떻게 찾을 수 있을까요?" 등이다.
- 구조: 이런 질문들은 '콘텍스트 - 분석 - 개념 - 예시' 혹은 '데이터 -

---

* 데이터 마이닝Data mining이라고도 한다. 통계적, 수학적 분석 방법을 이용해 저장된 거대한 자료로부터 다양한 가치 있는 정보를 찾아내는 일련의 과정을 일컫는 용어다. - 저자

기술 – 격언' 같은 공통된 구조를 갖는다.

- 취합: 각자 자료를 찾아 클라우드 노트에 올렸다. 저녁 8시 30분, 채팅을 통해 간단히 요점을 보고한 후, 각자 생각을 정리해 결론을 얻어냈다. 평소 어떤 생각이 나면 글을 남겨두기도 했다. 이 책에 나오는 영감과 논리, 예시, 데이터는 모두 이 성장 집단에서 나왔다.

어쩌면 이런 활동이 시간 낭비는 아닐지, 저녁 내 아무런 소득도 없지는 않을까 걱정할 수도 있다. 어느 날, 그룹의 한 구성원은 자신이 내는 의견이 다른 사람들에 비해 많이 부족할까 봐 걱정이 된다고 나에게 말했다. 나는 이렇게 대답했다. "그룹 안에는 누가 더 잘나고 못난 개념이 없다. 각자 배경이 다르기 때문에 모인 것이다. 그러니 자기가 생각하기에 가장 좋은 관점이라고 판단되는 걸 말하면 된다."

물론 우리가 매일 저녁 이렇게 전력을 다해 대화하지는 않았다. 모든 관점이 쓸 만했던 것도 아니다. 그러나 집단 학습을 통해 우리는 혼자 공부할 때보다 훨씬 나은 결론을 낼 수 있다는 것 한 가지만은 분명히 알 수 있었다.

지식 성장 그룹이 내는 의견의 질은 멱법칙 분포에 부합했다. 대다수의 제안은 평범했으며, 학식 있는 몇 명의 수준에 못 미쳤다. 그러나 이런 단순한 방식은 독특하면서도, 개인 혼자서는 낼 수 없었던 최고의 아이디어를 만들어냈다.

기가 막힌 생각과 관점이 나타날 때면, 그룹을 이루는 구성원들은 이를 바탕으로 한 차례 폭발적 성장을 경험할 수 있었다. 그리고 이를 기초로 우리는 또다시 폭발적 성장을 이뤄냈다.

생각 살롱

집단 성장을 경험해보고 싶은데 글쓰기나 프로젝트 같은 어려운 방법은 싫다면, 간단 버전의 '생각 살롱'을 시도해보자. 과정은 다음과 같다.

첫째, 생각에 관심이 있는 각기 다른 분야의 친구 네 명을 찾은 후 그들에게 한 명씩 더 데려오라고 하자. 최대한 자발적으로 모임에 기여할 생각이 있는 사람들을 모으되, 서로 너무 친하지 않은 사람들로 가능한 다양하게 모으자.

둘째, 그룹을 만들기 전에 몇 가지 화제를 던져서 가장 토론하고 싶은 주제를 고르게 하자. 주제는 구체적일수록 좋다. '어떻게 하면 지식 브랜드를 만들 수 있을까?'보다는 '마음챙김 명상을 널리 알리고 싶은데, 어떻게 하면 빠르게 영향력을 펼칠 수 있을까?' 같은 질문이 낫다. 주제가 명확할수록 사전 준비가 쉬워진다.

셋째, 8시쯤 각자 저녁식사를 끝낸 후에 생각 살롱을 시작한다. 식사와 생각의 목적은 양립할 수 없으므로 함께 식사하는 것은 추천하지 않는다. 진행자는 시간과 리듬을 조절하면서 토론을 끊어준다. 서기는 간단하게 모든 내용을 기록한다. 첫 번째 토론에서는 모든 사람에게 자신의 생각을 간단히 설명할 5분의 시간을 준다. 토론 시간은 전체적으로 한 시간 내외로 조절한다. 중간의 휴식 시간에는 개인적인 의견을 교환하기에 충분한 대화 시간을 준다. 휴식 후 두 번째 토론에서는 자유 발언을 시작한다. 이 모든 과정은 70분 전후로 진행한다.

마지막으로 생각해야 할 것은 성과에 대한 부분이다. 조급하게 모임 당일 저녁에 유의미한 결과를 얻어내려고 하지 말자. 당일 저녁에 나오는 결과는 보통 기대 이하다. 다음날 토론 과정에서 나온 내용을 정리해 모두에게 전달하고, 새로운 성과를 약속하면서 그룹 내에서 계속 토론이 이어질 수 있도록 하자. 또 한 가지 염두에 두어야 할 것은 모든 사람에게 성과를 기대하지 말아야 한다는 것이다. 그룹의 절반에게서만 성과를 얻어도 다행이다.

모일 때마다 참석 의도와 여부에 따라 그룹 인원의 절반 정도를 교체하는 것이 좋다. 이렇게 서너 번 정도 모임을 가진 후에는 안정적인 그룹이 만들어지며, 집단 사고의 질도 상당 수준으로 올라간다. 분야는 다르지만 서로의 지능에 믿음을 갖게 되며, 서로가 서로에게 두뇌가 되어준다. 또한 상대의 전공에 익숙해져서, 언제든 온라인으로 소통하며 주도적으로 상대방에게 자문을 구할 수 있다.

이렇게 대뇌를 공유하는 네트워킹 그룹을 한두 개만 보유해도 우리는 전문 분야에서 거대한 성취를 얻을 수 있다.

▬ 네트워킹 학습자의 도구함

이렇게나 흥미로운 지식의 빅뱅, 시도해보고 싶지 않은가? 자, 이제 자신만의 온라인 학습 네트워킹을 구축해보자.

2016년, 네트워킹 학습 방식은 공부에 대한 내 관점을 완전히 바꿔놓았다. 아무리 개인이 '인지 – 이해 – 실행 – 학습'의 순환을 빨리 반복해봤자, 한 사람 안에서 벌어지는 일이다.

그러나 여럿이 모여 네트워킹을 하면 '인지'에 있어 상당 부분 분담이 가능하다. 우리는 모든 것을 알 필요가 없이 누가 관련 정보를 알고 있는지만 알면 된다. 과거의 나는 문제를 마주했을 때, '어떻게 해결할까?'를 고민했는데 이제는 '누가 답을 알고 있을까?'를 생각한다.

네트워킹 학습의 근사한 점은 그룹 멤버 간 상호 신뢰가 쌓이면 가장 시간이 많이 소요되는 '실행'에도 바로 인력을 동원할 수 있다는 것이다. 그룹 내에 이미 관련 분야의 고수가 있을 테니 적절히 보상을 지불하고 그에게 맡기면 된다.

괜찮은 브레인들이 상호 네트워킹하면 '지식량과 이해 능력이 업그레이드된' 집단이 되고 개개인의 능력은 급격히 증가한다.

답보다 효과 있는
질문을 하라

지식 나무 vs 문제 나무

자, 지금쯤 의문이 들 것이다. 폭발적 성장을 이루기 위해서 집중이 가장 중요하다고 강조할 땐 언제고, 이젠 또 다원화가 폭발적 성장의 필수 요건이라니 모순이라는 생각이 들 것이다. 이렇게 생각해보자. 르네상스 시대의 레오나르도 다빈치도 메디치 가문의 초청으로 살롱에 참가했을 때, 자신이 어떤 수확을 얻게 될지, 누구를 만나게 될지 몰랐다. 그러나 그는 그곳에서 만난 사람들과의 교류를 통해 세계를 뒤흔들 만한 작품들을 만들어내고 발명하게 되었다. 그러니 우리도 시간이 있을 때, 믿을 만한 SNS 계정을 하나 만들어보거나 주말 사교 모임에 참가해보자. 그들에게 무엇을 어떻게 배울 수 있을지는 아무도 모른다.

그렇다면 집중과 다양성 중에서 우리는 무엇을 선택해 배워야 할까? 그 전에 이 두 가지가 '지식 나무'와 '문제 나무'라는 한 쌍의 개념과 연관이 있다는 점부터 살펴보자.

지식 나무의 맥락은 전형적인 '전문 지식'에서 세분화된 학습 경로와 같다. 산업화 시대는 분업이 고도로 안정돼 있었다. 각각의 영역이 상대적으로 독립되어 있었고, 모든 면에서 원만한 발전을 이루었으며, 한 사람이 세분화된 각 영역의 모든 지식을 배울 기회가 있었다. 따라서 다 자란 나무 한 그루에서 위로 올라가기만 하면 되는 형태의 학습 방법이 가장 효율이 높았다.

그러나 산업이 고도로 발달하고 다양한 영역이 크로스 오버하는 변화의 시대에서는 한 가지 임무를 완성하는 데 필요한 지식이 한 가지 영역에 머무르지 않는다. 어떤 임무든 완성해내기 위해서는 다양한 영역의 지식이 필요하다.

블로그 글 한 편을 작성하는 데도 다양한 영역에서의 많은 지식이 필요하다. 블로그 독자의 니즈를 충족하기 위해서는 심리학도 이해해야 하고, 제목을 뽑기 위해서는 홍보 전략도 알아야 한다. 홍보 루트를 명확히 하기 위해서는 공공 관계를 관리하는 방법PR도 알아야 한다. 효율적인 글쓰기와 자료 검색 방법도 알아야 하고, 적절한 편집 디자인을 위한 디자인 지식도 알아야 한다. 전부 배우려면, 중요한 포인트만 학습한다고 해도 2년은 걸릴 것이다. 하지만 그때가 되면 SNS 붐도 가라앉을 것이다.

이처럼 학습 속도는 문제의 발생 속도를 따라가지 못한다. 우리의 마음이 조급한 이유도 그래서다. 한 그루의 지식 나무에만 의존하게 되면 금세 한계가 느껴진다. 그러나 전문 분야의 경계를 뛰어넘으면 세상에 읽어야 할 책도 많아지고, 배워두면 쓸모 있는 지식도 많아지게 되니 조급해하지 않을 수 있다.

지식에 대한 불안감은 전 국민의 학습 동력이다. 그러나 우리의 학구열은 '왜 배우는가'가 아닌 '어떻게 공부할 것인가'에 머물러 있다. 『효율적 학습법Learn more Study less』의 저자인 스콧 영Scott Young은 자신만의 학습 방법으로 열흘 만에 선형대수학을 습득했고, 1년 만에 MIT의 4년 본과 과정을 마쳤다. 그는 책에서 '전습법whole-learning method'이라는 학습 방법을 제시했는데, 책의 내용은 읽어볼 만하다.

그런데 그의 저서와 인터넷 자료, 그 어디에서도 그의 학습 동기를 찾아볼 수 없었다. SNS 등 자료를 아무리 뒤져봐도 학술 방면이나 다른 분야에서의 성취는 찾아보지 못했다. 유일하게 알아낸 바는 책을 네 권 출간했다는 것이다. 그의 성공적인 아웃풋은 지금까지 남들에게 어떻게 공부할지 가르쳤다는 점뿐이었다.

빠른 속도로 교과 과정을 학습하고 점수를 얻는 기술이라면 배울 만하겠으나, '빠른 학습'만이 전부라면 핵심에서 벗어나는 일이다. 지식의 대폭발 시대에는 아무리 학습 속도가 빨라도 시대의 변화를 따라가지는 못한다. 게다가 인공지능의 학습 속도는 당신보다 훨씬 빠르다.

우리가 처음 학습을 할 때를 떠올려보자. 보통 흥미를 좇아 학습을 시작하지만 흥미는 자주 변한다. 그리고 이내 새로운 지식을 좇지만 새로운 지식의 진화 속도가 우리의 학습 속도보다 빠르다는 것을 알게 된다. 이후 방향을 틀어 고전을 읽지만 평생 가도 다 읽지 못한다는 것을 알게 된다. 그제야 우리는 기저논리를 찾기 시작한다.

오늘날 지식을 하나로 연결하는 것은 **학과 지식이 아니라 바탕이 되는 콘텍스트의 문제**다. 배움은 끝이 없어서 평생 배우기만 하는 사람은 '공부를 위한 공부'의 딜레마에 빠지기 쉽다.

그래서 '문제 나무'가 필요하다. 문제 나무는 지식 나무와 달리 **실재하고, 가치가 높으며, 해결 가능한 문제**를 바탕으로 자라난다. 문제 나무는 다음의 네 가지를 포함한다.

- 현재 직면한 문제는 어떤 종류인가?
- 이 문제를 해결했는지 어떻게 알 수 있나?
- 어떤 종류의 도전과 장애물을 만나게 될 것인가?
- 어떤 해결 방안이 있는가?

위의 네 가지 문제에서 많은 키워드가 생성될 수 있다. 분야마다 새로운 키워드를 만들어내면서 이 문제에 관한 '문제 나무'가 자라나는 것이다.

문제 나무가 지식 체계의 프로세스를 만드는 과정은 인터넷 검색 방식과 똑같다. 구글에 키워드를 하나 넣으면 금세 페이지가 생성된다. 그러나 이 페이지는 현실 세계에 존재하던 페이지가 아니라 키워드를 넣음으로써 만들어진 페이지다. 당신의 질문에 구글이 지식 체계를 만들어준 것이다. 문제를 내는 행위는 대뇌의 빈 공간에 키워드를 입력하는 것과 같다. 이때부터 과거의 지식, 인맥, 생활 경험이 키워드를 중심으로 이어져 자신만의 문제 나무가 자라난다.

인간의 천성은 인지 방면에서 인색하고 게으르기 그지없다. 학습과 사고는 에너지를 많이 소비해야 하고 본성을 거스르는 일이므로 문제 해결을 위한 지식이 아니라면 배울 가치가 없다. **우리에게 필요한 것은 문제를 해결할 지식이다.**

무엇을 배우고 싶은가? 이에 대한 답은 당신이 어떤 문제를 해결하고 싶은가에 있다. 학습 동기를 강화하는 최고의 방법은 당신에게 진짜 흥미 있는 문제를 찾는 것이다. 집중과 다양성 추구는 이 지점에서 조화를 이룬다.

문제에 집중하되 다양한 지식을 취합해 해답을 찾는 데 이용하고, 목표에 집중하되 다양한 해결 방법을 사용하자. 미래에는 전문 분야가 따로 없다. **진짜 전문성이란 당신이 '잘 해결할 수 있는 유형의 문제'**일 뿐이다. 우리가 무엇을 배우고, 어떤 전공을 이수했는지는 상관없다.

질문의 힘

당신의 기억력을 시험할 문제를 하나 내겠다.

차 한 대에 여덟 명의 사람이 타고 있다. 첫 번째 정류장에서 세 명이 타고 다섯 명이 내렸다. 그 후 다섯 명이 타고 여덟 명이 내렸다. 다시 여덟 명이 타고 세 명이 내렸다. 그리고 두 명이 타고 아무도 내리지 않았다. 그다음에 네 명이 타고 절반이 내렸다.

이제 질문하겠다. 차는 몇 개의 정거장을 지났을까? 어쩌면 당신은 왜 질문부터 말하지 않았느냐고 불평할 수도 있겠다. 이 질문은 우리의 일상 속 딜레마를 분명하게 보여준다. 기억하지 못할 정도로 정보가 많아지면 집중력이 흐트러지고 진짜 찾아야 할 답을 잊어버리게 된다. 유일한 해결 방법은 질문이 무엇인지 깨닫는 것이며, 때로 질문이 문제를 푸는 것보다 더 효과적으로 답을 도출해낸다.

감가상각을 감소시키는 질문

회계 장부를 작성할 때 우리는 자주 감가상각률을 따진다. 예를 들어 당신의 휴대전화를 3년에 한 번 바꾼다면 이 휴대전화의 감가상각률은 30퍼센트가 된다. 가전제품보다 감가상각률이 더 높은 것이 있다. 바로 지식이다.

18세기에는 지식의 갱신에 80~90년 정도의 기간이 소요되었다면 19세기에는 30년으로 단축됐다. 1960~1970년대 일반 학과 지식의 갱신 기간은 5~10년으로 줄었으며, 1980~1990년대에는 많은 학과 지식의 갱신 기간이 5년으로 짧아졌다. 21세기에 들어서면서는 2~3년으로 단축됐다. 대학 1학년 때 배운 내용이 졸업할 때쯤이면 하나도 쓸모없게 된다는 이야기다. 못 믿겠다면 주변의 동료들에게 대학 때 배운 지식을 얼마나 써먹고 있는지 물어보자.

지식의 감가상각에 어떻게 대응해야 할까? 두 가지 방법이 있다. 첫째, 감가상각이 되기 어려운 전형적이고 영향력이 큰 정보를 많이 읽자. 앞서 언급했던 1~4차 지식이다. 둘째, 최신 정보를 계속해서 갱신하자. 정보의 종류는 상관하지 말고 '어떤 방식이 문제 해결에 더 도움이 될 것인가'를 끊임없이 질문하자.

질문이 사고의 깊이다

개인의 사고의 깊이는 질문 능력에서 드러난다.

예를 들어 '책을 못 읽겠어요'라는 주제를 가지고 논의를 할 때 사람들은 대부분은 탄식하거나 원망하거나 농담을 하곤 하지만 나는 여섯 가지 'Why(왜)'를 질문한다.

1W : 왜 못 읽겠는가?

답 : 독서 방법이 잘못된 데다 지식도 너무 많다.

2W : 왜 지식이 너무 많은가?

답 : 걸러내지 못해서다. 전공의 세분화와 지식의 폭발도 원인이다.

3W : 왜 이 지식을 배워야만 하는가?

답 : 다 못 배워도 괜찮다. 쓸모 있는 내용만 얻으면 된다. 일부 영역은 아는 사람에게 물어보면 된다.

4W : 지식의 유용성은 어떻게 판단하는가?

답 : 문제를 해결하기에 가장 효율이 높고, 적절한 것이 유용한 지식이다.

5W : 해결해야 할 문제는 무엇이며, 왜 이 문제가 당신에게 중요한가?

답 : 개인의 가치관과 관련이 있다. 모든 사람에게는 저마다 큰 문제들이 있다.

6W : 사람은 왜 문제를 해결해야 하는가?

답 : …….

보다시피 질문을 할수록 사고도 깊어진다. 1W와 2W에 대한 답은 대부분 '○○ 독서법', '○○ 독서 목록' 등의 기술과 책략으로 해결된다. 3W, 4W에 대해 답을 할 때는 시스템과 판단력이 사고의 기준이 된다. 계속해서 5W, 6W의 질문에 답을 할 때는 점점 가치관과 철학적인 사고의 단계로 들어가게 됨을 느낄 것이다. 위 과정은 How(어떻게) - What(무엇을) - Why(왜)로 이어진다. 아인슈타인도 말하지 않았는가. "한 시간 내로 중요한 문제를 해결해야 한다면, 나는 55분 동안 제대로 질문했는지를 생각할 것이다."

질문이 곧 창조다

질문은 지식을 갱신하고 사고력을 깊어지게 한다. 한데 창의력은 어떻게 만들어지는 것일까? 먼저 창조의 본질을 이해해야 한다. 창조는 '생각을 조합하는' 과정이다.

미국의 신경과학자 조나 레러Jonah Lehrer는 저서 『이매진Imagine』에서 창의성에 대해 다음과 같이 말했다.

과거에는 상상력을 다른 인지 능력과 별개의 독립된 개체로 보았지만 최근 연구에서 이런 가정이 틀렸음이 밝혀졌다. 창조력은 다양한 인지 도구를 포함하는데, 각 도구는 특정 종류의 문제에만 적용할 수 있다. 창의력은 영감이 폭발하거나, 탄탄한 준비를 통해 만들어지거나, 즉흥적으로 발휘되는 세 가지 방식으로 발휘된다.

우리가 마주한 난제가 영감을 발휘해 틀을 벗어나야 해결할 수 있는 문제인지, 아니면 한 단계씩 천천히 해결해나가야 할 문제인지부터 명확히 해야 한다. 그 결과에 따라 맥주 한 잔 마시며 쉴 수 있을지, 아니면 에너지 음료를 한 캔 들이키고 정신을 차려야 할지가 결정된다.

어떤 종류든 창조란 난제를 마주하고 머릿속으로 끊임없이 과거의 모듈을 조합해 해결 방법을 만들어내는 과정이다. 영감이 발현된 창조는 분야를 뛰어넘는 조합으로 만들어지며, 준비를 통해 만들어지는 창조는 같은 영역 내의 조합으로 탄생하고, 즉흥적으로 만들어지는 창조는 지식과 콘텍스트의 조합을 통해 세상에 빛을 발한다.

검색엔진의 작업 방식과도 매우 흡사하다. 바이두는 이렇게 작동한다. 우리가 키워드를 하나 검색창에 넣어 클릭하면, 전 세계의 인터넷 페이지를 취합해 중요도와 연관성에 따라 결과를 나열한다. 구글에는 한 차례도 검색되지 않는 키워드가 34퍼센트에 달한다고 한다. 만약 검색되지 않은 키워드를 조합해 검색창에 입력하면 세계에 나타난 적 없는 인터넷 페이지를 창조하는 셈이다.

1.4킬로그램밖에 안 되는 인간의 대뇌는 1000억 개의 미세한 신경세포로 구성돼 있다. 각 신경세포에는 5000~1만 개의 시냅시스, 즉 다른 세포와의 연결고리가 있는데 이를 다 합치면 500만 억 개에 달한다. 대뇌는 인터넷망보다 더 복잡하다. 스스로에게 질문을

하면 대뇌에서도 검색엔진에 키워드를 넣은 것과 동일한 과정을 실행한다. 새로운 키워드를 입력하면 대뇌는 이에 연관된 기억 모듈을 창조해 새로운 연결 고리를 만들어내고 새로운 답안을 형성한다. 잠재의식이 답안을 하나하나 연결해나가면서 어느 날 '띵' 하는 소리와 함께 완벽한 답을 생성하는 것이다! 이것이 창작의 과정이다.

인간의 대뇌는 성인이 된 후에도 여전히 성장한다. 질문은 성장의 촉매제다. 이 시대의 위대한 인물들도 창의적인 질문을 통해 흥미로운 문제를 해결했다.

에어비앤비의 창립자인 조 게비아Joe Gebbia와 브라이언 체스키Brian Chesky는 '매년 특정 기간에 이곳에 오는 사람들이 왜 숙소를 찾기 어려운지'가 궁금했고, 이 질문에서 에어비앤비가 시작됐다.

1980년대, 메모리칩 회사였던 인텔은 일본 메모리칩 회사의 저가 전략에 밀려 6분기 연속 적자가 났다. 인텔 회장 앤디 그로브Andy Grove는 CEO인 무어와 이 문제에 대해 논의했다. 그로브는 무어에게 물었다. "우리가 물러나고 새로운 회장이 선발되면 그가 어떤 행동을 취할 것 같은가?" 무어는 잠시 고민하다가 대답했다. "메모리칩 분야를 포기하겠지." 앤디 그로브는 눈 하나 깜짝하지 않고 무어를 보며 말했다. "그럼, 우리는 왜 이러고 있는 거지?" 1986년, 인텔은 '인텔, 마이크로프로세서 회사'라는 새로운 슬로건을 내걸며 순조롭게 위기를 극복하고 전세를 역전했다.

어떤 상황에서든 '왜'를 물어라. 그러면 변화의 첫걸음이 시작된다.

남들보다 먼저 난제를 발견한다면 이는 곧 새로운 사업, 나아가 새로운 산업을 창조할 기회를 얻는 셈이다. 이것이 질문의 힘이다. 좋은 질문은 창조의 첫걸음이다.

시대는 강이고, 답안은 강가이며, 질문은 배다. 강물이 더디게 흐를 때는 강가에서 천천히 걸어도 강물의 흐름을 따라갈 수 있다. 지식이 폭발적으로 범람하는 시대에는 배에 올라타야만 시대와 발걸음을 맞출 수 있다. 강가만 지키고 있으면 멀어져가는 강물을 보며 능력 부족을 탓할 수밖에 없다.

글을 쓰든, 지적 재산을 만들어내든 먼저 지식의 나열부터 사람들의 관심을 불러일으킬 만한 문제를 제시해야 하지 않겠는가?

매일 1퍼센트씩 발전하는데도 왜 성장하지 못할까?

매일 1퍼센트씩 계속 발전하면 1년에 37배나 성장해 더 나은 자신으로 변하게 된다. 그러나 반대로 매일 1퍼센트씩 퇴보한다면, 어떻게 변하게 될까?

1.01 법칙 1.01 ＊ 365 = 37.8

근면성실하게 노력하면 마침내 커다란 역량을 얻을 수 있다.

> **0.99 법칙 0.99ᵌ*65=0.03**
>
> 반대로 약간만 게으름을 피워도 경쟁력을 잃고 만다.

이 같은 복리셈법은 간단명료해 보인다. 공식만으로도 왠지 대단한 의미가 있는 것 같고 특별히 이상해 보이지도 않으며 오히려 성장에 대한 군건한 의지의 표현으로 비춰진다. 그러나 실제로 1년의 시간이 흐른 뒤 살펴보면, 누군가는 37배 넘게 성장하지만 누군가는 0.03배 만큼밖에 성장하지 못한다. 현실적으로 이 성장의 복리 공식은 효과가 없다. 그렇다면 그 이유는 뭘까? 바로. 복리는 이렇게 따지는 것이 아니기 때문이다. 복리를 형성하려면 다음 두 가지 조건이 충족되어야 한다.

- 매일 수익이 다음 성장까지 반복돼야 한다.
- 원금 손실이 없어야 한다.

학습 성장을 복리에 대입해보면 다음과 같다.

- 오늘 배운 지식을 내일의 새로운 지식 학습에 운용할 수 있어야 한다.
- 잊을 수 없어야 한다.

그러나 우리 대부분은 이 두 가지 조건을 충족시키지 못한다. 우선 지식이 체계화돼 있지 않다. 오늘 배운 개념과 내일 알게 될 내용을 조합할 수 없으므로 시너지가 생기지 않는다. 이런 식으로는 1년을 해봐야 365일의 제곱만큼 성장하는 게 아니라 기껏해야 365일의 0.01, 즉 3.65배 성장한다.

세 배가 넘는 성장도 물론 훌륭하지만, 정작 문제는 지난주에 배운 것조차 까먹는다는 사실이다. 강한 인상을 남긴 것이 있었다고 해도 거의 까먹었을 터다. 그렇다면 고생해서 지식을 축적해봤자 일주일 후면 퇴보하는 셈이니, 1년이 지나 20퍼센트만 성장해도 정말 대단한 거다.

학습, 사고, 체계화, 문제 등을 파편화된 상태로 지속적으로 학습해왔다면 결국에는 노력한 보람도 없이 물거품이 되고 만다. 그러나 성장은 복리고 실현 가능성이 있다. 방법을 달리 하면 된다. 그 실현 방법은 바로 '문제 나무'다. 문제에 근거한 학습은 복리 성장의 두 가지 조건에 부합한다

첫째, 문제를 해결하기 위해서 어제의 사고와 학습한 지식을 오늘의 해결 방안에 응용할 수 있으며, 루틴이 형성된다.

둘째, 쓸모 있는 지식이라면 잊히지 않는다. 쓸모없다면, 잊어도 아깝지 않다.

이런 학습 방식은 두 개의 문제를 해결한다. '지식의 유용성을 판단'하는 어려움과 '이건 중요하니까, 기록해놔야지' 하는 햄스터식 저장 심리다.

　시작할 때는 표준화된 지식 관리 방법이 유용하겠지만, 생각이 많아질수록 지식 관리 방법은 점점 효과를 잃게 되며, 문제를 출발점으로 삼는 것이 유일한 시금석이 된다. 당면한 문제를 해결할 수 있는 지식은 유용하고, 그렇지 못한 지식에는 관심도가 떨어질 뿐이다. 지식의 효용성을 부인하는 것이 아니라 당장은 불필요한 지식이니 일단 두고 지켜보자는 뜻이다.

　그렇다면 좋은 지식, 좋은 글은 한 번 놓치면 다시는 만나지 못할까?

　그렇지 않다. 지식은 인터넷 어디엔가 늘 저장돼 있다. 늘어나지도 줄지도 않는다. 정말 문제가 생겼을 때 자연스럽게 떠오를 것이다. 심지어 관련 지식이 필요해질 때는 더 좋은 해결 방안이 생겨나 있을 테니 걱정하지 말고 문제만 생각해도 된다.

　문제 중심 학습 Problem-based learning**을 기억하자.** 지식에 대한 초조함을 해결하는 명확한 방법이다. **문제 중심 학습**을 하면 신경 쓸 일이 줄어들어 훨씬 바르게 진보할 것이며, 자신만의 시금석을 갖게 된다. 기회가 흔치는 않지만 분명 더 좋은 성과를 얻을 수 있는 '적지만 더 나은 일'이란 바로 이런 것이다.

진정한 평생 질문자 되기

평생 학습자보다 평생 질문자로 사는 게 더 효과적이다. 다음과 같은 이유가 있기 때문이다.

- 평생 질문자는 학습 목표가 더 분명하다. 질문이 등대가 되어줄 것이기에 지식 나무 안에서도 헤매지 않을 수 있다.
- 평생 질문자의 피드백이 훨씬 시기적절하다. 질문은 그에게 시금석이 되어주며 평생 질문자는 무엇이 유용한 지식인지 아닌지를 정확히 안다.
- 평생 질문자의 동력은 더 강하다. 문제를 해결하고 나면 더 많은, 더 큰, 더 흥미로운 문제가 따라온다는 것을 아는 까닭이다. 그래서 이들은 모든 것을 문제 해결부터 시작하며 늘 한결같고 침착하다.
- 평생 질문자는 호소력이 강하다. 좋은 문제는 다양한 영역의 사람들이 함께 해결해야 하므로 평소 교류하기 어려운 사람들까지도 한데 모으는 기회가 된다.

문제의 양에 따라 지식의 양도 많아진다. 문제의 질에 따라 전문성도 그만큼 향상된다. 인생은 이렇게 문제를 하나씩 풀어가는 과정이다.

책 목록이 아닌 문제 목록을 만들어라

우리는 자주 책 목록, 독서 목록, 수집품 목록 등을 만든다. 이 목록들의 가장 큰 문제점은 실천할 동력이 없다는 것이다.

문제 목록은 훨씬 더 흥미롭고 힘이 있다. 문제 목록은 길 수도 있고 짧을 수도 있다. 머릿속의 모든 문제를 나열한 뒤, 연관성과 호기심의 두 분류로 나눠보자.

문제	연관성	호기심
블랙홀 안에서 메시지를 보낼 수 있을까?	4	8
왜 그녀는 갑자기 화를 낼까?	8	6
인공지능이 내 분야에 미치는 구체적인 영향은?	6	6
어떻게 하면 내 직업을 널리 알릴 수 있을까?	7	8
노력하는데도 성공하지 못하는 이유는?	8	7
어떻게 해야 나답게 성장할 수 있을까?	7	9

연관성이란 일단 답을 찾으면 즉각 큰 수익을 내는 내용을 말한다. 호기심이란 학습의 원동력이 되는 미래 방향성이다. 만약 시급한 문제라면 연관성부터 따져서 해결할 수 있다. 다만 평소 학습할 때는 점수가 가장 높은 문제부터 시작하면 된다. 물론, 문제 목록은 짧아지지 않는다. 문제는 하나씩 해결해나갈 때마다 점점 더 늘어

날 것이기 때문이다. 그럼에도 문제가 점점 하나로 귀결되고, 그러면 스스로도 더 현명해진다는 느낌을 받을 것이다.

책을 한 권 쓴다고 생각해보자

한 가지 주제를 집중적으로 연구하고 싶을 때 가장 좋은 방법은 책을 쓴다고 생각하는 것이다. 나는 지식 관련 칼럼을 쓰기 전에는 '지식 콘텐츠 설계'에 관한 책을 쓴다고 생각하고 다음과 같은 목록을 만들었다.

프롤로그: 배우고자 하는 것을 어떻게 한마디로 표현할까?

1장 콘텐츠 포지셔닝

2장 콘텐츠 비즈니스 모델

2장 콘텐츠 구조 모듈

3장 콘텐츠 생산 과정

4장 콘텐츠 판매 방식

5장 콘텐츠 집단 조직

6장 콘텐츠 가치사슬 통합

7장 콘텐츠 창작자의 자기수련

에필로그: 한마디로 상대를 제압하기

각장은 아래와 같이 세분화해 전개할 수 있다.

1장 콘텐츠 상품의 포지셔닝

1. 콘텐츠는 어떻게 나눌 것인가

2. 형식은 어떻게 나눌 것인가

3. 경쟁 루트는 어떻게 나눌 것인가

4. 기능은 어떻게 나눌 것인가

5. 지금은 아니지만 미래에 기회가 있을 포지션은 무엇인가

6. 내게 적합한 포지션 찾기

지식 관리 소프트웨어를 이용해 매일 조금씩 기록해두자. 생각나는 대로 적어두다 보면 금세 책이 완성될 것이다. 하나의 모듈이 다 조합되면 이를 공유하고 다음 모듈로 바꾼다.

문제 소년의 '질문의 기술'

베이징대학교 EMBA(최고경영자) 과정에 다니는 친구들이 동기 중에 성실하고 귀여운 친구가 한 명 있다고 말해주었다. 그는 '판다처럼 생긴 눈에 호기심이 가득해서는' 수업을 마친 후에 늘 시끌벅적한 곳에 끼어 있다고 한다. 그는 말하기보다 주로 듣고, 가끔씩 몇 마디 질문을 했다. 나중에 친해지고 보니 그는 Aigo 회장인 펑쥔(馬

軍이었다.

고수의 총명함이란 이런 것이다. 특히 고수들끼리 대화를 나눌 때는, 지혜도 경험도 쌓을 만큼 쌓은 사람들인 만큼 멸시당하기 싫어한다. 이런 경우에는 득실을 따지지 않고 열심히 듣고 질문하면 그만이다. 모자라 보이겠지만, 사실상 가장 총명한 대화법이다.

이런 사람을 '문제 소년'이라고 부른다. 이들은 절묘한 질문을 할 줄 알면서도 어린 학생 같은 마인드를 갖고 있다. **그래서 문제 소년의 학습 자세는 상대가 누구라도 거부할 수 없다.** 다만 누군가는 질문을 해도 대답하는 이가 적고, 누군가는 질문하는 족족 답을 얻는다. 어떻게 하면 답하지 않을 수 없는 질문을 할 것인가?

충분히 준비하고 목표를 명확히 하라

다음 두 개의 질문을 보자.

"더 나은 자기계발을 하고 싶은데, 어떤 책을 읽어야 할까요?"

"당신 칼럼의 책 목록을 다 읽고, 몇 가지 자료 조사를 통해 스무 권의 자기계발서 목록을 만들었어요. 지금 제 상황에 좀 더 빠르게 입문할 수 있는 책을 추천해주실 수 있나요?"

당신이라면 어떤 질문에 답을 하겠는가? 후자는 노력하는 게 보이고 질문도 구체적이며 방향성도 뚜렷하다. 이런 사람의 질문은 거절하기가 힘들다. 나는 우리 직원들에게도 늘 한 가지를 요구한다. 문제가 생겼을 때, 질문으로 남의 시간을 낭비하기 전에 바이두, 즈후, 구글 등을 먼저 검색해보라는 것이다. 질문을 하기 전에는 충분히 준비하고 원하는 바를 명확히 해야 한다.

좋은 질문＝콤비네이션 블로

시간이 많다면 질문을 좀더 심도 있게 던져보자.

- 입문 기준이 뭘까? 어느 정도면 입문했다고 할 수 있을까?
- 독서 말고 더 빨리 성장할 수 있는 방법이 있을까?
- 책을 다 읽었다면 이제 무엇을 해야 인지적으로 한 걸음 더 도약할 수 있을까?
- 당신 같은 고수가 보기에 향후 5년 내 이 영역에서 무엇이 발전할 것 같은가?
- 만나볼 만한 사람이 또 누가 있을까?

성가신 질문 같지 않은가? 그러나 공 들여 만든 질문은 상대방도 자연스럽게 받아들인다. 깊이 있게 생각해본 적 없는 문제라 자신에게도 생각을 다듬을 계기가 되기 때문이다. 남들만큼 높은 수준에 이르지 않았더라도 질문은 누구나 높은 수준에 맞춰 할 수 있다.

답안 도출

내 친구 중 한 명은 뛰어난 교육 상품 개발자다. 그녀의 장점은 언제 어디서 나눈 생각이든 제안이든 모두 기록해뒀다가 보내준다는 점이다. 이뿐만 아니라 "이 아이디어에 맞춰 실행 계획을 만들어봤는데, 어떤지 한번 봐줘"라며 자료를 보낸다.

나는 그녀의 행동에 무척 감명받았다. 내 지식의 영감을 기록해준다는 것도 감동이지만, 자기가 얻은 수확을 말해줌으로써 내가 그녀에게 도움이 됐다는 만족감까지 느끼게 해준다는 점도 큰 감동이다. 끝으로 재치 넘치게 "이 계획 어떤 것 같아?"라며 질문을 던진다.

영화 〈대부〉의 대사 중에 "거절하기 힘든 제안을 하지"라는 대사가 있다. 거절하기 힘든 자세와 기술이 바로 문제 소년의 핵심 기술이다.

최고의 사고 방향 다섯 가지

다음의 다섯 가지 질문을 살펴보자.

- 증거: 옳고 그름을 어떻게 알 수 있는가? 이를 증명할 증거는 무엇이 있는가?
- 시각: 다른 사람의 관점에서 본다면 어떨까? 다른 각도에서는 또 어

떨까?

- 관계: 어떤 규칙이나 모형이 있는가? 이전에도 본 적이 있는가?

- 추측: 남다르다면 무엇이 다른가?

- 상관성: 왜 중요한가?

이 다섯 가지 질문은 교육계의 전설적인 인물 '작은학교운동'의 개척자 데보라 마이어Deborah Meier가 제안한 것이다. 그녀의 학교에서 지식 자체는 그리 중요하지 않았다. 위에서 제시한 다섯 가지 질문이 토론의 핵심인데, 수업마다 모두 다섯 가지를 질문하면서 하나씩 해결해나갔다. 뉴욕 시 중학생의 중퇴비율이 40~60퍼센트에 달한 반면 그녀의 학교에서는 중등 과정을 끝내지 못하는 학생이 고작 1퍼센트에 그쳤다고 한다.

문제가 생기면 위에서 제시한 다섯 가지 각도에서 지식을 조합해보자. 종종 그중 하나에서 기발한 성과를 얻게 될 것이다.

지식을 가치로 바꾸는
지식 IPO

지금까지 우리는 어떻게 네트워킹하며 학습하고, 어떻게 문제를 등대로 삼고, 어떻게 학습 자료를 선별하는지에 대해 이야기했다. 마지막으로 지식을 어떻게 가치로 바꿀지에 대해 이야기해보자.

사고의 맥락은 같다. 어떤 기능을 배우려면, 역시나 그 문제를 해결할 수 있는 고수를 찾아가면 된다. 이번에는 비즈니스 사상의 대가를 예로 들어보자.

우리는 비즈니스라는 전쟁터에서 싸우고 있다. 우리의 전쟁터인 비즈니스 영역은 변화가 가장 빠르고 경쟁 또한 가장 치열하다. 새로운 기술도 꼬리에 꼬리를 물고 등장한다. 오늘날 경쟁에서 승리하기 위해 싸우는 기업가나 전략 고문들은 과거 전쟁에서 전략을 세우던 책사인 셈이다. 이런 비즈니스의 대가들은 전쟁을 지휘하는 참모이자 내비게이터이며 습득력과 문제 해결력이 가장 뛰어난 사람이다. 피터 드러커처럼 평생 마흔 권의 책을 쓰고, 경영학의 새 지평을 연 비즈니스의 대가들은 어떻게 학습했을까?

먼저, 그들은 늘 질문했다. 피터 드러커는 평생 글을 쓰고, 기업에 자문을 하고, 사람들에게 강의를 했다. 다수의 미국 대통령을 모신 고문이었으며, 많은 기업에 자문을 한 기업가들의 스승이었다. 평생 마흔 권의 책을 썼는데, 85~95세에만 열 권을 썼다.

다른 경영학자와 다르게 그의 학술 연구는 언제나 실천적 경험을 기반으로 했다. 1946년 『기업의 개념Concept of the corporation』을 출간하기 전에는 2년간 GMGeneral Motors Corp에 근무하면서 기업과 사람들을 관찰했다. 강의하면서 자문도 하고, 글도 썼다. 그의 책에는 특징이 있는데 학술적인 전문 용어가 거의 없고, 동시대의 딜레마를 다루고 있으며, 책마다 한 가지의 문제를 해결한다는 점이다.

기업이 점점 조직화되자 그는 『기업의 개념』을 출간하며 기업 내 조직 활동을 다뤘다. 경영자의 직무가 대두되자 『피터 드러커의 자기경영노트The effective Executive』를 출간해 경영자에 대해 정의를 내렸다. 그가 사고하는 문제는 창조, 비영리조직, 생태계 전망, 아시아 발전, 정부와 기업의 관계 등과 연관돼 있다.

맥킨지 일본 지사 대표를 역임했던 오마에 겐이치大前研—는 상상 이상이다. 반평생 책을 91권이나 쓴 그는 아직도 글을 쓰고 있다.

그 역시도 책 한 권마다 한 가지 문제를 해결하고 있다.

이들은 모두 영역을 넘나들며 재통합하는 사람들이다. 경영학은 하이브리드 쌀*처럼 유례없는 사상의 조합이며 인류 역사상 가장 많은 분야를 아우르는 전공 중 하나다.

『제5경영The Fifth Discipline』의 저자 피터 센게Peter Senge는 MIT공과대학교 로켓 동력학 분야 출신이며, PDCA라는 품질관리 사이클을 고안한 윌리엄 데밍William E. Deming은 물리학 박사였고, 일본 경영학의 대가인 오마에 겐이치는 MIT공과대학교 원자력공학 박사 출신이다. 경영학의 창시자라 불리는 피터 드러커는 이른바 융합의 대가였다.

피터 드러커는 취미가 하나 있었는데 3년에 한 번씩 한 가지 분야를 선택해 심도 있게 학습하는 것이었다. 한 분야를 충분히 배우고 나면 다른 분야를 공부했다. 동아시아 역사, 소설 습작, 정치학, 사회학 등 본업과 무관한 일처럼 보이는 분야들로 평생 16개 이상의 학과를 연구했다. 앞서 연구한 분야의 지식 블록은 다음, 그다음 분야에 접목해나갔는데 이러한 지식들이 한데 모여 어마어마한 복잡계를 형성했고, 이렇게 하여 대가의 사상이 탄생했다.

이들에게는 지식 IPO 체계가 있었다.

---

* 유전 법칙을 이용해 만들어낸 다수확 품종 벼.

피터 드러커는 자신의 일을 이렇게 평가했다. "**글쓰기는 내 직업이고, 자문은 내 실험실이다.**" 경영학 대가 피터 드러커의 높은 생산량의 비결이 점점 분명해진다.

I: 문제 입력Input a question, 문제 해결을 목표로 삼는다.

P: 문제 해결Problem solving, 통합적 지식을 수단으로 문제를 해결한다.

O: 결과 도출Output, 자문과 연구, 강의, 글쓰기를 통해 생각을 상품화한다.

나는 이와 같은 시스템을 '지식 IPO'라고 명명했다. 지식을 재통합해 상품화하는 고효율적인 개인 비즈니스 모델이다. 모든 지식 생산자는 자기의 지식 IPO를 만들어내야 한다. 나 역시도 지식 IPO 운용자다. 몇 가지 예를 들어보겠다.

"**선생님, 저한테 적합한 일이 뭘까요? 유학 가서 뭘 하죠?**"(I)신동방에서 강의할 때 자주 받았던 질문이다. 나는 이에 관해 연구하기 시작했고, 곧 '생애설계'가 이런 종류의 문제를 해결한다는 사실을 알았다. 나는 생애설계를 공부했고(P), 코칭에 생애설계 콘텐츠를 더하기 시작했다(O).

"**어떻게 해야 성장 방향을 찾고 원하는 대로 성장할 수 있을까요?**"(I)강의를 통해 더 많은 상담 기회와 더 큰 플랫폼을 얻은 나는 많은 유학 준비생을 만나면서 이 문제를 마주하게 됐다. 나는 이 문제에 심리학, 코칭 등의 분야가 연관됐다는 것을 알고 중국과학원에서 심리학 석사 과정을 들었고 생애설계사, ICF(국제 코칭 연합회) 코칭 인증(P)을 취득했다. 이 학습의 성과물로 300만 부가 팔린 『사고의 장벽을 허물어라』라는 책을 저술했다.

"이 시대의 고수에게는 어떤 지혜와 능력이 필요할까요? 이해하고 있어야 할 기저논리는 무엇일까요?"(I)콘텐츠를 만드는 과정에서 나는 이 시대 가장 초조하고 성취욕 강한 고객들을 만났다. 그리고 내 주변에는 각 분야의 우수한 생산자들이 있었다. 그래서 이 문제에 대해 생각하기 시작했다. 이들은 내게 많은 것을 가르쳐줬고 복잡계와 믹스매치 이론, 비즈니스 법칙, 진화론, 멱법칙 등을 학습할 수 있도록 이끌어줬다(P). 그리고 이 책이 그 결과물이다(O).

문제를 제기하자. 그 문제가 등불처럼 혼란을 뛰어넘어 당신이 원하는 미지의 세계로 당신을 이끌 것이다.

지식 IPO 설계하기

I: 실질적이고 가치가 높으며 해결 가능한 문제를 목표로 삼는다

문제 해결에 당면한 장애물과 도전을 이해해야 한다. 이 문제를 둘러싼 각 분야의 지식을 탐색하고, 해결할 '문제 나무'를 만들어내야 한다.

실재적 문제인가

부정확하고 광범위한 키워드를 검색엔진에 입력하면 답을 찾지 못하듯이, 문제도 마찬가지다. 정확하고 범위를 축소한 키워드가 답을 찾아낸다. 문제의 첫 번째 조건은 '실재성'이다. "어떻게 평생 좋아하는 직업을 찾을 수 있을까?"와 같은 것은 실질적인 문제가 아니다. 평생 좋아하는 직업은 회고하면서 알게 되는 것이지 시작부터 알 수는 없기 때문이다.

가치가 높은 문제인가

많은 사람이 '가치가 낮은' 문제를 고민하는 데 많은 시간을 쏟는다. 물론 가치 없는 문제란 없겠지만, 관건은 현재 삶과의 연관성 여부다. 나는 종종 즈후 창을 열고 흥미로운 제목을 클릭해본다. 대개 〈일본 자동차 산업 발전에 영향을 준 영화들〉 같은 글이다. 하지만 이런 글은 나의 일상과는 아무런 관계가 없다. 나는 이런 상황을 '인지 유랑'이라고 한다. 탄력적인 사고 또는 휴식을 위해서는 더없이 좋지만, 일할 시간을 잡아먹는다면 '가치가 낮은 문제'다.

해결 가능한 문제인가

해결 가능한 문제인지도 중요하다. 온라인에서 사람들은 **"어떻게 하면 1주일 만에 한 분야의 전문가가 될 수 있을까요?"**라고 자주 묻는다. 문외한의 대답은 믿지 않을 것이고, 그렇다면 전문가의 답변은 어떨까? 하지만 생각해보자. 전문가와 당신의 수준 차가 고작 1주일 정도라면 전문가라고 할 수 있겠는가? 사고의 설계에 있어 이런 유형의 문제는 중력 문제다. "왜 이 세상은 불공평할까?"와 같은, 중력처럼 어디에나 있는 문제다. "어떻게 하면 불공평한 세상에서 원하는 사람이 될 수 있을까" 혹은 "이런 불공평함을 어떻게 이용하거나 바꿀 수 있을까?"로 질문을 바꿔보면 어떨까?

P: 지식 학습이 아닌 문제 해결이 목표다

강렬한 인지 관성과 호기심 때문에 모든 자료를 다 뒤져보려고 하겠지만 그럴 필요 없다. 어차피 우리는 세상의 모든 자료를 다 볼 수도 없다. 몇 번의 클릭으로 몇 시간 동안 흥미로운 자료를 봤는데도 나아진 게 없는 자신을 발견할 것이다.

높은 산의 구석구석을 한 번에 다 돌아볼 수는 없다. 똑똑한 탐험가는 표시해뒀다가 다음에 다시 와서 이어나간다. 모든 과정에서 문제 해결을 가장 중요한 기준으로 삼고 계속해서 스스로에게 문자. "이 지식이 문제 해결에 도움이 될까?" "그렇다면 지금 당장 쓸모가 있을까?" 당장 필요가 없다면, 표시해뒀다가 나중에 다시 보면 된다. 일단 문제를 하나 해결했다면, 다양한 종류의 문제를 풀어보자. 문제 해결 방식도 각기 다른 상황에 맞춰 진화할 것이다.

O: 아웃풋으로 인풋을 뽑아낸다

대부분의 사람은 문제를 해결한 결과를 잘 전파하지 못한다. 글쓰기를 통해 우리는 지식을 체계화하고 어딘가에 내놓을 수 있는 지식 결정체로 정리할 수 있다. 더욱이 당신이 이런 문제를 해결할 수 있는 능력이 있음을 세상에 알릴 수 있으므로 더 가치가 있다. 이를 통해 더 큰 문제를 찾을 수 있고 더 큰 가치를 얻을 수 있는 루틴이 형성된다. 이 루틴이 점점 커지면 지식이 폭발적으로 성장한다. 그러나 보통 사람은 다음 두 가지에서 막힌다.

대단한 것을 바란다

아웃풋은 나오기만 하면 되지, 반드시 성과가 커야 할 필요는 없다. 사소하지만 정확한 동작이 어마어마한 결과를 도출한다는 사실을 간과해서는 안 된다. 만약 책 한 권을 쓸 수 없다면 글 한 편을 써 보자. 한 편을 쓰기 어렵다면 카드 한 장, 그마저도 어렵다면 한 문장으로 정리해 공유해보자.

이것들이 일정 수준까지 쌓이면 점점 형태를 갖추게 된다. 그리고 약간만 다듬어주면 '개체의 합이 전체보다 큰' 효과를 보여주며 폭발적 성장을 달성할 수 있다. 새로운 주제를 시작하면 과거의 지식을 모듈로 삼아 더 많은 지식이 통합되며 지식 나무가 생성된다.

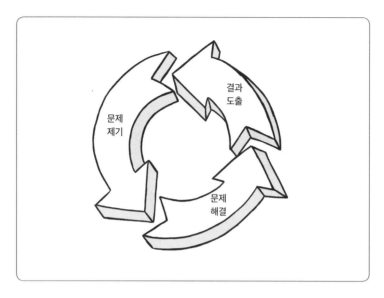

지식 IPO

공유를 두려워한다

보통 우리는 다른 사람들의 문제 해결을 도와주고 싶어 하지 않는다. 어렵게 알아낸 방법인데 어찌 다른 사람에게 손쉽게 알려주겠는가?

그러나 인풋을 검증하는 가장 좋은 방식은 아웃풋 생성이다. 그리고 아웃풋을 검증하는 가장 좋은 방법은 실제로 문제를 해결해보는 것이다. 다른 사람의 문제 해결을 도와주는 것이 내게 아무런 도움이 안 될 것 같지만, 자신의 생각을 가다듬고 오류를 수정할 수 있기 때문에 오히려 더 큰 이득을 얻는다.

　회사나 팀 직원들에게 다른 사람을 위해 아이디어를 내도록 권유해보자. 자신의 커리큘럼 관리 노하우로 다른 사람의 커리큘럼 설계를 도와준다든가, 회사 운영 책임자에게 운영 방안의 아이디어를 제안해보도록 하는 것이다. 이렇게 하면 그들은 많은 문제를 마주하게 되고 억지로나마 대량으로 사고하게 된다. 그렇게 도출된 아웃풋은 그들의 수준 향상은 물론 기업의 업계 평판까지 한 단계 업그레이드해줄 것이다.

　지식은 봄날의 씨앗과도 같아서 나눌수록 더 커지고 묵혀두면 상한다. 지식 IPO, 점선이 결국은 선을 이루듯이 노력은 결코 헛되지 않다는 점을 명심하자.

지식 IPO 도구함

파편화* 가치를 확대하자

학습이 목적이니, 이왕 하는 김에 SNS에 업데이트도 해보자. 오늘 무엇을 배웠는지 단 몇 마디 말로 당신의 새로운 수확을 정리하고 공유할 수 있을 뿐 아니라 점차 이 분야의 '지식 대리인'이 될 수 있다.

당신이 뭔가를 운영하고 있다면 매주 '#xxx 운영 자료# 태그'로 습득한 새로운 지식 목록을 모아 더 많은 사람이 쓸 수 있도록 해보자.

중요하게 관계를 이어가고 싶은 사람들이 있다면 그들에게 직접 메일을 정기적으로 발송해보자. 3개월만 지나면 당신은 아마 그 분야의 지식 대리인으로 그들의 머릿속에 각인될 것이다.

자신의 지식 MVP를 설계하자

최소 기능 제품_{Minimum Viable Product}은 상품 개발에 관한 중요한 사고방식으로, 처음부터 최소한의 실행 가능성을 갖춘 상품을 제공하는 것이다. 이를 염두에 두고 가장 쉽게 입문할 수 있고 위임할 수 있는 지식 IPO 상품을 만들어보자.

---

* 자투리 시간에 콘텐츠를 소비하는 방식을 일컫는 용어. 중국 내에서 보편화된 콘텐츠 소비 및 학습 방식이다.

지식 IPO 도구함

예) 100위안 방법

제품 개발자라면 상품 최적화 방안에 99위안이나 심지어 1위안처럼 낮은 가격을 책정해 공유해보자. 이를 발판으로 우리는 더 많은 상품 개발에 참여할 수도 있으며, 이런 활동은 추후 이력서에 올라갈 한 줄이 될 수도 있다.

예) 커피 한 잔의 코칭

커피 한 잔에 한 시간 동안 인생 문제를 상담해주는 방식은 많은 생애설계사들이 초보 때 많이 사용하는 방식이다. 커피 한 잔이면 한 시간 정도는 만날 수 있기 때문이다. 어쨌든 '능력을 가벼운 상품으로 포장'해 자주 내보내자.

지식 총괄 책임자가 되어보자

학창 시절 반마다 필기를 잘 하는 친구가 한 명씩은 있었다. 시험 며칠 전이면 그 친구는 반의 스타가 된다. 모든 사회 그룹에는 이 친구처럼 이른바 지식 총괄 책임자가 하나씩 있게 마련이다. 지식 정리는 지식을 다시 지어 올리는 것과 같다. 지식 창조가 어렵다면 최선을 다해 지식 총괄 책임자가 돼보는 것도 훌륭하다. 물론 필기, 정리, 마인드맵 등의 새로운 학습 도구를 습득해야 할지도 모른다. 반드시 기억해야 할 것은 지식을 상품화해야지 소장만 해서는 안 된다는 점이다.

자신만의 지식 체계를
구축하는 법

학원에서 수업을 할 때의 일이다. 매번 수업이 끝날 무렵이면 누군가 내게 묻곤 했다. "선생님, 간단한 질문 하나 드려도 될까요?"

여기서 잠깐, 간단한 질문이란 시간을 오래 할애하지 않고 손쉽게 대답할 수 있는 것이다.

"말해봐요."

"저만의 지식 체계를 어떻게 구축해야 하죠?"

질문한 학생은 진지하게 답을 받아 적을 준비를 한다. 하지만 나는 그 질문에 순간 피를 토할 뻔했다. 질문에 대한 답이 책 한 권은 써야 할 분량이기 때문이다.

사실 그의 질문은 아주 좋다. 많은 사람이 평생을 배움에 매달리지만, 학교에서 배운 지식 체계는 잃어버렸고, 새로운 지식 체계는 구축하지 못했다. 체계를 갖추지 못한 지식은 모래 위에 서 있는 것과 같아서, 안정적으로 상황을 판단하지 못하고 인생에서 이리저리 휩쓸리게 된다. 또 다른 사람은 이미 좋은 지식 체계를 갖추고 있으면서도, 그 체계가 만들어낸 성과를 알지 못한다.

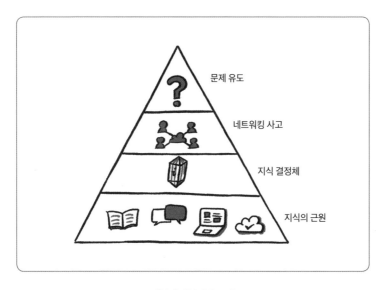

개인의 지식 체계 구성

나는 이 문제를 오랫동안 고민해왔다. 몇 년간 직접 실천도 해보고, 많은 사람에게 자문을 구하고 관찰도 해봤지만 한마디로는 간단히 정리되지 않았다.

그러나 이 장의 내용을 하나로 연결하면 가치를 생산하는 완전한 지식 체계가 완성된다. 아주 명확한 하의상달식 지식 체계다.

- 지식의 근원에서 지식의 결정체를 취합하자.
- 네트워킹 학습을 통해 지식 결정체를 더 많은 지식 결정체로 교환하자.
- 문제를 중심으로 학습하면서 자신만의 문제 나무를 만들자.
- 지식 IPO를 이용해 지식을 가치로 전환하자.

"모든 여성적인 것이 우리를 구원으로 이끈다." 괴테가 쓴 『파우스트』의 마지막 구절이다. 지식 폭발의 시대에 끊임없이 네트워킹하고 질문하고 전파하자. 그러면 모든 질문이 우리를 성장으로 이끌 것이다.

질문 학습과 네트워킹 사고로 결과를 내라

인지 효율의 중요성
성장하는 사람과 그렇지 못하는 사람의 차이는 배움에 있는 것이
아니라 인지 효율에 있다.

지식의 근원과 실리적인 독서법
지식을 잘 판별해 뿌리가 되는 지식을 찾고 '실리적'인 방법으로
독서하자.

문제 중심 사고
지식 나무와 문제 나무를 구분하자.

지식 IPO
문제를 동력으로 삼고, 문제 해결을 통해 지식을 재통합하며, 아웃
풋을 통해 상품화하자.

지식 피라미드
지식 취합 – 네트워킹 학습 – 문제 제기 – 결과 도출

제4장

생각의 틀을
깨는 법

'내 생각'에서 벗어나 시스템적으로 사고하는 기술

왜 우리는 많은 문제를 해결할 수 없을까? 바로 해결책이 우리가 흔히 접하는 시스템 안에 없기 때문이다. 평면적인 사고에 얽매이는 사람은 평생 시스템적인 사고방식 자체를 이해하지 못하며 시스템을 이해해야 사고의 틀을 깰 수 있다는 사실도 알지 못한다. 입체적 사고로 복잡한 문제를 해결하자.

생각의 틀을 깨는
사람이 성공한다

상황부터 파악하라

우리는 삶에서 여러 가지 '상황'을 맞닥뜨린다. 하고 싶은 일을 하자니 돈이 안 되고, 할 수 있는 일을 하자니 의욕이 안 생긴다. 발전하기 어려운 상황이라도 최선을 다한다면 사업이 좋아지기도 하지만 그러다 보면 가정 상황이 나빠지기도 한다. 가정이 평화로우면 대신 건강이 나빠지기도 하고, 건강이 좋아지면 사업이 다시 어려워지기도 한다. 이렇게 챙겨야 할 일이 많아지면 생각할 시간이 줄어들고, 생각을 못하게 되면 통제할 수 없는 더 많은 변수가 생긴다. 그리고 변수가 늘어날수록 우리는 점점 더 조급해진다.

누구든 일단 이런 상황에 빠지게 되면 초조해지고 성급해진다. 아무리 책을 뒤져봐도 내가 처한 상황에 딱 맞는 정확한 답은 나오지 않는다. 곤경에 처하면 일단 그 상황에서 벗어나야 한다. 인생은 이렇게 수많은 상황을 깨야 하는 순간의 연속으로 이루어진다. 여기서 말하는 상황이 바로 '체계'다.

2015년 아프리카 응고롱고로^{Ngorongoro} 자연보존지역에서 나는 난생처음 '체계'를 똑똑히 봤다. 이곳은 원래 분화구로, 25만 년 전 화산 분출로 인한 재가 쌓여 비옥한 초원이 됐다. 그리고 화산이 성벽처럼 작은 세계를 둘러싸고 있다. 이곳은 자급자족하는 작은 생태계로 '아프리카의 지상낙원'이라 불린다.

응고롱고로 화산을 넘어가자 초원에는 많은 사자가 엎드려 있었다. 나른하게 늘어진 모양새에서는 〈동물세계〉*에서 본 용맹함이라고는 찾아볼 수 없었다. 몇십 미터 이내에 얼룩말과 영양은 한가롭게 풀을 뜯어 먹으며 평화롭게 지내고 있었다. 그동안 내가 가짜 사자를 본 걸까?

현지 가이드는 사자가 '에너지를 아낄 줄 아는' 동물이라고 알려주었다. 사자는 시간 대부분을 쉬는 데 쓰고, 배가 고파져야 일어나 사냥한다고 한다. 심지어 사냥 확률을 높이려고 무리 중에서 가장 약한 놈을 쫓아간다. 사자는 속도가 가장 느린 영양을 쫓아가겠다고 생각하고 영양은 속도가 가장 느린 놈보다 빨리 뛰자고 생각한다.

---

* 중국 공영방송 채널 CCTV에서 방영되는 동물 다큐멘터리 프로그램.

현실의 사자는 〈동물세계〉에서 묘사한 것처럼 위풍당당하지도 않고 가장 빠른 영양을 잡으려 하지도 않았다. 그저 똑똑한 투기꾼일 뿐이었다.

개체적 관점에서 보자면 사자는 먹이사슬의 꼭대기에 있다. 그러나 한층 더 깊이 생각해 무리라는 관점에서 보자면 최약체일 수도 있다. 사자 무리가 평소 생존을 위해 자신보다 약한 얼룩말을 잡아먹는 것은 얼룩말 진화에 도움을 준다. 재해가 닥치면 번식 능력은 낮으면서도 육식을 하는 사자 같은 덩치 큰 동물은 멸종하기 쉽다. 하지만 얼룩말 무리처럼 풀만 먹고 사는 초식동물은 설령 개체의 절반이 죽어나간다고 해도 이듬해 우기가 오면 늘 그랬듯이 높은 번식력으로 개채 수를 늘릴 것이다. 이런 논리로 생각해보자면 아프리카 자연계에서 가장 강한 무리를 이루는 것은 풀이다. 3년간 싹이 나지 않더라도 비 한 번 시원하게 내려주면 초원은 다시 푸르게 변하기 때문이다. 이렇게 개체가 아닌 무리라는 커다란 시스템으로 보면 사자는 가장 약한 개체이고, 풀은 강한 개체가 된다.

그 짧은 순간에 나는 사자와 얼룩말, 풀과 초원의 관계를 새롭게 이해했다. 영화 〈늑대토템〉에서 나온 "풀은 목숨이 질기다"는 말이 생각났다. 자연, 생태계, 관리, 사회 등 많은 관점을 새롭게 바라보게 됐고, 그동안의 내 견해가 얼마나 얄팍했는지 깨달았다. 이 모든 것이 자연이라는 시스템을 제대로 본 후 받은 충격이다.

나중에 알았는데 이런 느낌을 받은 사람이 내가 처음은 아니었다. 미국 우주항공인이었던 러스티 슈바이카르트Rusty Schweickart도 처음 우주에서 지구를 봤을 때 비슷한 느낌을 받았다고 한다. 심오한 우주에서 아름다운 녹색 지구를 바라보는데, 불현듯 이 세상이 달라 보였다는 그는 기자회견에서 다음과 같이 말했다.

지구는 나누거나 가를 수 없는 완전체다. 우리 인간이 나눌 수 없는 완전한 개체인 것과 마찬가지다. 자연계(인간 포함)는 부분들이 모여서 만들어진 완전체가 아니라, 완전체들이 모여서 이룬 하나의 총체다. 국경을 포함한 모든 경계는 인간이 만든 것일 뿐이다. 우습게도 우리는 경계를 만들고 그 안에 갇혀버린 우리를 발견한다.

지구로 돌아온 후 슈바이카르트는 공익과 세계 평화 관련 사업에 종사하기 시작했다.

틀을 깨는 지혜

제1장에서 나는 이 시대가 어떻게 변하는지를 이야기했고, 제2장에서는 어떻게 기회를 잡을 것인가, 그리고 제3장에서는 어떻게 공부할 것인가를 이야기했다. 장마다 틀에 박힌 믿음을 버리고 다양한 기술을 습득하며 우리의 인지와 능력을 폭발적으로 성장시키

는 단계까지 끌어올렸다.

이제 나는 마지막 고수의 능력을 이야기하려고 한다. 바로 틀을 깨는 능력, 체계적으로 사고하는 능력이다. 틀을 깨는 능력을 갖춘다면 미래에 더 많은, 더 새로운 어려움을 마주하더라도 계속 폭발적 성장을 해나갈 수 있다. 설령 이 책에서 다루지 않은 상황이라고 하더라도 말이다.

제4장에서는 '상황', 즉 '시스템'에 대해 상세히 다룰 것이다. 오직 자신만이 상황을 제대로 인식할 수 있고, 이해할 수 있으며, 통제할 수 있다. 그 상황을 벗어나게 만들 수 있는 것도 자신뿐이다.

우리 주변 곳곳에 시스템이 있지만 실제로 그것을 찾아볼 수 있는 사람은 드물다. 이 개념을 명확히 하기 위해 **1차 변화, 2차 변화, 복잡계, 루프, 단계화, 폭발적 성장 사고** 등 조금은 머리 아픈 용어를 이야기해야 한다.

우리가 아는 모든 새로운 지식은 '들어서 아는 것'이다. 이 책도 그렇다. 경험에 의해 이런 종류의 물건이 책이라는 것을 알고 있기에 뇌에서 '이것은 책'이라는 신호를 전달하고 있는 것이다. 그러나 한 번도 책을 본 적 없는 사람에게는 "이건 뭐지?"라는 신호가 전달될 것이다. 내가 원하는 것은 '번뜩 스치는' 당혹감이다. 이것이 바로 성장의 기회다.

언어는 사고를 구축하는 기관이다. 새로운 개념을 끌어들인 이유는 지능을 뽐내기 위함이 아니다. 새로운 단어로 어떤 상황을 설명하게 되면 타성에 젖은 일상을 새로운 시각으로 관찰할 수 있게 되어 완전히 다른 관점을 얻을 수 있기 때문이다.

이 책을 다 읽고 나서 얻은 새로운 개념으로 세계를 바라보면 복잡한 세계가 간단명료해지고 해결되지 않던 문제에 답이 보이며 조급해하던 일처리도 침착하게 처리할 수 있다는 사실을 깨닫게 될 것이다

고수라고 해서 우리보다 능력이 좋거나 지능이 훨씬 높거나, 의지가 특별히 강하지 않다. 그들은 우리보다 생각이 깊고, 견문이 넓으며 더 큰 시스템을 보았을 뿐이다. 이 관점에서 보면 변변찮은 사람이 변변찮은 이유는 인격이 낮아서도, 지혜가 부족해서도 아니다. 그저 안목이 떨어지고, 그가 갖고 있는 시스템이 작은 것뿐이다.

앞에서도 언급했지만 우리는 의미 없는 고통이 두려울 뿐이다. 그러나 앞으로 살펴볼 과정은 아주 의미 있는 고통의 과정이 될 것이라고 장담한다.

해결 불가능한 문제를
해결하는 2차 변화

일상 속 해결 불가능한 문제

현대 사회에서 우리는 모두 다음과 같은 해결 불가능한 문제들을 마주한다. 몇 가지 예를 들어보자.

영원한 다이어트

걸치는 옷의 두께가 얇아지는 봄이 오면 체중 감소가 시급해진 남녀노소 모두는 다이어트에 열을 올리기 시작한다. 사람들은 음식 섭취량을 줄여가며 매일 체중을 재본다. 결과는 불 보듯 뻔하다. 처음 시작할 때야 효과가 좋지만 다이어트 기간이 길어질수록 통제하기 어려운 시기가 온다.

점심시간, 식당 앞을 지나가다가 얼큰한 향이 풍겨오면 머릿속에 천사와 악마가 등장한다. 악마는 "한 입만 먹어, 딱 한 입만"이라고 말하고 천사는 "좋지, 좋아"라고 말한다. 배부르게 한 끼 먹고 집으로 돌아가면 기껏 줄였던 체중은 원상복귀돼 있다.

그다음에는 집단의 힘을 이용하려고 한다. 두 명의 직장 동료 이야기를 예를 들어보자. 그들은 서로 먹는 것을 감시해주기로 하고 저녁 8시 이후에 음식을 먹으면 50위안을 벌금으로 내기로 했다. 사흘째가 되면 그들은 이런 아이디어를 떠올린다. "같이 먹으면 서로 50위안을 주니까 괜찮잖아." 그렇게 이들은 뻔뻔하게 야식을 즐긴다.

음식을 덜 먹는 다이어트 방법은 왜 효과가 없을까?

헤어지는 이유

A는 남자친구 B에게 말한다. "자주 만나지도 않고, 우리 그만 헤어져." "이러지 마, 내가 고칠게!" B는 달라지겠다고 약속하며 시간을 내서 A와 쇼핑을 가고 영화를 보고 TV를 본다. A는 생각한다. '이제 내가 좀 소중해졌겠지?'

하지만 2주 후, A의 원망도 다소 풀어지고, B의 회사도 바빠져 두 사람은 원래 상태로 돌아갔다. A는 똑같은 말을 하고 싶어진다. "자주 만나지도 않고, 우리 그만 헤어져."

상품이 안 좋은 걸까, 영업력이 부족한 걸까?

영업 담당자는 상품 종류가 너무 적다고 탓하며 고객의 요구 사항을 말한다. 상품 개발팀에서는 고객의 모든 요구사항을 만족시킬 수는 없다고 말한다. 영업팀에서는 고객의 니즈를 만족시켰다면 매출액이 진작 올라갔을 것이라며 원망한다.

상품개발팀 직원들의 불만도 적지 않다. "영업팀 직원들이 일을 너무 못해." "지난 번 만든 상품은 팔지도 못했잖아." "물건을 잘 팔면 우리도 새 상품을 만들 힘이 날 것 아니야!"

두 개 부서의 담당자들은 서로를 원망한다. 과연 누구의 잘못이 먼저인 걸까?

구제불능 무능한 직원

무능한 사람들은 자주 업무를 지연시키지만 일단 한소리 하면 태도는 달라진다.

"아직 제출 안 했어?"

"금방 할게요. 오늘 집에 일이 좀 있어서요……."

"그저께 이메일은 발송했어? 저쪽에서 독촉하잖아."

"정말 죄송해요. ○○프로젝트 조사하느라고 그만 깜빡했어요."

각종 핑계와 사과 후, 그들은 바쁘게 움직이기 시작한다. 때로는 늦게까지 야근을 하기도 한다. 그러나 며칠을 연달아 야근한 후에는 상태를 회복하기 위해 쉬어야 한다. 결국 또다시 일처리가 늦어지기 시작한다.

일상에서 당신도 마주하는 해결 불가능한 문제 같지 않은가? 나는 이 문제를 '윤회의 문제'라고 부른다. 부처는 "윤회 속의 사람은 인과의 순환에 깊이 빠져 있다"고 말했다. 이번 생에서 누굴 해쳤든 도와줬든 다음 생에서는 상대가 그대로 복수하거나 보답하는 식으로 끊임없이 반복된다는 것이다. 죽어보지 않았으니 정말 윤회가 있는지는 모르겠으나 종교적인 신비함을 빼면 윤회란 복잡계에 갇힌 사람을 빗댄 절묘한 비유라는 생각이 든다. 우리는 살면서 곳곳에서 불교의 윤회 현상을 경험한다.

데이트 감소 → 헤어짐 → 데이트 증가 → 화해 → 데이트 감소

다이어트 → 소식 → 살 빠짐 → 못 참고 먹음 → 살 찜 → 다이어트

상품 없음 → 고객 없음 → 상품 없음

늑장 → 바쁨 → 혼란 → 바쁨 → 늑장

똑같은 상황이 반복되는 이유는 근본적으로 그 상황 안에 해결 방안이 없어서다. 당장 자신이 처한 상황을 제대로 파악해야만 거기에서 벗어나 이 윤회를 멈출 수 있다. 대체로 사람들은 대부분의

시간과 정력을 반복되는 윤회의 문제에 소모하고 있다. 쳇바퀴 속의 하얀 쥐처럼 애를 쓰며 앞을 향해 달리지만 멈춰지지 않는다. 답안이 앞에 없기 때문이다. 이럴 때는 놓인 상황에서 한 걸음 물러나 전체 시스템을 보고 벗어날 방법을 찾아야 한다.

윤회의 굴레에서 벗어나기: 1차 변화, 2차 변화

스탠퍼드대학교 정신과 교수 파울 바츨라비크Paul Watzlawick는 저서 『변화Change』에서 통찰력 있는 개념을 하나 제시했다. 바로 1차 변화와 2차 변화다.

모든 일에는 두 가지 변화의 형태가 있다. 하나는 원래 형식에 영향을 주지 않는 변화로, '1차 변화', 즉 '상태 변화'다. 다른 한 가지 변화는 패턴이 바뀌는 것으로 '2차 변화', 즉 '패턴 변화'다.

- 1차 변화: 시스템 내의 변화로 상태와 경험이 변한다.
- 2차 변화: 시스템 자체의 변화로 패턴과 결과가 바뀐다.

수동으로 차를 몬다고 생각해보자. 엑셀을 밟아 속도를 높이는 것은 1차 변화고, 기어를 변속하는 것은 2차 변화다. 악몽을 꾸고 있다면, 악몽 안에서 뛰고 숨고 물에 빠지고 싸우는 등의 모든 행동은 1차 변화다. 악몽에서 깨어나 정신을 차리는 것이 2차 변화다.

틀을 깨는 관건은 바로 2차 변화에 있다.

소식할 게 아니라 신진대사를 높여라

다이어트를 다시 예로 들어보자. 다이어트에 실패하는 주요 원인은 신진대사를 떨어뜨리는, 다이어트라는 목표에 정반대되는 방식으로 다이어트를 하기 때문이다.

매일 소식한다고 해도 우리의 잠재의식은 우리가 예쁜 옷을 입기 위해서 소식한다고 생각하지 않는다. 그저 아프리카 초원에서 죽기 살기로 도망치는 운전수처럼 당신을 걱정할 뿐이다. '이 녀석, 기아에 허덕이는군. 신진대사를 떨어뜨려서 목숨을 지켜야겠어!'라며 적게 먹을수록 소모는 더 적게 한다. 자주 어지럽고 심장이 뛰고 기력이 없어지면서 절전 모드에 들어간다. 그러다 거하게 한 끼 먹고 나면 잠재의식은 안심하며 이렇게 생각한다. '이 녀석, 드디어 한 끼 먹었네. 많이 먹어라. 나중에 쓸 수 있도록 지방을 축적해두마!' 그렇게 또 살이 찐다. 결국 살이 빠지는 게 아니라 허약해지기만 한다.

어릴 적 풀었던 수학 문제가 생각나는가? 작은 연못에 물을 가득 채우려면 2시간이 걸리고 비우는 데는 1시간이 걸린다. 물 채우기와 비우기를 동시에 한다면 얼마나 지나야 연못이 완전히 비워질까?

먹는 일은 물 채우기와 같고 신진대사는 물 비우기와 같으며 연못의 물은 당신의 체중이다. 채워질 물이 적게 들어가면 신체의 본래 기능도 감소해 자동적으로 물을 적게 내보낸다. 신진대사가 떨어지면서 허약해지는 것이다.

건강한 다이어트 방법은 진부하기 그지없다. 신진대사를 높여 먹는 양에 비해 소모량을 높이는 것이다. 신진대사를 높이는 방법은 뭘까? 생활 방식을 바꾸는 것이다. **식습관, 일과 휴식의 패턴, 운동 습관, 이 세 가지를 바꿔야 한다.** 균형 잡힌 음식을 많이 먹자. 운동을 많이 해 근육량을 늘리면 신진대사가 높아진다. 푹 자는 것도 좋다. 숙면은 신진대사를 활성화해 다이어트에 매우 도움이 된다. 최근에는 충분한 수면이 운동보다 다이어트에 더 효과가 있다는 연구 결과도 있었다. 신진대사율을 잘 관리하면, 다이어트를 시작할 때는 오히려 몸무게가 늘 수 있다.

관계의 문제가 아닌 목표의 문제

영업팀과 상품개발팀 담당자의 끝없는 다툼은 담당 팀원들의 성격의 문제도, 제도적인 문제도 아니다. 문제는 불분명한 고객 타깃팅과 매출액을 유일한 성장 지표로 삼는 기업에 있다.

타깃 고객이 명확하지 않으면 상품 개발자도 화력을 어디에 집중해야 할지 알 수 없다. 게다가 고객들은 이미 좋은 상품을 많이 경험했을 테니 기업에서는 결정적인 시장점유율을 확보할 수 없다.

단기간에 이윤을 내야 하는 영업팀에서는 상품 경쟁력이 없으면, 다수의 고객에게로 눈을 돌릴 수밖에 없고 각종 상품에 대한 니즈를 요청하게 된다. 상품 담당자가 여기에 응하면 윤회의 굴레는 더 빨라진다. 결국 기업은 1만 개 기업이 경쟁하는 1개 시장에 들어가는 게 아니라 1만 개 시장에 진입한 1개 기업이 돼버린다.

꼬인 매듭을 풀려면 시장조사부터 다시 시작해야 한다. 커다란 시장에서 핵심을 찾으면 한동안 매출액은 신경 쓰지 말고 타깃 고객의 만족도만 생각해야 한다.

문제를 제기하고, 순환의 고리를 끊고, 새로운 목표를 정하면, 모든 사람이 윤회의 문제에서 벗어날 수 있다. 2차 변화를 알아보지 못하면 영원히 1차 변화의 반복에서 헤어날 수 없다. 뿐만 아니라 1차 변화는 종종 2차 변화의 장애물이 되기도 한다. 프랑스 속담에 이런 말도 있지 않던가. "우리는 변하지 않기 위해 자주 변한다."

데이트 횟수의 문제가 아니라 어떻게 시간을 보내는지가 문제

메이와 쥔제의 이야기를 생각해보자. 쥔제가 변한 이유는 진짜 문제를 대면하기 싫어서다. 연애를 처음 시작할 때의 열정과 신비감도 사라졌고 '친구' 같은 편안함만으로는 관계를 오래 유지하기 어렵다.

요즘 같은 피로사회에 어째서 여유 시간에 함께 무엇을 하며 보낼지가 아닌, 데이트 여부에 연연하는가. 설령 한 사람이 놀기를 좋아하는데 다른 한 사람은 그저 지켜보는 것만도 좋다면 그대로도 충분히 좋지 않겠는가!

양쪽 다 이를 생각하지 못했거나, 이 단계를 마주하고 싶지 않은 것이다. 그래서 계속 1차 변화만 반복해 2차 변화를 막는다. **연애는 두 사람의 마음과 사고 패턴의 시스템이 반응하는 것이다.** 이를 알아채지 못한다면 그저 악순환의 윤회만 거듭할 뿐이다.

태도가 아니라 능력의 문제

문제만 생기면 사과하기 바쁜 직원의 이야기를 해보자. 그의 사과는 '**지시를 듣지 못하고 핵심을 파악하지 못하며 경계를 깨닫지 못하는**' 자신의 모습을 더 깊이 감추기 위한 행동일 뿐이다. 사고의 패턴을 바꾸지 않기 위해 태도를 바꾼다는 이야기다.

종종 사람들이 커리어 발전에 관해 자문을 구한다. "지금 하는 일은 전문적이지 않고, 좋아하는 일은 잘할 수 있을지 모르겠어요. 그래도 꿈을 좇아 시도는 해봐야겠죠?"

새로운 분야를 선택하는 게 나쁜 일은 아니다. 진짜 문제는 '지금 하는 일이 전문적이지 않다'고 생각하는 사고방식에 있다. 이런 식으로는 새로운 분야에 도전하는 1차 변화 후에도 '지금 하는 일이 전문적이지 않은 것 같다'는 악순환에 빠지게 된다.

정말 성숙한 사람은 꿈을 좇지 않고도 일을 전문적으로 해낸다. 꿈을 좇아도 수많은 고생을 하고 막막해질 것을 알기 때문이다. 꿈인지 아닌지를 몰라도 꾸준히 실력을 갈고 닦을 능력이 필요한데, 어떤 사람들은 이 능력도 부족하다.

자신의 문제를 모른다면 어떤 선택을 해도 결과는 좋지 않다. 더욱 무서운 것은 이런 상황에 중독될 수 있다는 점이다. '나랑은 안 맞는 것 같아'라고 너무 쉽게 단언하기 시작하면 '나에게 문제가 있다'는 것을 인정하기 어려워진다. 그래서 많은 사람들이 직업이나 회사, 감정을 선택하는 문제에 있어서 노력을 하는 대신 다른 것을 선택하려고 한다.

윤회의 굴레에서 벗어나려면 1차 변화로는 안 된다. 2차 변화가 필요하다. 벽을 허무는 것만으로 부족하다. 천장까지 허물어야 한다. 직관으로는 부족하며 반직관이 필요하다.

대부분의 사람이 1차 변화에 모든 에너지를 쏟아 붓는다. 바로 이 때문에 2차 변화에 어려움이 생긴다. 1차 변화에서 너무 많은 에너지를 소모했기 때문에 폭발적으로 성장하지 못하는 것이다.

폭발적 성장이라는 것은 2차 변화를 하나하나 거듭하며 틀을 깨는 일이다. 그리고 이 변화의 첫걸음은 시스템을 식별하는 데 있다.

시스템 사고로
더 크게 본다

공자의 제자 자공이 공자에게 배움을 청하러 온 사람을 만났다. 자공이 물었다.

"스승님께 무엇을 묻고 싶어서 오셨습니까?"

그 사람은 한 해에 계절이 몇 개인지를 물으려 한다고 했다. 자공이 말했다.

"사계절 아닙니까." 그러자 그 사람이 답했다. "아니죠, 계절은 세 개입니다."

논쟁이 일었고, 그 소란에 공자가 나왔다.

공자가 잠시 살펴보더니 그 사람에게 말했다.

"자네 말이 맞네. 계절은 세 개일세."

그 사람은 크게 웃으면서 떠났다.

자공이 물었다.

"스승님, 어찌하여 계절이 세 개라 하십니까?"

공자가 말했다.

"저 자가 입은 옷을 보아라. 베짱이가 변한 것이다. 베짱이는 봄에 태어나 가을에 죽으니 겨울을 본 적이 있겠느냐? 베짱이의 머릿속에 겨울이란 없으니 그에게 계절은 세 개뿐인 것이다. 그러니 삼일 밤낮 논쟁을 벌여도 소용없느니라."

만약 배후의 시스템은 보지 않고 사물만 보고, 2차 변화는 보지 않고 1차 변화만 보고, 숲은 보지 않고 나무만 본다면 당신 역시도 현대 사회의 베짱이와 다름없다. 전체 시스템을 보지 못하면 영원히 사계절을 알 수 없다.

그렇다면 시스템이란 무엇일까? 강 속의 돌을 살펴보자. 물이 돌에 부딪히면 돌 주변에는 물보라가 생긴다. 매 초, 물보라를 구성하는 물 분자는 변하지만 물보라의 형태는 일정하다. 그렇다면 물보라는 변하는 것일까, 안 변하는 것일까?

돌, 물은 '원소'다. 물보라는 시스템의 '작용'이다. 물속에서의 돌 위치는 물보라의 형태를 결정한다. 이것이 '관계'다. 하나의 **시스템은 최소 세 개의 요소를 포함한다. 원소, 원소 사이의 관계, 그리고 시스템의 '작용'**이다.

물보라는 시스템의 기본적인 특징을 잘 보여준다. **시스템은 원소와 원소 사이의 관계로 구성되며, 원소 사이의 관계는 원소보다 더 중요하다.** 돌을 바꿔도 같은 위치에만 둔다면 물보라는 동일하기 때문이다. 관계가 변하지 않으면 작용도 변하지 않는다.

앞에서 언급한 '다이어트' '연애' '상품 가치' 등의 윤회 문제에서 내재된 관계가 변하지 않으면 사람 하나를 바꿔도, 팀을 통째로 바꿔도 악순환은 끝나지 않는다. 같은 이치로 사람도 정신 자체가 변하지 않으면 일을 바꾼들, 여자친구를 바꾼들 똑같은 문제에 빠진다. 1차로 변하는 것은 원소이고, 2차로 변화는 것이 관계다.

복잡계를 알기 전, 우리는 이미 자연계와 사회의 어디에나 존재하는 시스템을 경험했다. 폭포에 떨어지는 물은 계속 흐르며 움직이는 상태지만 폭포의 형태는 변화가 없다. 화원, 숲, 바다, 구름은 이런 시스템이다. 인간의 혈액 세포도 3개월에 한 번씩 새롭게 교체된다. 그러나 우리 신체는 변하지 않는다. 우리의 생각, 이념, 기억은 흐르는 물처럼 계속 바뀌지만 우리의 자아는 그대로다. 대학교도 학생은 매년 바뀌지만 학교의 명성과 학술적 지위는 변하지 않는다.

자세히 생각해보자. 기업, 국가, 민족, 금융 등 시스템을 구성하는 원소는 모두 유동적이고 끊임없이 변화한다. 개인 혹은 어떤 지도자가 기업, 국가, 민족, 금융 시스템의 작용을 결정하든지 시스템은 변함없이 효능을 보인다. 시스템의 내재된 구조와 작용이 변하지 않는 이상 원소가 바뀌어도 시스템은 변하지 않으며 변하더라도 아주 서서히 변한다.

로버트 M. 피어시그Robert M. Pirsig는 자신의 저서 『선禪과 모터사이클 관리술Zen and the Art of Motorcycle Maintenance』에서 이렇게 말했다.

공장이 철거되더라도 그 정신이 남아 있는 한, 금세 재건할 수 있다. 혁명으로 구정부를 붕괴한다 해도 새로운 정부의 사상과 행위 체계가 변하지 않는 한 또다시 밀려날 운명을 피하기 어렵다. 많은 사람이 시스템을 이야기하지만 실제로 이해하는 사람은 얼마 없다.

시스템 지식에 관한 내용을 되짚어 보자.

- 모든 시스템은 원소, 관계, 작용의 세 부분으로 구성된다.
- 원소 사이의 관계는 원소보다 더 중요하다. 전체가 부분의 합보다 크며, 주로 발생하는 부분은 원소 사이의 '관계'다.
- 관계 구조는 변하지 않으며 시스템의 결과도 변하지 않는다. 2차 변화에서 달라지는 것은 시스템의 구조다.

시스템적인 사고방식도 특별할 것은 없다. 다만 시스템과 산업화 시대의 가장 핵심 사고방식인 '세분화 – 분석'과 비교하면 둘 사이의 큰 차이를 알게 될 것이다.

환원론과 체계 이론

산업화 시대, 우리는 과학적이고 논리적이며 끊임없이 세분화하는 시스템을 발전시켜왔다. 일을 원소별 사고방식으로 나누는 것을 '분석'이라고 한다.

자동차 회사로 널리 알려진 포드Ford의 '일관 작업'은 세분화적 사고의 전형이다. 최초의 자동차는 장인 몇 명의 솜씨로 만들어졌다. 포드는 일반인이 숙련된 솜씨로 즉각 작업할 수 있도록 자동차 조립 과정을 몇천 단위 과정으로 세분화했다. 그리고 자동차 프레임을 매달아 일정 속도로 작업장을 회전하게 했고 이러한 업무 분담으로 작업 효율을 높였다. 포드와 같은 사고방식을 '환원론*'이라고 한다. **복잡한 일은 이렇게 각 부분의 조합을 통해 분석할 수 있다.**

대부분 컨설팅 회사의 일처리 방식도 이러하다. 세분화할 수 있다면 세상에 어려운 일이란 없다. 세분화해 문제점을 찾고 다른 부품으로 갈아 끼우면 되는 것이다.

---

* 사물은 그보다 더 간단한 실체로 이뤄져 있다는 전제하에 사물이 그것을 구성하는 가장 단순한 개체로부터 이해될 수 있다는 주장. – 저자

우리는 이런 사고방식으로 엄청난 성과를 얻었다. 분자와 원자의 발견, 다양한 전문적인 학문 분야의 등장, 일관 작업의 발명, 이 모두가 세분화된 사고방식에 기반을 두고 있다. **어떤 일에 문제가 생겼을 때 가장 좋은 해결 방법은 세분화하는 사고방식에 따라 원소 하나를 더하거나 바꾸는 것이다. 단기적으로 효과를 본다면 장기적으로도 효과가 있다.**

그러나 복잡한 사회의 문제를 맞닥뜨렸을 때는 이런 사고방식으로 모든 것을 두루 살펴보기는 어렵다.

만약 당신이 한 도시의 법률을 제정하는 사람이라고 해보자. 도시의 높은 범죄율에 처벌을 강화하는 방식으로 범죄자를 위협하겠는가? 표면적으로야 범법자에게 고통을 주고 피해자를 위로하는 좋은 방법이겠지만 실제 이런 방식으로는 범죄율을 떨어뜨릴 수 없다. 반대로 범죄율은 증가한다.

왜일까? 우선 엄한 형벌은 당장 사람들로 하여금 두려움에 떨게 할 수 있다. 감옥에 가두기 때문이다. 그러나 95퍼센트의 사람이 출소 후에 다시 사회로 돌아간다. 그들은 복수심에 휩싸여 사회에 융화되지 않을 수 있다. 형을 다 채우고 출옥한 사람들 중 거의 절반에 가까운 이들이 다시 범죄를 짓고 교도소에 들어간다. 그리고 범죄자들 중에는 부모가 된 이도 많아서 불완전한 가정환경을 초래하게 되고, 다음 세대의 범죄율을 더 높이는 결과마저 도출한다. 또한

'범죄 – 처벌'과 같은 단순한 접근 방식은 사회 개혁과 범죄자 교화에 투자해야 할 자금을 교도소 건설과 법 집행 강화에 쓰게 함으로써 더욱 악화된 상황을 초래한다. 마지막으로 청소년 범죄 중 80퍼센트가 충동적인 범죄다. 이런 상황에서 형벌을 강화하는 것은 무의미할뿐더러 범죄 대학교에 청소년들을 입학시키는 것이나 마찬가지다.

오늘날 이런 단순하고 근시안적인 사고방식은 주변에 널렸다.

- 빈곤에서 벗어나게 하는 가장 좋은 방법은 돈을 주는 것이다.
- 자기계발 속도가 빠르지 않다면 더 노력해야 한다.
- 병균의 침투로 질병이 생기므로 병균을 모두 죽이면 병이 생기지 않는다.
- 불확실성에 대비하는 가장 좋은 방법은 돈을 많이 저축해 위험을 피하는 것이다. 그러나 실제 세상의 복잡계 안에서는 이런 방법이 점점 효과를 보지 못한다. 실제 상황은 더 복잡하고 비상식적이기 때문이다.
- 수천억 위안의 자금을 투자해도 아프리카는 빈곤에서 벗어나지 못한다. 왜냐하면 빈곤은 정치와 정신 상태의 문제이기 때문이다. 부패한 현지 관리들이 원조금으로 사치를 일삼아 국민에게까지 돈이 전해지지 않는다. 또한 빈곤층에게 돈이 간다 하더라도 이들은 소비하

기에 급급하지 어려운 환경을 바꿀 생각을 하지 못한다.

- 성공한 사람은 스스로 노력하고, 사회의 트렌드를 현명하게 활용했다.

- 인플루엔자 바이러스는 스스로 공격하지 않는다. 우리 몸이 인플루엔자 바이러스가 성장하기 좋은 몸 상태가 된 것뿐이다. 만성질환자는 또 어떤가. 증세를 없애기 위해 뭐든 하는 치료 방식으로 생명의 질은 더욱 망가졌고, 점차 질병과 타협하고 공존하는 모양새가 돼가고 있다. 생명의 질을 높이기 위한 치료법은 임시방편의 치료법으로 대체되고 있다.

- 경쟁상대의 주식은 흔히 함께 오르내린다. 유가가 하락하면 전기차 기업 테슬라의 주가도 떨어진다. 유가 하락으로 사람들이 신에너지를 빨리 개발해야 할 필요성을 느끼지 못하기 때문이다.

- 불확실성에 대처하는 가장 좋은 방법은 불확실성을 관리하는 것이다. 인공지능이 투자 영역에 발을 들였다. 어떻게 할 것인가? 투자자 푸셩博盛의 관점은 인공지능을 사들여 헤지hedge*를 형성하는 것이다. 그렇게 되면 인공지능이 발전할수록 보유자도 돈을 벌게 되고, 인공지능이 잘 되지 않더라도 스스로 계속 돈을 벌 수 있다.

---

* 투자자가 보유하고 있거나 앞으로 보유하려는 자산의 가격이 변함에 따라 발생하는 위험을 없애려는 시도. 이익 극대화보다는 손실을 막는 데 주목적이 있다.

전통적 사고방식	시스템적 사고방식
문제의 인과관계가 분명하다.	문제의 인과관계가 불분명하고 직접적이지 않다. 종종 인과가 바뀌기도 한다.
바깥 세계의 사람과 일은 우리 문제의 근원이다. 그것만 바꾸면 문제가 해결된다.	문제는 스스로 만드는 것으로, 자기 자신의 인지와 행위를 바꾸면 문제 해결에 큰 도움이 된다.
단기적으로 효과가 있으면 장기적으로도 효과가 있다.	단기적으로 고쳐지고 보완되면 장기적으로 오히려 안 좋을 수 있다.
부분을 최적화하면 전체를 최적화할 수 있다.	구조를 최적화하면 전체를 최적화할 수 있다.
극약처방으로 여러 가지 독립적인 변화를 동시에 시작할 수 있다.	몇 가지 핵심의 장기적 움직임만으로 전체가 변할 수 있다.

이것이 전통적인 사고방식과는 다른 시스템 이론적 사고방식이다.

환원론이 좋을까, 체계론이 더 좋을까? 관점에는 좋고 나쁨이 없다. 모두 세상을 간단하게 만드는 하나의 방식일 뿐이다. 독립적이고 개별적이며 부분적인 시스템을 해결할 때는 환원론적인 사고방식이 효과적이지만 복잡한 문제를 맞닥뜨렸을 때는 체계론적 사고방식이 더 효과적이다. 물리, 화학 등의 비생명체, 자연과학을 분석할 때는 환원론이 더 효과적이지만 생물, 사회, 심리학 등의 생명체와 상호작용이 많은 영역을 다룰 때는 시스템 이론이 더 효과적이다. 예를 들어 자연계의 생태 문제나 사회 금융, 기업 경영, 인간관계, 만성질환, 정신 모델 등의 복잡하고 상호작용이 다양하게 일어나는 일에서는 단순한 사고방식으로 문제를 해결하면 문제는 점점 더 늘어난다. 시스템이라는 필터를 끼면 혼란하고 복잡하게 변하던 세계도 분명하고 여유로우며 질서 있게 바뀐다.

오늘날 모든 것은 연결돼 있다. 모든 사람은 점점 더 많은 시스템을 마주해야 하고, 그 속에 들어가게 된다. 복잡한 세계 안에는 간단하고 반복적인 시스템 원형이 있다. 상상하는 시스템의 크기에 따라 우리가 이용할 수 있는 역량이 생긴다.

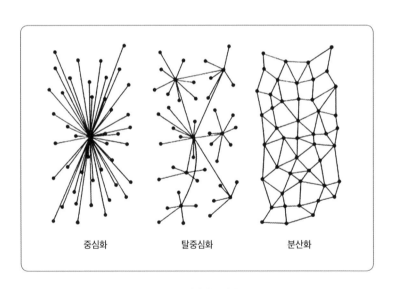

중심화 탈중심화 분산화

점점 분산화하는 세계

시스템을 이해하지 못하면 모든 것을 본다한들 못 본 것과 마찬가지다. 그저 '봤을' 뿐, '들여다보지' 못했으니 '통찰insight'은 더 말할 것도 없다. 세계는 시스템을 들여다보는 사람의 것이다. 이 세상 절대 다수의 움직임은 당신의 눈앞에서 일어나지 않는다. 세상은 당신보다 앞서가고 있다. 시스템을 들여다보지 못한다면 현대 사회에서 눈뜬장님 꼴을 면하기 어렵다. 그러므로 초보는 시스템을 공부해야 하고, 베테랑은 시스템을 이용해야 하며, 고수는 이 틀을 깰 수 있어야 한다.

시스템에서 가장 중요한 것은 관계다. 가장 중요한 두 개의 관계는 바로 '시간 관계'와 '공간 관계'다. 사람은 '멀리 보기'와 '꿰뚫어 보기'의 두 가지 방향으로 문제를 본다. 멀리 보는 것은 사물 발전의 맥락을 보고 과거와 현재의 관계를 찾아내 '루프'를 발견하는 일이다. 꿰뚫어보는 것은 문제의 배경에 있는 진짜 법칙을 이해하고 문제 배경의 체계를 찾는 일이다.

자, 이제 이 두 가지 각도에서 '루프'와 '단계화'에 대해 알아보자.

인생의 성장엔진을
설계하는 루프

19세기 대문호인 오노레 드 발자크Honore de Balzac는 늘 불만을 품고 살았다. "내겐 휴식이 필요해, 머리에 활력을 되찾아야 한다고. 여행은 내게 휴식을 줘. 하지만 여행을 가려면 돈이 있어야 해. 돈을 벌기 위해서는 일을 해야만 하지. 난 절대 빠져나갈 수 없는 악순환의 고리에 걸려들고 만 거야."

발자크는 현대인들도 같은 고민을 할 거라고는 생각하지 못했을 것이다. 많은 현대인이 발자크와 같은 고민에 빠져 있다. 여행과 돈, 일은 별개인 듯 보이지만 사실 서로 연결돼 있다. 마치 걸신들린 뱀이 자기 꼬리를 물고 놓지 않는 것처럼.

각각의 연결점을 발견하지 못하면 우리는 단기간에 모든 것을 다 해내려고 한다. 그래서 쉴 때는 여행을 생각하고, 여행할 때는 돈

걱정을 하는 식이다. 어떤 것도 뜻대로 되지 않는다. 뱀 머리를 붙잡은 동시에 뱀 꼬리까지 잡으려는 것과 같다. 결국은 자신과의 싸움이다.

이것이 바로 시간을 관건으로 하는 시스템, '루프Loop'다. 루프는 일종의 자기 강화 시스템이다. 물론 발자크와 같은 루프에 빠지는 건 좋지 않다. 점점 더 바빠져서 악순환에서 벗어나지 못할 테니까. 가장 두드러지는 루프의 특징은 자기 강화의 긍정적 순환과 부정적 순환이다. 물론 긍정과 부정은 인류의 관점이다. 성장을 투자라 본다면 긍정적 순환일 것이고 채무라 본다면 부정적 순환이 될 것이다. 시스템은 긍정과 부정을 고려하지 않는다. 오직 '순환'하는 방식에만 관계한다.

예를 들어 '바쁨과 혼란'은 하나의 루프다. 바빠질수록 혼란스럽고, 혼란스러울수록 바빠진다. 앞에서도 언급했듯이 시스템 안에서는 구조가 결과를 결정하기 때문이다. 구체적으로 누가 바쁘고 무엇이 혼란스러운지와는 상관없이, 일단 이 회로가 형성되면 자기 강화를 시작한다. 그것도 시스템의 한계에 부딪힐 때까지 말이다. 이런 순환은 주변에서 흔히 접할 수 있다. 긍정적 순환 루프를 형성한다면 인생의 성장엔진이 되겠지만, 그렇지 못하다면 실패의 지름길이 될 것이다. 다음은 인생에서 자주 접하게 되는 '여덟 종류의 순환(네 가지 성장엔진, 네 가지 실패의 블랙홀)'이다.

네 가지 성장엔진

좋은 습관

좋은 습관이라 불리는 것들을 자세히 살펴보면, 그 본질은 자기 강화의 긍정적 순환에서 비롯한다. 예를 들어, 꾸준한 학습 태도는 '학습 – 성장 – 가치 증가 – 학습'의 순환을 이루며, 꾸준한 체력 단련 습관은 '단련 – 체력 향상 – 단련'의 순환을 이룬다. 또, 선을 행하는 습관은 '선의 – 보답 – 선의'라는 순환을 형성한다. 좋은 습관을 구별하려면 긍정적 순환 루프를 형성하는지 아닌지 보면 된다.

불안해서 하는 공부가 성장에 도움이 될까? 진짜 중요한 건 공부가 만들어내는 '가치'의 순환이다. 단련의 관건은 '단련 – 체력 향상 – 단련'의 순환 루프를 이루는 것이다.

취미를 능력으로 발전시키기

어떤 일에 흥미가 생기면 그 일을 하는 데 많은 시간을 쏟게 되고, 자연스럽게 실력이 향상된다. 실력이 좋아졌으니 가치가 생기고, 돌아오는 게 생기니 더욱 흥미가 돋는다. 좋은 취미생활 하나를 능력으로 발전시키면 직업이 될 수도 있다. 이 모형을 '클로버형 직업 생애 모델'이라고 한다.

속성 학습의 지식 IPO

우리는 사고하는 과정을 통해 문제를 해결하고 생산적인 결과물을 만들어낸다. 자기 사고의 결과물을 외부에 내놓음으로써 더 많은 문제를 받아들이고 순환의 고리를 형성한다. 위대한 지식 노동자들은 바로 이 순환의 고리 안에서 달리고 있다. 피터 드러커의 루프는 **자문으로 동기를 얻고, 학습을 통해 답을 찾고, 글쓰기로 결과물을 도출**하는 것이다.

'믿음과 위임'의 순환

믿을 수 없는 사람에게는 권한을 부여하지도, 일을 위임하지도 않는다. 권한을 부여받은 사람은 더 많은 기회를 갖게 되고, 더 큰 믿음을 만들어낸다. 믿음은 규칙을 최소 전제로 삼지 않으면 방임이 되어버린다. 그리고 믿음은 목표를 최대 전제로 삼을 때 책임감으로 발전한다.

네 가지 실패의 블랙홀
가난한 사람은 더욱 가난해진다

가난은 일종의 정신 상태의 문제다. 가난한 사람이 더 가난해지는 것은 전형적인 실패의 블랙홀에 해당한다.

바쁨 → 혼란 → 바쁨

결핍 → 장기적 관점을 고려할 자원 없음 → 결핍

물질적 부족 → 유혹 많음 → 자제력 소모 → 물질적 부족

이러한 순환을 끊을 수 없다면 당신은 계속 가난하게 살 수밖에 없다. 가장 좋은 방법은 일단 멈추고 혼란스러운 상황을 통제하는 것이다. 그리고 자원을 투자해 사고하고, 학습하고, 계획을 세워 다른 부정적 순환을 상쇄할 긍정적 순환을 만들면 된다.

이때 다른 멘토나 컨설턴트의 도움을 받는 것도 좋다. 어쨌든 '미래 구상 – 고수익'의 작은 순환을 이용해 빈곤의 순환을 깨야 한다.

투자 부족

많은 기업이 당면한 문제로 투자 부족이 있다. 기업이 이윤 하락으로 연구 개발에 투입할 자원이 부족해지면 경쟁력이 떨어진다. 공장은 가동을 멈출 수도 없다. 수많은 직원과 공장을 거느린 기업이 가동을 중단하면 직원 모두가 굶어죽는다.

개인이 이런 악순환에 빠지면 탈출할 기회를 모색하고 돈을 빌리든 해서 새로운 기술을 배우고 가치가 높은 직업으로 전환해야 한다. 기업에서는 이윤을 낼 만한 특정 상품을 선택해 투자를 전환할 수 있다.

워커홀릭 순환

워커홀릭에 대해 정의해보자. 워커홀릭과 일을 좋아하는 사람 사이에는 큰 차이점이 있다. 워커홀릭은 일을 필요로 하고, 일을 좋아하는 사람은 일하는 자체를 즐긴다. 마약 중독자가 마약을 즐기는 게 아니라 마약을 필요로 하는 것과 같다.

워커홀릭 → 가정에 투자할 시간 부족 → 가정 불화 → 워커홀릭

이것이 부정적 루프다. 많은 직장인이 회사일로 바빠 가정에 시간을 많이 쏟지 못한다. 얼마 후 배우자와 자녀들이 불만을 갖는다. 물론 가정의 중요성은 알지만, 가족들의 원망을 무릅쓰고 가정에 녹아들기란 쉽지 않다. 무의식적으로 집에 잘 안 들어가게 되니 가족의 원망은 더욱 커지고 집에 들어가는 횟수는 더 줄어든다. 많은 경우 반강제적으로 워커홀릭이 된다. 집에 워커홀릭이 있다면 가족 모두 노력해야 한다는 것을 명심하자.

지나친 자존감 어필

자아에 관한 최악의 순환은 반드시 짚고 넘어가야 한다. 경쟁적으로 자아를 어필하는 이 시대에 '자존감 어필'은 일종의 독이다. 자아를 찾는 많은 사람들은 내심 '인정'을 갈구한다. 인정을 구하는

사람일수록 외부의 관심과 고수들에게 주의를 쏟게 돼 자신의 타고난 재능이나 꿈, 열정을 찾기 힘들어지고 결국 초조함만 쌓여간다.

어떻게 다른 이들의 호감으로 자기를 완성할 수 있겠는가? 남과의 비교는 마음의 평화도, 승산도 얻을 수 없는 자아 테러리즘이다.

인정 추구 → 자아를 찾기 어려움 → 인정 추구

이런 악순환을 멈추는 방법은 본인의 바람과 강점에 집중하는 것이다. 그렇게 하기 위해서는 고수를 참고하되, 자신만의 통찰을 갖는 것이 중요하다.

루프 고수의 도구함

개인의 성장 과정에서 흔히 접하는 여덟 가지 긍정적, 부정적 순환을 살펴봤다. 그렇다면 어떻게 부정적 순환을 멈추고 긍정적 순환을 창조할 수 있을까?

상황을 인식하라

시스템의 순환은 써놓으면 간단명료한데 왜 많은 사람이 그 안에서 헤매는 걸까? 피드백 루프에 한 가지 특징이 있기 때문이다. 바로 단기적인 감정과 장기적인 이익이 상충한다는 것.

학습, 건강, 투자, 습관의 긍정적 순환은 시작할 때는 피곤하고 뭔가 불편하다. 그러나 부정적 순환은 시작하면 그때, 그때 느껴지는 감정이 좋다. 예를 들어 바쁘면 바빠서 만족감이 느껴지고, 투자 위험이 없으면 안전하다고 느낀다. 그래서 사람들은 바뀌지 않기 위해서 달라지곤 한다.

나는 통풍이 있다. 반은 유전이고 반은 자초한 것이긴 한데, 증상이 있을 때는 밤새 잠을 못 잔다. 며칠이 지나면 통증이 가신다. 그간 제대로 쉬지 못해 체력은 약해졌고 컨디션도 저조하지만 며칠 열심히 일해서 밀린 일을 따라잡으려고 한다. 가끔 이 노력이 지나쳐 며칠 연속으로 글을 쓰고 생각을 하고 책을 읽기도 한다.

계속 일해서 작은 성과라도 거둘라치면 이내 득의양양해서는 친구를 만나 술을 마신다. 이쯤 되면 통풍 증상이 나타난 지 대략 2개월쯤 지난 후로, 얼마나 아팠는지 가물가물해진다. 피로에 통풍에 좋지 않은 퓨린이 잔뜩 든 음식까지 먹은 나는 이내 다시 통풍이 재발한다.

질병 → 과도한 업무 → 음식으로 보충 → 질병

내 신체가 갖고 있던 강화 루프다. 2년 만에 찾아냈다. 사람들에게 이야기할 때마다 다들 허벅지를 치며, "그랬던 거였어!"라고 한다.

반복적으로 발생하는 질환에는 순환 루프가 있다. 틀을 잘 깨는 사람은 안다. 어떤 경험에서 단기적으로 좋은 기분이 느껴지면 경계해야 하고 장기적인 손실을 생각해야 한다는 것을. 그들은 또 안다. 단기적인 경험이 고통스러울 때는 스스로를 격려하고 장기적인 수익을 생각해야 한다는 것을.

자폭을 근절하라

시스템적 사고는 문제 상황에서 탈피할 수 있는 몇 가지 도구를 만들어준다.

첫째, 시간을 거슬러 부정적 순환을 끊어내는 사고 습관을 기를 수 있다.

- 바빠서 생각할 시간이 없다면, 생각할 틈이 없기 때문에 더 바쁜 것은 아닐까?
- 가난해서 인생 역전을 꿈꾼다면, 인생 역전만을 꿈꾸기에 더 가난한 것은 아닐까?
- 인구 증가가 빈곤을 초래했다고 하는데, 빈곤이 인구 성장을 야기한 것은 아닐까?

일단 앞뒤가 맞물리는 상황을 발견하면 최대한 빨리 부정적 순환을 끊어내야 한다. 바로 끊어낼 수도 있고 더 많은 자원을 투입할수도 있고, 혹은 새로운 루프를 형성하는 방법도 있다.

둘째, 시간에 순응해 긍정적 순환을 만들 수 있다.

- 글쓰기가 명성을 가져다준다면, 어떻게 명성을 이용해 더 좋은 창작물을 만들 수 있을까?
- 기술 연마로 성공할 수 있다면, 어떻게 성공을 이용해 더욱 정진할수 있을까?
- 어떤 일을 해서 수익이 난다면, 어떻게 그 수익으로 더 많은 유사한일을 만들 수 있을까?

일단 이런 인식만 생기면 시스템적 사고를 할 수 있다. 그러면 각종 긍정의 순환 루프를 만들게 되고 에너지를 소모하는 부정적 순환은 서서히 멈추게 된다.

스스로 성장하는 기술을 학습하라

일부 기술은 천성적으로 성장하는 능력이 있다. 이는 매우 중요하다.

- 읽고 쓰는 능력: 읽고 쓰는 능력이 뛰어날수록 더 좋은 자료에 접근

할 수 있고, 더 나은 독자가 되고 작가가 될 수 있다.

- 기술적 도구 활용: 성인이 꼭 영어를 잘할 필요는 없다. 구글 번역기나 위키피디아, 아마존, 사전 소프트웨어, 검색엔진 등을 다루는 데 익숙해지면 빠른 속도로 대량의 영어 자료를 찾을 수 있고, 검색 능력도 서서히 업그레이드된다.

- 사교성: 사교성이 좋으면 더 많은 사람을 알 수 있고 교류의 과정을 통해 사교성은 더욱 강화된다.

- 시스템 차원의 문제 해결: 이용하는 시스템이 많아질수록 세계가 점점 더 단순하게 보이고 세계를 이해할 더 많은 자원을 갖게 된다. 서서히 세상이 돌아가는 법칙을 꿰뚫어보게 되니 사고력의 폭발적 성장도 실현할 수 있다.

루프를 이해하면 법칙도 이해된다. 점점 문제도 장기적인 관점에서 보게 되고 서두르지 않게 된다. 이제 다른 종류의 관계, '단계화'에 대해 알아보자.

문제를 철저하게 파악하는 단계화

성공하는 사람들의 다층 시스템

다음의 이야기를 읽고 어떤 느낌이 드는지 생각해보라.

세 명의 거지, '갑, 을, 병'이 한겨울 골목 어귀에서 밥을 구걸하고 있었다. 갑이 을에게 말했다. "내가 황제였다면 좋았을 텐데. 관리들을 시켜서 이 거리의 남은 밥은 모두 내게 가져오게 하면 구걸하지 않아도 되잖아." 을이 말했다. "넌 구걸밖에 모르냐? 내가 황제라면 난 매일 금도끼로 장작을 팰 거야." 병이 코웃음을 치며 말했다. "이놈의 거지들아! 어떻게 황제가 됐는데도 일할 생각을 하냐? 하인들에게 고구마를 구워서 시중들게 해야지!"

이 이야기가 웃긴가? 그렇다면 당신이 매일 접하는 '성공하는 사람들이 당신보다 더 노력한다는 점을 두려워하라'는 식의 자기계발 메시지도 우습게 느껴질 것이다. 성공하는 사람들은 노력하지만, 사실 노력이 성공에 큰 영향을 미치는 것은 아니다. 한때 SNS를 휩쓸던 완다그룹 회장 '왕젠린王健林의 하루' 스케줄을 살펴보자.

24시간 동안 6000킬로미터를 날아 2개 국가, 3개 도시를 돌며 500억 위안짜리 계약을 한다. 아침 일찍 일어나 운동을 하고, 시간을 절약하기 위해 가능하다면 경찰차의 에스코트를 받는다. 비행기에서 새로운 연구 관련 프로젝트 회의를 한다. 일일 업무시간은 12시간이다.

노력만을 비교한다면, 아래에서 사례로 든 택배 배달원의 업무 강도와 비교해도 감동적인 글이 나온다.

24시간, 3개 구, 12개 빌딩, 400가구의 문을 두드린다. 배송 물량의 가치만 따져도 50만 위안에 달한다. 아침 일찍 일어나 운동을 하고(택배 분류), 시간을 절약하기 위해 오토바이를 타고, 오후에는 동료들과 배송 루트를 연구한다. 일일 업무시간은 12시간이다.

택배 배달원을 존경한다. 노력만으로 돈을 벌다니 부지런 그 자체가 아닌가. 그러나 택배 배달원과 왕젠린의 삶에는 큰 차이가 있다. 바로 성공한 사람과 그렇지 않은 사람. 그렇다면 이 둘의 가장 큰 차이점이 노력일까?

그렇지 않다. 왕젠린의 성공 포인트는 다른 데 있다. 바로 어디를 가서 누구와 500억 위안짜리 계약서를 작성했느냐, 누구와 프로젝트를 이야기했느냐, 그리고 (돈을 지불하더라도) 경찰차의 에스코트를 받아 시간을 벌었다는 것. 이 점들이 바로 그의 성공 포인트이다. 그의 성공 포인트는 머리를 쓸 줄 아는 지혜, 자원 활용, 자기 관리와 관련이 있을 뿐 노력과는 큰 관계가 없다. 앞에서 사례로 든 거지와 낮은 수준의 노력만 하는 사람은 평면적인 사고방식에 갇혀 있다. 낮은 수준으로 사고하면서 스스로 높은 위치에 있다고 생각하는 사람도 똑같다.

이렇게 성공하는 사람들의 자기관리 시스템은 '고효율 탑'처럼 만들어져 있다.

- 자원층: 개인 투자 시간, 정력, 금전, 감정 자원
- 방법론층: 자원 사용과 효율 제고 방법
- 목표층: 무엇을 하든, 안 하든 가치 있는 판단이 그 이면에 자리한다.

근면함도 영역을 나눌 수 있다. 낮은 수준의 근면함은 노력이 전

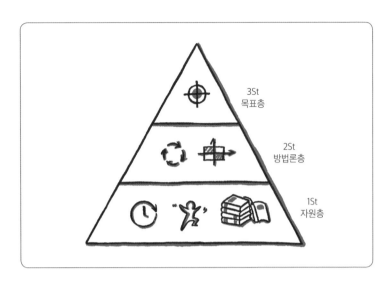

고효율 탑: 효율적인 단계화

부다. 중간 수준에서는 방법론에, 높은 수준의 근면함은 목표 선정에 많이 의지한다. 사실 대부분의 사람이 낮은 수준의 근면함 단계에 머물고 있으며, 일부는 그 다음 단계에 사로잡혀 있다. 사실 우리는 세 번째 단계에서 많은 에너지를 써야 한다. 나는 이를 **근면함의 3중 영역**이라고 말한다.

만약 빠른 속도로 학습하고 성장해 1년 내 '핵심 경쟁력'이 있는 사람이 되고 싶다면, 이 3중 영역에서 어떻게 해야 자기 효능감을 높일 수 있을까?

근면함의 영역 1: 부단한 노력

학습하고 싶은가? 학습에 목마른 사람들에게는 지식에 대한 초조함이 있다. 그렇다면 당신은 시간을 내고 정력과 돈을 쏟아 부어 학습하는가? 요즘에는 저렴하고 좋은 학습자원이 많지만 사람들은 초조해하면서도 학습할 시간이 없거나 학습할 정신력과 체력이 부족하다고 말한다. 지식을 학습하고 싶다면 돈을 기꺼이 지불하고 시간과 정력도 쏟아 부어야 한다.

근면함의 영역 2: 방법론적인 근면함

효율적으로 시간을 사용할 수 있는 다른 방법이 있을까? 어떻게 하면 더 정력을 잘 배분할 수 있을까? 어떻게 하면 이용 가능한 모든 것을 다 이용해 학습할 수 있을까? 어떻게 좋은 지식을 찾을 수 있을까? 어떻게 학습의 유용성을 확보할 수 있을까? 다른 사람과는 어떻게 학습할까? 필기는 어떻게 할까? 배운 지식을 어떻게 응용해 실천할 수 있을까?

오늘 우리가 마주한 문제는 이미 누군가 경험한 것으로, 더 나은 해결 방식이 이미 발견되었다. 우리가 할 일은 이를 학습하는 것뿐이다. 문제는 시간 관리, 정신과 체력 관리, 프로젝트 관리, 학습과 지식 관리 등의 방법론을 어떻게 실전에 응용하느냐다.

좋은 방법론은 본성을 거스르지 않고 오히려 이용한다. 정교한 방법일수록 간단하고 조종하기 쉽다. 복잡한 설명서도 필요 없고 처음 사용할 때부터 매우 간단하다는 것을 알 수 있다. 간단지만 가장 실용적이다. 스트레스가 높은 실제 상황에서는 시스템 메모리를 적게 차지할수록 좋다. 좋은 도구는 설계 시에 인간의 본성을 충분히 활용하기 때문에 따로 신경 쓸 필요가 없다.

잊지 말자. **오늘 우리가 마주한 문제는 이미 누군가 경험한 것으로 더 나은 해결 방식을 이미 찾아냈다. 당신이 할 일은 학습하는 것뿐이다.**

그러나 무엇이든 과하면 좋지 않다. 특히 위 단계의 시스템이 미흡한 경우에는 방법론만이 넘쳐나기도 한다.

김용의 소설 『천룡팔부天龙八部』에 등장하는 인물 중 한 명인 왕어언은 아름다운 미모를 가진 절세미녀로, 실제 무술을 하지는 못하나 모든 무술의 비법을 볼 줄 아는 무술 이론가이다. 그녀는 모든 문파의 무공을 습득하고 사촌오빠가 싸울 때마다 옆에서 평가를 내린다. 그러나 왕어언은 영원히 고수가 될 수 없다. 그녀에게는 두 가지 부족한 점이 있기 때문이다. **위로는 뚜렷한 문제 나무가 없고, 아래로는 실행력과 정력 관리가 부족하다.** 단층 사고와 전술적 근면함만을 갖춘 왕어언은 영원히 무공 해설자밖에 될 수 없다.

이 문제를 해결하려면 그녀는 한 단계 위로 성장해야 한다.

근면함의 영역 3: 적은 목표, 전략적 근면함

그렇다면 대체 무엇이 핵심 경쟁력일까? 어떤 경기장에서 누구와 경쟁을 해야 할까? 나에게는 어떤 강점이 있으며, 이 강점이 쓸모가 있을까? 더 높은 단계에서 얻은 경쟁력이 내게 어떤 가치가 있을까?

이런 생각을 하는 사람은 많지 않다. 이 모든 것은 생애설계이자 개인전략이며 인생설계에 관한 주제다.

제품 개발 담당자 J는 작은 회사에서는 사소한 일들까지 자기가 재촉해야 한다면서 투덜댔다. J는 프로젝트 관리법과 각종 분석 도구를 배웠다. 디자이너를 재촉하기 곤란해 직접 UI(사용자 인터페이스) 설계 기술도 조금 배웠다. 그러나 정작 자기의 핵심 경쟁력은 알지 못한다.

사실 PM의 핵심 경쟁력은 '고객 파악, 트렌드 이해, 동종 업계 주시'다. 고객의 니즈를 꿰뚫어볼 줄 알면, 각 영역의 고수를 설득해 자신의 생각대로 일을 시킬 수 있다. 트렌드를 충분히 이해하고 있으면 필요할 때 기폭제를 만들어낼 수 있고, 동종 업계를 주시하고 있으면 새로운 방식으로 필요한 콘텐츠를 조합할 수 있다.

물론 이 모두는 대량의 데이터를 수집하고 사전 조사를 통해 얻을 수 있다. 독립적 사고를 하고 자기주장이 강한 사람들과 감성적 대화는 해서 무엇 할 것인가. 사람들은 대량의 데이터와 사전 조사가

지식의 근원, 다층 체계

모든 단계는 아래 단계를 이용하고, 그 위 단계에 이용된다. 이를 다층 체계라고 한다. 고효능 시스템은 전형적인 다층 체계다.

다층 체계는 생활 속에서 흔히 접할 수 있다. 신체 역시 하나의 다층 체계다. '의식 – 대뇌 – 기관 – 세포 – DNA'로 단계마다 이용하고 이용된다. 현대 사회의 조직도 '정책 결정 단계 – 관리 단계 – 실행 단계' 형식의 다층 체계를 사용하고 있다. 교련 기술 중 사람의 행위와 의도를 나눈 '전망 – 지위 – 신념 – 능력 – 행위 – 환경'의 여섯 개층은 NLP 논리 단계라고 부른다.

갖추어져야 당신이 고객을 더 잘 이해한다고 인정하고 받아들이며, 판매자의 마인드로 상품을 대해야 시장을 이해한다고 생각한다.

이 능력만 갖추면 자연히 인재의 집중력을 끌어낼 수 있을 테니, 매일 사람들을 재촉하거나 기다리지 못하고 직접 UI를 만드는 일도 없을 것이다. 그러나 이를 이해하지 못하면 많은 시간을 들여 관리, 기술 등을 배우게 되고, 그런다 한들 단기적인 효과는 얻을 수 있을지언정 장기적으로는 쓸모도 없고 결국 전문가에게 추월당하게 된다. 바빠질수록 경쟁력이 없어지는 것이다. 건물의 꼭대기 층까지 볼 수 없다면 아무리 아래에서부터 열심히 벽돌을 쌓아올려도 결국에는 바닥 위에 흩어진 한 무더기 벽돌이 될 뿐이다.

관계를 충분히 파악하고 이해하면 적게 일하고도 레버리지를 찾을 수 있다. '고객 파악, 트렌드 이해, 동종 업계 주시'에 집중하면 배워야 할 것들도, 경쟁자도 줄어든다. 반면 지지자들은 늘어난다. 집중은 목표를 제대로 선택했을 때 나타나는 현상이다. 적지만 더 나은 일, 이것이 고효능의 핵심이다.

모든 다층 체계에는 두 개의 공통점이 있다.

위층이 아래층을 결정한다

목표가 사용 방법을 결정한다. 시간을 절약하고 효율과 가성비를 얻기 위해 사용하는 방법은 다 다르다. 그리고 방법론이 노력의 방식을 결정한다.

아래 단계에서 해결이 안 되면 위로 한 층 올라가기

노력으로 얻는 수익이 높지 않다면 수익을 올리는 옳은 방법을 찾아야 한다. 방법론이 너무 많아서 다 습득할 수 없다면 목표부터 새로 설정하자. 다층 체계에서는 각각의 층이 그 아래층의 2차 변화에 해당한다.

다층 체계에서는 '낮은 수준의 근면함', 즉 '낮은 단계의 노력'에서 흔히 실수를 범한다. 낮은 단계는 열심히 해야 할 것이 무엇인지 파악하기 쉽고 눈에 잘 띄기에 답이 그 단계에 없다는 사실을 간과하게 된다.

예를 들어보자. 내게 컨설팅을 의뢰한 한 고객은 내가 요청하는 사안에 대해 늘 "전 못 해요"라며 투덜댔다. 한번은 그에게 물었다. "누군가 당신에게 나체로 달리라고 하면, 할 수 있어요?" 그는 바로 "못 해요"라고 대답했다. 나는 다음과 같이 말했다.

"당신은 못 하는 게 아니라 하기 싫은 건 아닌가요? 아니면 벌거벗고 달렸을 때 책임지게 될 대가를 감당하지 못하는지도 모르죠. 어쨌든 못 하겠는 게 아니라 안 하기로 선택한 겁니다. 나체로 달려서 가족이나 아이를 구할 수 있다면, 당신은 달리게 될지도 몰라요."

"못 해"라고 말하는 사람은 자신의 능력의 범위를 점차로 좁혀 무력감을 크게 느끼게 된다. 그러나 '하지 않을 거야'라고 말하면서 자신의 의지로 상황을 선택하는 사람은 자기강화의 과정을 겪고 있으므로, 상황에 따라 필요할 때는 그 어떤 것이라도 할 수 있게 된다. 단순히 말하자면 그 일을 하기 싫을 뿐, 상황은 컨트롤할 수 있다. 같은 원리로 많은 사람이 '난 주관도 없고, 내 생각을 고수할 수 없다'고 생각한다. 그런 사람들에게 이렇게 물어보자.

"사장이 이번 달 월급을 안 준다고 하면 어떡할래?"

"안 되지."

"정말, 정말, 정말로 안 준다고 하면?"

"그래도 안 돼."

"이거 봐, 중요한 일에서는 이렇게 단호하잖아. 당신은 주관이 없는 게 아니라 자기 생각이 안 중요하다고 생각하는 거야."

'의견을 고수하느냐 아니냐'의 문제가 아니라 '중요도'의 문제다. 같은 이치로 사람들은 기술적인 문제가 아니라 인지와 가치관의 문제에 더 강한 의지력을 보인다.

앞부분 고수의 전략에서 이야기하는 것은 '커리어 발전'의 다층 체계다. 한 사람의 외적 성공은 '**능력 - 지위 - 대세**'의 다층 체계로 구성된다. 노력했는데도 성공하지 못했다면 다음 단계인 지위와 대세에 신경 써보자.

제3장의 '자신만의 지식 체계를 구축하는 법' 부분은 '고효율 학습'의 다층 체계에 관한 내용이다. 지식 체계는 '**정보 출처 - 학습 방법 - 대뇌 연결 - 문제 해결**' 단계로 이뤄져 있다. 정보의 출처가 많다면 학습 방법을 업그레이드해보자. 학습 방법이 영 안 따라준다면 일부 지식을 아웃소싱하는 것도 방법이다. 중요한 것은 '이것이 문제 해결에 어떤 도움이 될까?'를 생각하며 늘 맨 위에서 내려다보는 사고를 해야 한다는 점이다.

단계적 사고의 도구함

감정에서 벗어나기 위한 EETA의 4단계 질문

'감정 – 사건 – 목표 – 행동'은 하나의 다층 체계다. 어떤 일이나 감정에 빠져 있는 자신을 발견했다면 다음 4단계 질문으로 새롭게 행동을 설정해보자.

질문 1(Emotion) 현재 어떤 감정 상태는? 점수를 매긴다면 몇 점이 될까? (감정의 종류를 찾아낼 것)

질문 2(Event) 무슨 일이 발생했는가? 발생한 상황을 객관적으로 묘사해보자. 객관적일 수 없다면 앞의 단계로 돌아가 감정부터 정리해야 한다(감정 이면의 사실을 찾아내자).

질문 3(Target) 원래 하려던 일은 무엇인가? 감정은 분명 자신에 대한 불만족이다. 감정 이면의 사실을 묘사해보면 초심(모종의 기대, 혹은 달성하지 못한 목표)을 발견할 수 있다(기대 목표까지의 거리를 파악하자).

질문 4(Action) 어떻게 개선할 것인가? 목표와의 거리를 찾아냈다면 자기 자신을 직시하고 기대 목표를 달성하기 위해 어떻게 행동을 바꿀 것인지 생각해야 한다(행동의 변화).

복잡한 일은
최대한 통제하라

만약 당신이 NBA의 농구팀 감독이라면, 경기 시즌 초반 '우승'을 목표로 내세울 것이다. 그렇다면 이 목표가 실현되는 과정 중의 변수들을 어떻게 통제할 것인가? 최종 우승자, 즉 '챔피언'이라는 타이틀은 거저 얻어지는 게 아니다. 전략과 전술, 체력이 기본으로 받쳐주고 상황까지 따라줘야 한다. 이는 하나의 복잡계와 같다. 이제 이 목표를 실현할 수 있는 방법들을 생각해보자.

다음은 챔피언이라는 목표를 달성하기 위한 사고의 분해 과정이다.

- 챔피언 루트: 챔피언이 되기 위해서는 일단 플레이오프에 진입해야 한다. 플레이오프에 진입하려면 8위 안에 들어야 하고, 이를 위해 정

규 시즌 82경기 중에서 50경기를 이겨야 한다.

- 토너먼트 진출: 50경기를 이겨야 하므로 반드시 이겨야 할 경기, 힘을 아껴야 할 경기 등을 구분해본다.

- 경기 승리를 위한 전략: 한 경기를 이기기 위해 공격과 수비의 비율은 어떻게 할 것인가. 주공격 수단은 장거리 슛과 레이업 슛, 주 수비는 상대의 장거리 슛과 레이업 슛 제지다.

- 점수 획득: 골대 가까이 접근해 수비수가 없을 때 점수를 획득한다. 픽-앤-롤, 패스, 드리블, 블로킹 등의 각종 전술을 이용해 우위를 확보한다. 수비는 위와 같은 상대방의 점수 획득 기회를 막는 것으로 한다.

- 목표 훈련: 전술을 파악하기 위해 평소 최선을 다해 연습하고 팀원 간 호흡도 맞춰야 한다.

- 체력 유지: 목표한 훈련량을 채우기 위해서는 매일 엄격한 기초 훈련 계획과 영양 관리도 필요하다.

대부분의 통제점을 장악하면 기본적으로 일 전체를 장악했다고 볼 수 있다. 다층 체계를 통제하는 데는 세 가지 원칙이 있다. '다층 배치, 통제점 배치, 목표의 굴절'이다.

단계 목표	통제점
우승	플레이오프 진출 및 우승: 정규시즌 8위 진입, 50경기 승리
단일 경기 우승	매번 공격과 수비를 철저하게
전술 실시	전술적 우위를 확보하기 위해 골대 가까이에 수비가 안 붙은 팀원에게 패스하고 상대의 공격을 무너뜨리고 슛한다.
동작 훈련	기술 동작과 팀 호흡 훈련
체력 지지	고강도 훈련

다층 배치

일반 사람들은 이 문제를 볼 때 '경기 우승 – 재우승 – 정규시즌 8위 진입 – 플레이오프 진출 – 우승'의 순서로 생각할 것이다. 사실 우승을 통제하는 관건은 매 단계 충분한 통제점을 두는 데 있으며, 최종 챔피언이 되기 위한 목표도 통제 가능한 범위 내에 있어야 한다. 또한 목표에 집중하는 것뿐 아니라 게임의 전술, 선수들의 기술과 체력 등 모든 측면을 통제해야 한다.

승리의 관건이 되는 단계에서는 동시에 2~3개의 통제점을 배치해야 할 수도 있다. 공격을 할 때 선수들이 2~3개의 통제점을 갖고 동시에 공격할 수도 있고, 체력적인 면을 통제하려면 정규 멤버 외에도 일정한 수의 선수를 벤치 멤버로 둬야 한다. 전술은 기본적인 것 외에도 한두 가지 정도 더 보유해야 한다. 통제점이 많을수록 상황을 장악하기 쉽고, 장악이 가능할수록 선수들이나 코치들이 심리적으로도 더 안정을 얻을 수 있다. 이와 반대의 상황에 놓일 경우 악순환에 빠진다.

스포츠 영화를 보면 관객들을 감동시킬 만한 일장연설로 감독이 위대한 목표를 모든 선수들과 관객들의 마음에 불어넣고 챔피언 자리에 오르곤 한다. 그러나 이것은 영화 속의 낭만일 뿐이다. 대부분의 사람들이 갖는 환상에 따라 영화를 연출하는 것이다. 실제 선수들이 챔피언 반지를 거머쥘 때 뜨겁게 눈물을 흘리는 것은 기분에 도취되어서가 아니다. 그들은 기존에 설정한 무수한 통제점이 제대로 통제되어 나온 결과를 축하하는 것이다.

누군가 "매년 100권의 책을 읽겠어!"라고 말한다면 나는 그 목표를 상향 조정해주겠다. 그리고 다음과 같이 질문하겠다.

"100권의 책을 읽는 목표는 무엇이고 어떻게 목표를 달성할 것인가?"

"이 목표는 책을 읽는 것만으로 달성할 수 있는가? 다른 방식은 불가능한가?"

엉겁결에 내뱉은 목표라도 세분화해보자. 성장 목표가 있다면 더 효과적인 방법을 추가해야 할 수도 있다. 단순히 어떤 분야의 전문가가 되고 싶은 것이라면 방법은 아주 많다. 예를 들어 100명의 사람을 취재하는 것이 100권의 책을 읽는 것보다 시간은 비슷하게 걸리고 효과는 더 좋지 않을까? 우리 인생은 언제나 가능성이 열려 있다. 목표를 찾았다면 다음 단계는 통제점을 배치하는 일이다.

"책을 고른다면 구체적으로 어떤 책이 목표 달성에 도움이 될 것인가?" "어떤 책인지 모르겠다면, 누가 그에 대한 답을 해줄 수 있을까?" "목표를 달성하기 위해 한 권 읽을 때마다 시간과 정력은 얼마가 들까? 또 어떻게 하면 그만큼의 시간과 노력을 쏟을 수 있을까?" "또 무엇으로 노력을 더욱 확대하고 가치를 생산할 수 있을까?"

이런 부분을 명확히 해두어야 한다. 프로젝트는 돌덩이 세 개가 쌓인 것과 같아서 한 덩이라도 불안정하면 전체가 무너진다. 이제 초콜릿 복근을 만들려면, 통제점이 몇 개나 있어야 할지 가늠이 되는가?

조직은 전형적인 '비전 – 전략 – 자원 – 관리 – 집행'의 다층 체계다. 보통 한 단계에서 강세를 보이면, 다른 단계를 간과하고 넘어가 전체적인 통제력을 잃는 경우가 발생한다.

예를 들어보자면, 이상주의자 유형의 리더는 세상과 동떨어진 관리 제도와 지나치게 낮은 직원들의 보수를 고집한다. 비전의 중요성을 이해하면서도 인간의 본성을 관리하는 일과 스트레스에 사람이 얼마나 취약한지는 무시한다.

전략이 치밀한 리더의 경우, 방법론에 목매달기 쉽다. 마이클 포터Michael Porter가 제시한 '다섯 가지 경쟁요인'은 기업 전략의 황금 법칙이다. 그러나 그가 설립한 컨설팅 회사 모니터그룹Monitor Group은 2012년 파산하고 인수됐다. 그렇다고 포터의 전략 이론이 틀렸다고 할 수 있을까? 사실 이 회사의 문제는 경영 관리 측면에 있었다.

늑대 문화*는 돈이면 무엇이든 다 할 수 있다고 생각한다. 자극만 충분하다면 비전 따위는 쓸데없는 소리라고 여긴다. 이런 조직은 실행력도 강하고 강해지는 속도도 빠르지만 분열하기도 그만큼 쉽다.

그러나 정말로 훌륭한 조직은 여러 단계로 통제한다. 알리바바에서 가장 중요한 핵심부서는 기업문화팀과 영업팀이다. 칭화홀딩스의 이사장 쉬징훙徐井宏은 조직의 다층적 관리의 본질을 '애국적 신념, 학자의 지혜, 사업가의 사고방식, 강호인다운 행동'으로 명쾌하게 정리했다.

통제점 배치

위대한 목표를 잡고 상세한 계획을 세웠는데도 주위 사람들이 움직이지 않을 때가 있다. 왜 동료들은 꿈쩍도 안 할까? 불안해서일

---

*   늑대가 갖고 있는 조직 중심, 도전의식과 집단 공감 능력, 빠른 상황 판단력 등을 기본 정신으로 하는 새로운 기업문화의 한 종류. 대표적인 기업으로는 화웨이 그룹이 있다.

까? 그들의 불안에는 이유가 있을 수도 있다. 바로 통제점이 통제 가능한 구역에 없는 경우이다.

심리학에서는 인간의 통제점을 능력, 노력, 난이도, 운, 총 네 가지로 나눈다. 이들 간의 관계를 살펴보자.

내부		외부	
능력	노력	난이도	운
안정	불안정	안정	불안정
단기 불변	단기 변화 가능	단기 불변	단기 변화 가능

이 세상에는 **통제하는 자와 기회주의자**, 두 종류의 사람이 있다. 그리고 통제에도 두 종류의 사고방식이 있다. 통제자가 주의를 두는 것은 안정적인 요소이다. 즉, 변화하지 않는 요소에 주의를 두고 싶어한다. 그중에서 내부의 면에 가장 큰 주의를 둔다. 그들의 마음속에서는 '**능력＞난이도＞노력＞운**'의 순서로 주의력이 분배돼 있다. 그들의 내면에서 이루어지는 대화는 다음과 같다.

"이 일은 어렵지만, 내 능력이면 이 정도까지는 할 수 있어." "최선을 다하고, 나머지는 하늘에 맡겨야지."

이런 상태에서는 능력과 일을 평가하는 안목이 강화된다. 능력과 안목은 장기적으로 모두 통제가 가능하다. 이런 삶은 통제성을 점점 강화시킨다.

그러나 통제를 하지 못하는 사람일수록 기회주의자가 된다. 시간을 외부, 불안정한 요소에 소비하며, 그들의 마음속에 주의력은 '**운>난이도>노력>능력**'의 순서로 분배돼 있다. 그들 내면의 대화는 이렇다.

"이것이 기회일까? 안 어려웠으면 좋겠는데. 이게 정말 기회라면 노력할 수 있어."

"능력이란 건 언제든 다시 연마할 기회가 있지."

이런 사람의 인생은 자주 변하는 외부 영역에 억눌려 있다. 이들은 항상 "돈을 벌 수 있을까? 큰 기회일까? 어려운가? 투자할 게 많을까?" 이런 질문만 한다. 그들의 질문에 난 이렇게 대답한다. "하지 마세요, 가능성 없어요. 정말 운이 따라준다 해도 통제하기 어려워서 금방 잃게 될 거예요."

통제할 것들을 여러 단계로 나눠 배치하면 매 단계 통제가 가능하다. 통제점이 모두 드러나면 안심하고 일에 집중할 수 있다. 최대한 일을 통제 가능한 범위 내에 두면 되고, 통제를 잃으면 통제점을 조정해 새롭게 통제하도록 바꾸면 된다. 최선을 다해 노력하면 성공 혹은 실패를 담담히 마주할 수 있다.

어느 날, 대학 동창이 내게 전화를 했다. "내 조카가 네 책을 보더니 대입 시험을 안 보겠단다. 그러고는 자기도 사고의 장벽을 허물어야겠다면서 세계를 떠돌며 건축가가 되겠대. 아무리 설득해도 말이 안 통하는데, 네가 어떻게 좀 해봐."

나는 친구 조카의 전화를 받았다. 친구 조카의 생각은 분명했다. 건축가가 되고 싶다는 목표도 분명했고, 현재 건축 전공 과정들이 건축가의 핵심과 무관하다는 것도 알았다. 영어, 수학, 기하, 지리, 역사도 독학할 수 있는 부분이다. 친구의 조카는 매일 대입 모의고사를 풀어보는 일이 건축가가 되는 데 아무 의미가 없으며 오히려 방해가 될 수 있다고 생각했다. 대입 시험에 대한 이해가 나보다 더 깊다니 놀라고 말았다.

나는 고민하다 마음을 다잡고 친구의 조카에게 이렇게 답했다.

"대입 시험에 대한 너의 생각에 동의해. 근데 너도 한 가지 내 생각에는 동의할 거야. 현재 중국에서 건축 관련 교육을 받기에 가장 좋은 방법은 대학 입학이라는 걸 말이야. 그리고 너희 집에서 세계여행을 보내줄 돈이 있는지는 차치하더라도, 네가 세계여행을 하면서 고수를 만날 확률은 얼마나 될까? 혹시 고수인 줄 모르고 만났다고 해도 나중에 그 사람이 건축 대가라는 사실을 알게 될 확률은 너무 낮고 통제도 불가능해. 그러니까 네가 중국에서 대입 시험을 치르든, 미국에서 SAT를 치르든 대학에는 들어가야 할 것 같구나. 그래야 건축과 관련된 전문 교육을 받을 수 있어. 과정을 통제하려면 수단을 통제해야 하고, 몇 가지 관건이 되는 디테일을 설계해야 해. 이게 통제점이란 거야. 선을 그린다고 생각해 봐. 먼저 점을 몇 개 찍고 연결해야 하잖니?"

'잘 하고 있어.' 친구의 메시지를 보고 나는 자신감이 더 커져서 차를 한 모금 들이키고 목을 가다듬었다.

"그러니까 네게 대학 입학시험은 건축가 공부를 하기 위한 하나의 통제점이야. 건축가가 되기 위한 핵심은 아닐 수도 있고 일정 부분에서는 정반대로 가는 수단일 수도 있지만 여전히 통제점이란다. 인생에서는 매 단계 통제점을 설치해야 해. 중학교 – 대학교 – 전문가 – 업계 종사자 – 대가, 이렇게 인생은 하명상달식의 다층 체계야. 바로 정상에 도달할 수 없단 이야기지. 이 체계에서 두 점 사이의 가장 가까운 거리는 직선이 아니라, 방해는 가장 적고 통제점은 가장 많은 선이란다."

"알겠어요, 대학 입학시험 볼게요. 근데 대학 입학 후 전공이 아무 의미가 없으면 어떡하죠?"

"대학에 들어가서 배울 만큼 배우고, 스스로 자신의 재능이 뛰어나다고 생각되면 그만둬도 돼. 하지만 통제점은 여전히 설치해야 하지. 대학 졸업 증서가 꼭 있어야 하는 건 아니지만 너의 성공 확률을 최대로 높여줄 거야. 생각해 봐. 운전면허 없이 10년 운전한 기사랑, 면허도 있고 3년을 운전한 경력 있는 기사가 있어. 너라면 운전기사로 누굴 뽑을래?

통제점 하나를 포기하려면, 더 나은 통제점을 쥐고 있어야 해. 빌 게이츠는 1만 시간 동안 프로그래밍에 몰두했고 그 결과 IBM과 계약을 맺었어. 프로그래밍 고수였던 빌 게이츠에게는 하버드대학교의 본과 학력보다 1만 시간의 프로그래밍이라는 통제점이 더 나았기 때문에 학교를 중퇴한 거야.

네 삼촌도 만날 회사를 그만둬야 하나, 이 나라를 떠야 하나, 여자친구와 헤어져야 하냐고 묻거든? 사실 떠나든 뭘 하든 그건 문제가 아니야. 이 질문의 대답에는 통제점이 없어. '떠나서 무엇을 할 것이냐'가 선택이고 인생의 통제점이란다."

친구의 조카는 1년 후 한 대학의 건축학과에 들어갔고, 유학을 가서 석사 과정을 공부할 계획까지 세웠다.

빛의 굴절을 기억하는가? 빛은 하나의 투명한 매개체 내에서는 직선으로 통과한다. 그게 가장 빠르기 때문이다. 그러나 하나의 투명 매개체에서 또 다른 투명 매개체를 통과할 때는 굴절되는데 이때 빛의 꺾임은 더욱 빠르다. 이처럼 두 점 사이에 항상 직선이 가장 빠른 것은 아니다. 통제점이 많아서 저항이 가장 적은 선이 가장 빠른 길이다.

목표의 굴절

목표에 도달하는 과정이 다층 체계라면, 각기 다른 단계에서는 가끔 직선을 벗어난 행동을 하는 것도 괜찮다. 이런 상황을 나는 '목표의 굴절'이라고 한다. 다층 체계에서는 직선이 별 효과가 없으므로 단계별 특성에 따라 접점을 찾아야 한다. 최후의 성공 수단은 직선이 아니라 꺾인 선이거나 곡선이다.

중·고등학교 과정이 딱히 건축 대가가 되기 위한 기초를 다지는 수단은 안 되지만, 교육 자원을 얻는 수단으로는 독학보다 훨씬 믿을 만하다. 영어 시험 점수가 영어 실력을 대변하지는 않지만, 최소한 당신의 성실성을 믿을 만하다는 증거는 된다. 다른 사람이 좋아하는 방식으로 소통하는 것이 당신에게 편한 표현 방식은 아니겠지만, 최소한 상대가 당신의 말을 받아들일 수는 있다. 일부 법칙이 가장 효율이 높다고 할 수는 없지만, 목표를 달성하는 데 가장 단순한 방식이다.

과거에 나는 사람들에게 꿈을 찾고 전력을 다하라고 권했다. 지금은 막막해하는 사람들에게 이렇게 말할 것이다. 무엇을 해야 할지 정말 모르겠다면 차라리 인기 업종에 몸담아 보고 경쟁에 참여해보면서 승리도 맛보고 돈도 벌어보는 건 어떻겠냐고 말이다. 잠시 돌아가는 것일 수도 있지만 적어도 성장하지 못하고 현재에 머물러만 있지는 않을 테니 더 발전적이다.

새로운 것에 접근하기 쉬운 환경에 살고 인기 업종에 종사하면, 더 많은 도전을 경험할 수 있고 더 많은 자원을 얻을 수 있으며 가장 큰 가능성을 볼 수도 있다. 그러다가 꿈이 생기면 이를 실현할 능력도, 경제력도 갖추고 있을 것이다. 꿈을 찾았는데 능력이나 갖춘 자원이 없다면, 꿈을 몰랐을 때보다 더 비참하지 않겠는가.

당장 꿈을 모른다고 해도 실력을 갈고 닦자. 어떤 문제가 해결되지 않아 넌더리가 난다고 해도 이 또한 해결 과정의 하나일 수 있다. 단계마다 모든 문제를 해결하려는 문제 결벽증은 더 심각하고 번거로운 문제를 불러올 가능성이 높다. 문제를 안고 살아가는 것도 하나의 대응 방법이다.

성숙함이란 세상의 복잡함을 깨닫고 직선으로만 걷지 않는 것이다. 인생이란 노선 위에서 문제를 만나면 꺾임을 감수하고 최종 결과에만 집중하자. 물론 두 점 사이에는 통제점이 많다. 이때는 저항이 가장 적은 선이 가장 **빠른** 길임을 잊지 말자.

통제력을 상실하면
인생을 망친다

마지막으로 통제력 상실에 대해 이야기해보자. 앞서 말했듯이 높은 효율을 얻기 위한 수단으로서 시스템만 한 것이 없다. 그러나 우리가 시스템을 이해하지 못하면 문제가 발생한다. 바로 통제력을 잃게 되는 순간이다.

관성적 사고

다층 체계에서 통제력을 잃으면 문제가 생긴 단계로 돌아가 해결해야 한다. 그러지 않으면 핵심에 접근하지 못하고 계속 겉돌기만 한다. 잘난 사람일수록 관성적 사고에 빠지기 쉬운데, 사회의 변화가 크지 않았던 과거에는 관성적으로 사고해도 괜찮았지만, 앞으로는 그렇게 했다가 더욱 빨리 통제력을 잃게 될 것이다.

의지력이 강한 사람은 '의지력'으로 행동을 바꾸려고 한다(물리적 측면). 성공한 사람들이 정상에 올랐을 때 갖는 환상이 바로 이것이다. 자신의 생각과 의지력만 꼿꼿하다면 모든 것을 통제할 수 있다고 믿는 것 말이다. 애플 창업자 스티브 잡스의 공식 전기인 『스티브 잡스』에 따르면 잡스는 살아생전 명상과 참선을 즐겼다고 한다. 그는 채식을 하고 명상을 하면 자신이 앓고 있는 암도 통제할 수 있을 거라고 믿었다. 이런 막연한 통제감은 췌장암을 생명이 위험한 지경까지 악화시켰다.

사람의 몸은 '생리 – 심리 – 의지'의 다층 체계로 구성되어 있다. 오늘을 사는 우리는 지나치게 대뇌의 기능을 강조한다. 그리고 마음과 신체가 하나로 이어진 시스템이라는 사실은 간과한다. 그리하여 지나친 사고, 즉 과도한 뇌 기능의 활용으로 다수의 심리적 질환이 발병한다. 정신병을 앓는 환자들을 생각해보자. 이들은 언제나 생각을 통해 모든 것을 통제하고 싶어 한다. 그래서 불면 증세와 초조함이 나타나게 되고 정신 분열까지 일어나기도 한다. 이 모든 것이 정신에서 비롯된다. 지나친 심리에 대한 믿음이 정서적으로 불편함을 일으키고, 대뇌가 지속적으로 감정을 억누르다 보면 생리학적으로 분출되지 못한 감정들이 신체에 압력을 가해 질병을 유발하게 되는 것이다.

이처럼 복잡계에서 문제가 생길 때는 익숙한 단계에 머무를 것이 아니라 한 걸음 뒤로 물러나 시스템을 보는 것이 중요하다.

- 인생이 뜻대로 되지 않는 것은 노력이 부족해서가 아니라 선택을 잘 못해서다.
- 작업 효율이 낮은 것은 전력을 다하지 않아서가 아니라 목표가 너무 많아서다.
- 친밀한 관계가 무너지는 것은 눈앞의 일 때문이 아니라 감정이 오래 쌓여서다.
- 경제적인 빈곤은 절약을 못해서가 아니라 투자 방법을 몰라서다.

기저층에 얽매이다

발생한 문제가 어떤 단계에서든지 통제력을 잃게 되었을 때 바로 위 단계에서 새롭게 문제를 정의하면 해결되는 경우도 있다. 이렇게 사고의 맥락을 재설계하는 것을 '문제의 재구성'이라고 한다.

한 기업가가 내게 투덜대며 말했다.

"오랫동안 키워온 직원이 있는데, 다른 데서 월급을 2000위안이나 더 준다고 옮기겠다지 뭡니까. 죽 쒀서 개줬어요. 진심을 베풀어도 좋은 보답은 못 받나요?"

나는 물었다. "그냥 진심을 베푼 겁니까? 투자였습니까?"

"무슨 소리죠?"

"베푼 거면 그 사람의 수입이 높아졌으니 기뻐해야 마땅하죠! 만약 투자했다면, 실패한 셈이니 다음에는 안목을 높이고 투자를 많이 한 경우에는 보험을 들어두면 되지 않겠습니까."

직원이 퇴사하고 안 하고는 통제 불가능한 일이다. 그러나 투자의 안목과 수단은 언제나 통제가 가능하다. '베풀다'와 '투자'의 정의부터 새로 구분하니 해결이 안 될 것 같던 문제가 해결됐지 않은가.

찰리 멍거는 말했다. "무언가를 얻고 싶다면 그에 걸맞은 사람이 돼라." 이 또한 문제를 새롭게 정의한 것이다. 얻고 못 얻는 외부의 통제를 받는 문제고, 스스로 해결할 수 없는 문제다. 하지만 걸맞은 사람이 되고 안 되고는 내부에서 통제가 가능하며, 스스로 해결할 수 있는 문제다.

지나친 폐쇄

끝으로 흥미로운 예시를 들어보겠다. 황제들이 생각을 관리하고 통제하는 다층 체계에 대해 이야기해보자.

봉건 시대에는 인터넷이 없었다. 대중의 생각은 곧 일부 지식인의 생각을 보면 알 수 있었다. 봉건적 국가에서는 사상의 통제를 중요시했기 때문에 일부 자유 지식인들의 사상은 통제하거나 없애버렸다. 이제 당신에게 타임 슬립의 기회를 주겠다. 고대로 돌아가 황제로서 지식인들을 통제해야 한다면 어떻게 하겠는가?

- 방안 A: 분서갱유를 택한다. 물리적 방면으로 정보를, 생리적 방면으로는 사람을 없애는 쉽고 간단한 방법이다. 그러나 봄바람이 불면 풀은 또 자라나는 법이다. 진나라처럼 강대한 국가라 할지라도 난폭하게 다스리면 금세 멸망한다. 진시황은 시스템적인 사고를 몰랐던 것이다.

- 방안 B: 문자옥*을 사용하는 것이다 권력에 대항하는 일부 사람들에게 신체적 위협을 가해 다수를 심리적으로 두려움에 떨게 한 방법이다. 그러나 문인들은 풍자를 통해 세태를 비꼬는 등의 갖가지 방법을 동원해 통제에서 벗어났고, 문화의 흐름을 바꿔나갔다. 국가에서 아무리 막으려 해도 막을 수 없었다. 청나라 때의 각종 소설이 그 예다.

- 방안 C: 궁중 내 문인에게 글을 쓰게 해 맞대응했다. 이 방법은 효과가 별로다. 역사상 달필가는 모두 자유로운 영혼이었다. 나라에 귀속돼 녹봉을 받는 자들이 내는 성과는 높지 않았다.

위와 같이 폭력에 폭력으로 대응하는 방법은 지식인들에게는 무용지물이었다. 최종적으로 설계해낸 절묘한 계획은 전형적인 상명

---

* 중국 왕조 시대에 행해진 사상통제 정책. 황제의 이름에 들어간 한자를 쓰거나 황제가 싫어하는 글자를 사용했다는 죄를 물어 황제에 비판적인 지식인의 관직을 박탈하거나 사형까지 시킨 일을 일컫는다.

하달식의 시스템적인 해결 방안이다.

- 방안 D: 과거제도 – 설계 – 자아실현 – 소속감, 동질감을 얻을 수 있
  으며 육체적·정신적 방면에서도 매슬로의 욕구 5단계 이론에 부합
  하는 완벽한 다층 구조다. 또한 상명하달식 형태는 위에서 아래로
  차근히 내려오는 해결 방법으로, 사람들의 가치관을 바꾸기도 한다.
  과거제도라는 시스템을 통해 사람들을 통합하고 세상의 흐름을 한
  방향으로 이끌어가는 것이다.

과거 이런 식의 폐쇄형 소규모 시스템은 매우 효과적으로 작용
했고, 내부까지 깊이 파고든 이 시스템은 완전히 제거할 수도 없었
다. 그러다가 현대사회의 과학, 민주주의, 자본주의 경제 시스템을
마주하고 나서야 우리는 이러한 대규모 시스템이 훨씬 강대한 힘을
발휘할 수 있음을, 그리고 폐쇄적인 자기일관성을 강조하는 것보다
개방적으로 세상과 소통하는 것이 더 중요하다는 사실을 깨달은 것
이다. 세상은 당신의 눈앞에서 돌아가지 않으며 이미 당신보다 한
발 앞서나가고 있다. 그렇기에 당신이 시스템을 알아보지도, 이해
하지도 못한다면 영원히 모든 일의 본질을 이해할 수 없을 것이다.
세계는 하나의 커다란 시스템이며 그 세계는 시스템을 이해하는 사
람의 것임을 명심하자.

관계에 집중하고 루프를 이해하고 단계를 뛰어넘기

1차 변화와 2차 변화

1차 변화는 상태의 변화, 2차 변화는 시스템의 변화다.

시스템

고수가 세계를 바라보는 방식. 시스템은 원소, 원소 사이의 관계, 작용의 세 부분으로 구성된다. 시스템 내 관계는 원소보다 더 중요하다.

루프

시간 차원에서 본 사물 발전의 맥락. 과거와 현재의 관계를 찾아야 한다.

단계화

공간 차원에서 보는 사건 배후의 진정한 법칙이다. 위 단계가 아래 단계를 결정한다. 아래 단계에서 해결되지 않으면 한 단계 더 위에서 이행하면 답이 나온다.

통제점

다층 배치, 통제 가능 구역 내 통제점 배치, 목표의 굴절

제5장

내적
수련

폭발적 성장을 이룬 사람들의 마음가짐

진정한 변화는 인간의 본성을 거스른다. 변화를 이끄는 성장의 기술은 얼마든지 배울 수 있다. 하지만 폭발적인 성장의 원동력은 스스로 깨달아야 한다. 바로 '나는 어떤 사람이 되고 싶은가'라는 깨달음에서 말이다.

혁신을 이끄는
사람들의 수련법

앞에서 나는 우리의 성장을 위한 다양한 수단에 대해 언급했다. '선두를 차지하고, 대뇌를 서로 연결하고, 평생 질문하고, 시스템을 이해하라'는 메시지가 바로 그것이다.

나는 끊임없이 생각했다. 이런 변화가 근본적으로 바꾸는 것은 무엇인가? 개인 발전의 패러다임에 변화를 가져오는 관건은 무엇인가? 인터넷? 인공지능? 과학기술의 발전? 아니면 개인의 성공? 아니면 소비의 업그레이드?

생각할수록 답은 분명해졌다. '연결'이다. 연결을 통해 경계를 넘나드는 일은 단순해지고 세계는 평평해진다. 판매자와 소비자가 한데 연결돼 먹분포를 형성하면서 상품의 포지셔닝이 판매의 노력만큼 중요해진다. 지식이라는 상품도 마찬가지이다. '연결'하면 모든 지식을 자신의 머릿속에 저장하지 않아도 된다. 클라우드에 저장하거나 다른 사람이 아는 지식을 가져다 쓰면 되기 때문에 네트워킹으로 사고와 학습이 가능하다. 연결을 통해 예전에는 서로 무관했던 사람들이나 일이 한데 모여 복잡계를 형성한다. 이런 시스템을 식별하지 못하면 세상을 이해하기 어렵다.

세계는 연결됨으로써 점점 더 커지고, 복잡해지고, 불확실해진다. 그러나 개인은 이 연결 덕분에 점점 자유로워지고, 강해지고, 많은 가능성을 얻게 된다.

이 시대는 이른바 '해양 시대'다. 과거의 생활은 평면적이었다. 육지에 있는 것처럼 나와 가까운 곳에 있는 사람만 신경 쓰면 됐다. 현대의 생활은 입체적이다. 마치 바다에 있는 것처럼 사방팔방으로 헤엄쳐나갈 수 있다. 직장을 예로 들어보자. 과거 육지에서는 윗사람만 잘 챙기면 위로 올라갈 수 있었지만, 바다에서는 당신의 모든 움직임이 파도처럼 도처로 뻗어나가 주변 사람들에게 영향을 미친다. 우리는 수많은 연결 속에 살고 있다. 그러므로 지금까지와는 완전히 다른 새로운 생활 방식이 필요해졌다.

앞에서 나는 이미 많은 기술에 대해 이야기했다. 업계 선두주자의 위치와 기회를 잡는 기술, 네트워킹 학습자의 학습법과 아웃풋 생성의 기술, 시스템적 사고로 분석하고 틀을 깨는 기술, 이 모든 것이 성장을 위한 스마트한 방법들이다.

그러나 매일 똑똑하게만 살아도 재미없지 않겠는가. 나는 사람들과 협력해 더 큰 일을 도모하고 싶지, 양꼬치나 먹으며 수다를 떨고 싶지는 않다. 누군가는 지극히 지성적인 사람noetics을 이렇게 평가한다.

지성적인 사람은, 칼자루 없는 날카로운 칼과 같다.

우리는 이런 사람을 부러워한다. 잘못된 판단을 하지 않고, 언제나 분명하고 정확하기 때문이다. 영어로는 이런 사람을 날카롭다는 의미로 '샤프Sharp'하다고 표현한다. 그러나 지나치게 날카로운 사람은 칼자루 없는 칼과 같다.

그렇다면 이 시대에서 폭발적인 성장을 하는 사람들에게는 어떤 칼자루가 필요할까? 새로운 해양 시대, 네트워킹 속에 살아가는 우리에게는 어떤 내적 수련이 필요할까?

세계를 향한
'개방과 집중'

빈부 격차가 커졌다고 가난한 사람이 더 가난해진 건 아니다

개방과 소통의 시스템은 먹법칙을 만들어내고, 먹법칙은 시스템의 빈부 격차를 더욱 크게 만들었다. 그러나 한 가지 다른 효과도 두드러지게 나타난다. 개방으로 인해 사회의 전체 부와 평균 부가 모두 증가했다는 것이다. 먹법칙은 제로섬 게임이 아니며, 선두 그룹도 다수의 자원을 강탈해 만들어진 것이 아니다. 사실 이와 정반대다. 개방은 모두에게 더 많은 수익을 얻게 한다.

앞에서 언급했던 '설탕 인간 게임'을 보면 어떤 조건하에서든지 최후에는 고정적인 빈부 격차가 형성됐다. 그러나 어느 구역으로 뛰어다니든 시스템 내의 부가 증가하면 설탕 인간의 평균 수입도 높아지고, 이는 전체 사회를 더 부유하게 만들었다.

중국의 실제 데이터도 이 결과를 뒷받침한다. 국가 통계국의 데이터든 유엔에서 발표한 교육, 의료, 사회보장에 관한 데이터든, 중국 관련 모든 데이터는 중국이 더 나은 방향으로 발전하고 있다는 것을 보여준다.

위키피디아를 생각해보자. 위키피디아의 전문성은 인터넷판 브리태니커 백과사전에 뒤지지 않는다. 1퍼센트의 전문성과 열정을 가진 사람들이 자발적으로 우수한 콘텐츠를 창조하고 배포해 전 세계에 도움을 주고 있는 것이다. 타오바오는 마윈의 재산을 두 배로 불려줬지만, 더 많은 상인이 많은 돈을 벌 수 있게 해주었고, 모든 이용자가 더 저렴한 가격에 물건을 구매할 수 있게 해주었다. 이처럼 보이지 않는 손이 자원을 재분배하면서 전체 시스템을 확대해나갔다.

내가 대입 시험을 치를 때만 해도, 반에서 성적이 좋은 학생들은 다른 친구들에게 문제 풀이를 가르쳐주지 않았고 무의식적으로 자신의 학습법을 감췄다. 시험이 배타성을 가진 경쟁이라고 생각했기 때문이다. 이들은 학교를 벗어나 사회에 진입하고서야 자료와 정보 같은 것들은 나눌수록 더 많아진다는 사실을 알게 된다. 학교 시험에서 답안을 교환하는 것은 커닝이지만, 인생과 사업이라는 시험에서 이와 같은 상호 소통은 하나의 지혜다.

현대 사회에서 개방과 소통의 강점은 더욱 분명하게 드러난다.

정보는 일종의 문턱이자 자본이 필요 없는 공유물이다. 정보는 공유해도 결국 정보이다. 자본이 들지 않는 공유물이며, 받아들이는 사람의 인지 수준이 떨어지면 정보를 본다 한들 무슨 소리인지 몰라서 그 분야에 진입할 수 없기 때문에 보이지 않는 문턱이 된다. 다시 말해 인지 향상 과정에서 들인 노력은 나눈다고 해서 무용지물이 되지 않는다는 이야기다. 게다가 정보는 당신이 말하지 않아도 누군가가 공유하게 되어 있다. 그럴 바에야 당신이 말해주고 사람을 얻는 것이 낫지 않은가? 회사도 마찬가지다. 흥미롭게도 경쟁 회사의 사장들도 서로의 정보를 공유하고 의사결정을 내릴 때도 서로 의논 상대가 되어준다.

장기적으로 보면 정보든, 시장이든, 사업이든 개방하는 사람이 승리하게 되어 있다. 특히 선두 그룹에서 개방하는 사람은 반드시 강해진다.

그러니 각종 소통에 열정적으로 참여하자. 비평하는 자세가 아닌 개방적인 태도로 다른 사람을 대할 때 가장 큰 수익을 얻는 사람은 바로 당신이 될 것이다.

그런데 의외로 많은 사람이 그렇게 하지 못한다. 왜 그럴까? '남이 잘 되는 꼴을 못 보는' 인지 편향 때문이다. 다음의 사례를 살펴보자. 여기 월급만 다르고 나머지는 동일한 두 가지 일이 있다.

- A: 내 월급은 9000위안, 동료의 월급은 7000위안.
- B: 내 월급은 1만 1000위안, 동료의 월급은 1만 2000위안.

당신은 어떤 선택을 하겠는가? 현실에서 대부분은 A를 선택한다. A를 고른 사람들에게는 총 수입이 많은 것보다 다른 사람보다 우위에 서는 것이 더 중요하다. 이처럼 개방은 사람들의 마음을 불편하게 한다. 폐쇄된 시스템에서는 알 수 없었던 정보들이 개방된 시스템에서는 공유되면서 자신보다 더 높은 지위에 있거나, 힘을 가진 사람들을 발견하게 된다. 예전 시스템에서는 볼 수 없었던 강한 힘을 가지고 빠른 성장을 하는 사람들. 심지어 과거에는 자신과 차이가 없었지만 어느새 힘이 훨씬 강해진 사람들을 눈앞에 마주하면 어떨까? 아마도 월급이 온 천하에 공개된 말단 사원처럼 그 자리를 견딜 수 없어질 것이다.

당신은 그곳에서 벗어나 서둘러 자기만을 위한 작은 폐쇄형 시스템을 구축하고 그 안에서 심리적 안정을 추구한다. 이런 행동은 "저들은 전부 속고 속이면서 부정부패로 지위를 얻었어. 우리는 성실해서 진 거고", 또는 "아버지 뒷배로 성공한 거야"라는 사고방식에서 비롯한다. 남들 잘되는 꼴은 못 보면서 자신의 부족함도 인정하지 않는 사람은 폐쇄형 시스템을 가장 좋아한다.

고수들은 모든 사람들이 잘되기를 바라고 과거에 연연하지 않는다. 과거는 과거일 뿐이다. 고수들은 멱법칙의 화살을 타고 폭발적 성장을 이루어냈다. 당신이 할 일은 빨리 그들의 방법을 학습하는 것뿐이다. 당신보다 부족한 사람도 포용해야 한다. 실제 그 사람과 당신의 차이는 생각만큼 크지도 않을뿐더러, 그들은 아직 당신이 본 법칙을 보지 못했을 뿐이다.

불교의 마음가짐 중에 '수희찬탄隨喜讚嘆'이라는 것이 있다. 다른 사람이 착한 일을 하거나 공덕을 짓는 모습에 함께 기뻐하고 찬탄한다는 의미다. 티베트인들은 오체투지*로 성지순례하는 신도를 보면 존경을 표하는데, 진심을 담아 그들의 공덕에 감탄하면서 그들이 더 잘되길 바란다. 그 순간, 절을 하는 사람도 같은 복을 얻는다.

수희찬탄의 자세에도 나름의 과학적인 측면이 있다. 우리가 진심으로 개방과 공유를 바라고, 다른 사람의 성취에 기뻐하게 되면, 우리의 주변도 개방형 시스템으로 바뀌게 될 것이다. 그리고 결국에는 그 시스템의 수혜를 얻게 될 것이다.

개방은 도덕적 수양이자 이성적 선택

개방성이라는 관점에서 다른 한 가지 예를 들어보자. 언쟁의 소

---

* 불교 신자가 올리는 큰 절. 자기 자신을 최대한 낮추고 불·법·승 삼보三寶에 최대의 존경을 표하는 방법이다. 양 무릎과 팔꿈치, 이마 등 신체의 다섯 부분을 땅에 바짝 붙이는 것이 보통이다.

312

지가 있겠지만 '중의학中醫學 체계'에 대해 이야기해보겠다.

개인적인 경험에서 이야기해보면, 나는 중의학 처방대로 약을 지어 먹고 효과를 보았다. 중의사에게 인생의 수많은 철학적 이치도 배웠다. 외조부께서는 내 어머니가 민간요법으로 끓인 약을 드시고 방광암의 암세포 전이를 늦췄다. 플라시보 효과인지 정말 효과가 있었는지는 모르겠으나 6개월 시한부 선고를 받으셨던 분이 벌써 4년 넘게 살아계신다.

나는 이렇게 비과학적이라 여겨질 수 있는 중의학 이론 체계가 지금보다 더 나아질 수 있다고 생각한다. 중의학에서 가장 으뜸이 되는 부분이자 가장 문제가 되는 부분이 바로 각각 다른 체질을 가진 사람들을 지나치게 일반화한다는 것이다. 중의학에는 매우 일관화된 시스템이 자리한다. 음양오행, 상생상극, 오장육부가 한 예다. 그리고 태음양 안에는 소음양이 있으며, 이를 바탕으로 체질은 끝없이 세분화되기도 한다. 또한 신장이 허하다고 진단을 내리기도 하는데, 허하다는 것의 의미는 치료받는 사람마다 다르게 정의된다.

저마다의 삶에는 각기 다른 삶의 기준이 있다. 중의학은 이를 고려한 무척이나 복잡하고 정교하며 풍부한 경험을 바탕으로 일반화를 이룬 시스템이다.

서양의 의학 체계는 불완전한 면이 많이 있다. 생물학, 화학, 물리학, 전자학, 통계학, 심리학, 사회학 등의 내용을 계속해서 의학에

도입하고 있으며, 이로 인해 몇 백년간 논쟁이 끊이지 않고 있다. 이렇게 복잡하고 개방적인 시스템이 생겨날수록 전통적인 의료 체계가 무너지는 것은 만물의 법칙이다.

하나의 체계가 모든 것을 설명할 수 있게 되면 발전이 없어진다. 더 이상 반증할 수도, 이를 바탕으로 새롭게 나아갈 일도 없어지게 되므로 그 체계는 자연스럽게 폐쇄적으로 변하게 되는 것이다. 폐쇄적인 시스템으로 돌입하게 되면 엔트로피*가 증가하고, 엔트로피가 증가하면 변화가 멈춘다는 것을 의미한다. 따라서 반증이 불가능한 시스템은 얼마나 큰 지혜를 담고 있는지의 여부와 관계없이 계속 변화하는 시스템에 서서히 추월당하게 된다.

증량, 평생 질문, 탐색, 수희찬탄 등의 단어가 내포하는 한 가지 지혜가 있다. 바로 '개방성'을 유지하라는 것이다. 폐쇄형 시스템에서는 반드시 엔트로피가 증가하게 되므로 평균과 무질서에 머물게 된다. 폐쇄적인 시스템이 의미하는 바는 뻔하다. 음식을 먹지 않은 신체는 죽고, 머리를 쓰지 않는 뇌는 말라버리며, 개방하지 않는 사회는 멸망하게 되는 것이다.

남을 이롭게 하는 사람이 되자. 그렇게 되기 위해 남을 이롭게 하

---

* 재가용할 수 있는 상태로 환원될 수 없는, 무용의 상태로 전환된 질량 또는 에너지의 총량을 말한다.

는 방법을 배우자. 이것이 도덕적 수양이자 이성적인 선택이다.

빈곤의 본질

공공연히 알려진 부유함의 비밀을 말해보자. 1차 자산을 모으는 일은 솔직히 어렵다. 기회와 노력, 절약에 심지어 다른 사람의 것을 빼앗아야 할 때도 있다. 그러나 1차 자산을 모은 후에 부를 유지하는 일은 어렵지 않다. 복리를 이용하면 된다.

재테크 상품의 수익률이 8퍼센트 전후라고 생각해보자. 만약 당신이 30세에 투자를 시작하면 80세에는 약 50배($1.08^{50} \approx 46.9$)가 된다. 만약 같은 해에 아이가 태어났다면, 그 아이가 80세가 되는 날에는 500배($1.08^{80} \approx 471.9$)가 된다.

이렇게만 따지면 부를 유지하는 조건은 간단하다. 부유한 가정의 자녀가 30세가 됐을 때 100만 위안을 출자해 노후자금을 마련하는 일은 어렵지 않을 것이다. 그럼 매년 8퍼센트의 수익률로 계산하면 (8퍼센트는 실제적 투자수익률로 오늘날 인플레이션을 감안하면 15퍼센트의 투자수익률에 해당한다), 자녀가 60세가 됐을 때 이 돈은 이미 1000만 위안이 돼 있으므로 노후 생활에 충분하다. 그러므로 부유한 가정은 큰 문제만 없으면 안락한 생활을 유지할 수 있다.

이론상으로 누구나 이해 가능한 방법인데 어째서 모두가 부유해지지 않는 걸까?

심리 상태 때문이다. 수중에 오직 20만 위안밖에 없다면 30년간 그 돈에 손대지 않기는 어렵다. 부유한 생활을 향한 열망이 사람을 초조하게 만들고, 우리는 더 빠른 인생 역전을 꿈꾼다. 시장에는 돈을 불릴 기회가 널려 있지만, 한 번에 200만 위안을 벌어들일 기회만 계속 노린다면 몇 번 사기를 당해도 이런 폭리에 익숙해져서 계속 도박을 하게 되고, 결국 전부 잃게 된다.

빈곤은 일종의 폭리를 추구하는 심리 상태다. 그런데 왜 이런 심리 상태가 생기는 걸까?

심리학적 견해와 사회학적 견해가 있다. 『결핍의 경제학Scarcity』에서는 사고의 대역폭이라는 개념을 내세웠다. 가난한 사람이 가난한 이유가 풍족한 삶을 영위하는 데만 사고를 집중하고 장기적인 발전에는 신경을 덜 쓰기 때문이라는 것이다. 당장 오늘 끼니를 어떻게 해결할지도 모르는데 무슨 발전 전략이니, 자녀 교육이니 하는 미래의 전략에 신경 쓸 여력이 있겠는가? 하지만 발전 전략은 빈곤에서 벗어나는 핵심이다. 만약 빈곤이 '사고의 대역폭'이 좁은 까닭이라면 주의력 자원은 매우 중요해진다. 주의력마저 결핍되면 무엇을 해야 할지 알더라도 전술적인 근면함과 전략적인 나태함이라는 딜레마에 빠지게 된다.

그렇다면 물질적인 부는 안 중요할까? 그렇지 않다. 일정 수준의 물질적 부는 매우 중요하다.

『왜 나는 항상 결심만 할까?The Willpower instinct』에서는 '의지력 근육'이라는 관점에서 이 문제를 설명했다. 의지력은 근육과 같아서 많이 쓰면 피로해진다. 가난한 사람은 장기간 물질적 결핍 상태에 놓여 있었기 때문에 유혹을 뿌리치려면 더 많은 의지력이 필요하다. 일단 의지력을 다 써버리면 방종하기 일쑤다. 부자에게 한 번의 방종은 손실에 지나지 않지만, 가난한 사람에게는 재난이다. 가난한 사람이 만족을 지연하는 법을 모르는 게 아니다. 그저 만족을 지연하는 근육을 통제하는 힘이 생활에 소모돼 남아 있지 않을 뿐이다.『가난한 사람이 더 합리적이다Poor Economics』에서 저자 아비지트 배너지Abhijit Banerjee와 에스테르 뒤플로Esther Duflo가 빈곤층을 관찰한 결과, 기부자들은 빈곤층이 그들의 교육이나 건강관리 등에 돈을 쓰기를 바라는 반면, 빈곤층은 종종 소모품이나 사치품에 돈을 썼다. 부자와 가난한 사람은 의지력과 자원 측면의 심리 상태가 다르기 때문이었다.

사회학적 척도에 따라 관찰한 빈부 현상을 우리 주변에 접목해 보면, 빈곤이 숫자의 문제가 아니라 결핍의 심리 상태였다는 것을 알게 된다. 이런 상태에서 주의력과 의지력마저 결핍되면 더 멀리 나아가지 못하고 단기 역전과 향락에만 욕심을 부리게 된다. 그리고 이 상태가 더 심해지면 아무 소득도 없는 일에 깊이 빠지게 돼 더 큰 결핍을 초래한다. 공연히 바쁘고 생활은 혼란해지고 감정도 통제되지 않는다.

빈곤은 활용할 수 있는 자원이 아니라 심리 상태다. 그렇기 때문에 빈곤을 벗어나는 일도 단순히 일확천금의 기회를 잡거나 간단한 방법을 배워서 되는 게 아니라, 빈곤을 벗어날 보다 구체적인 방법을 터득하고 심리 상태를 파악하는 일부터 시작해야 한다.

앞서 말한 고수의 전략도 마찬가지다. 고수의 전략은 책략이 아니라 심리 상태를 파악하고 개방하고 집중하는 수련이다. 개방해야만 끊임없이 고가치 영역을 찾아낼 수 있고, 집중해야만 자기의 능력 범위 내에서 방어벽을 세울 수 있다. 고수의 전략은 개방하면서도 집중할 줄 아는 내적 수련이다.

외부 세계를 바라보는 관점이 미래를 결정한다

14세기 초, 마르코 폴로Marco Polo가 동방을 유람한 후 돌아가 신화를 썼다. 이로 인해 서양은 동양에 열광하기 시작했고 15세기 말 대항해 시대가 열린다. 이후 500년은 신대륙 발견과 글로벌 무역, 해상 열강 등 미국 궐기의 500년사다. 그렇다면 당시 중국은 무엇을 했을까? 명나라 276년, 청나라 295년, 도합 500년이 넘는 시간 동안 중국은 폐쇄적으로 지내다가 결국 전쟁을 통해 강제로 개방의 문을 열었다.

이것은 동서양의 전쟁이 아니라 규범과 규범 사이의 전쟁이자

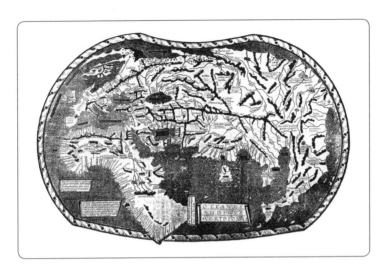

헨리쿠스 마르텔루스의 항해지도

개방과 폐쇄 사이의 전쟁이었다.

두 장의 지도로 이 시기 역사를 설명할 수도 있겠다. 위에는 헨리쿠스 마르텔루스Henricus Martellus의 항해지도로, 콜럼버스Christopher Columbus가 당시 이 지도를 보고 항해에 나섰다고 한다. 이 지도 안에는 희망봉, 보하이만, 인도, 홍해 등이 표시돼 있는데, 당시 스페인의 통치자는 스페인을 지도의 정중앙에 두지 않고 좌측 위 구석에 위치한 것으로 파악했다.

뒷장에는 명나라 1389년에 제작된 대명혼일도大明混一图가 있다. 이 지도에는 중원, 보하이만 지역이 60퍼센트를 차지하고, 희망봉

명나라 시대의 대명혼일도

과 홍해는 비율에 맞지 않게 우측 아래 구석에 표시돼 있다. 당시는
실크로드 무역이 시작된 지 100년도 더 된 때이자 대항해 시대가
막 시작된 때였는데, 400년 후 중국을 개방시키는 유럽 국가들이
한쪽 구석에 몰려 있다.

　같은 시기에 제작된 두 장의 지도가 반영하는 것은 지도를 제작
한 사람들의 다른 세계관이다. 헨리쿠스 마르텔루스의 지도를 가진

콜롬버스는 세계의 한쪽 구석에서 출발해 더 많은 것을 개방하고 찾았으나, 대명혼일도를 가지고 항로를 개척하고 국위를 선양하러 나간 정화鄭和 장군은 결국 폐쇄적이고 안정적인 자기 보호의 방법만 찾았다.

이는 동서양의 차이가 아니라 규범과 규범의 차이다. 누군가 세계지도의 한쪽 끝에 서서 명·청 시대 똑똑한 황제와 신하들에게 이 지도를 설명한다면, 이들은 '비교적 부자의 길'을 선택하지 '함께 가난한 길'을 선택하지는 않을 것이다. 비극적이게도 개방하지 않는 집단은 자신들이 '함께 가난한' 상태에 있다는 것을 모르고 '부유한' 상태에 있다고 착각한다.

이 세계에는 오직 세 종류의 사람이 있다. 변화를 창조하는 사람, 변화를 수용하는 사람, 변화를 견디는 사람. 부디 당신은 앞 두 종류의 사람이 되길 바란다. 다른 사람을 칭찬하고 감탄하는 사람이 될 것인가, 남 잘되는 꼴을 못 보는 사람이 될 것인가? 비교적 부자가 될 것인가, 함께 가난해질 것인가? 폐쇄할 것인가, 개방할 것인가?

이것은 하나의 선택이다.

개방과 집중의 아홉 가지 법칙

1. 좋은 사람이 되자. 다른 사람을 칭찬하고 감탄하자.

2. 자신이 몸담고 있는 분야의 지식의 근원을 찾아 공유하자.

3. 함부로 숭배하지 말자. 일단 누군가를 숭배하게 되면 그를 목표의 정상으로 삼기 때문에 당신의 시스템은 폐쇄형으로 바뀐다.

4. 자기가 싫어하고 이해 못하는 것들을 바보 같다고 여기지 말자.

5. "모든 건 설명 가능하다"는 식의 만능주의 논쟁을 주의하자.

6. 당신보다 수준이 낮은 사람도 포용하자. 당신도 참진리는 장악하지 못했다.

7. 10~30퍼센트의 시간을 자신이 잘 모르고 쉽게 찾아보지 않는 영역에 쓰자.

8. 더 높은 위치에 서서 자신의 개성을 발견하고 그것에 집중하자.

9. 인생에서 중요한 문제에 집중하자.

'둔하지만 흥미로운'
나를 발견하라

둔함도 일종의 생존 능력

멀리 내다보기, 강한 힘, 빠른 속도 등 자신이 가진 능력 중 한 가지를 강화할 수 있다면 어떨까? 우리는 아마도 더 빠른 속도를 선택할 것이다.

모든 것이 빨라지는 세상이다. CPU는 18개월마다 두 배 빨라지고, 인터넷 속도는 2년마다 한 차원씩 업그레이드된다. 매일 출근길에 엘리베이터를 타고 내려갈 때마다 당신도 화면에 표시된 층수를 보면서 마음속으로 '빨리, 빨리'를 외치고 있지 않은가.

'빨리'가 정말 이 시대의 궁극적인 해결법일까? 먼저 다음 이야기를 살펴보자. 2006년 캘리포니아의 UNX라는 증권회사는 문 닫기 전 6개월에 역전의 기회를 보았다. 주식 거래를 말하면 사람들은 대체로 뉴욕증권거래소의 사람들이 분주하게 오가는 장면을 머 릿속에 떠올릴 것이다. 모두가 미친 듯이 전화를 하고 자기가 구매 할 수량을 큰 소리로 외친다. 도처에는 시가가 적힌 종잇장들이 가 득하고 몇 초 만에 거래가 신속하게 완료된다.

그러나 오늘날 주거래 방식은 이와 다르다. 1990년대 말, 미 국 증권거래위원회에서 기기 거래를 허가했다. 기계는 밀리초 millisecond(1000분의 1초) 단위로 거래를 끝내기에 거래원과의 전화를 기다릴 새가 없다. 고빈도 매매HFT, high Frequency Trading는 미국 주식 거래 시장의 70퍼센트를 차지했고, 이후 전자거래소가 미국 전역에 우후죽순으로 생겨났다.

캐나다에 위치한 UNX도 '기기 주식 거래'라는 기회의 첫 물결을 탄 회사 중 하나다. 그러나 7년 새 이 회사의 기술은 시대에 뒤처져 변화를 꾀하지 않으면 6개월 내 부도날 지경이 되었다.

회사의 대표이자 하버드 경영대학원의 금융학과 주임교수였던 안드레 페럴드Andre F. Perold는 내내 적임자를 찾고 있었다. 각종 알 고리즘을 잘 알면서 경계를 넘나드는 인물이자 과거의 사고에 갇 혀 있지 않은 사람이어야 했다. 그가 찾은 적임자는 스콧 해리슨Scott Harrison이었다. 스콧 해리슨은 알고리즘에 정통했고, 이 일을 하기 전에는 SOM건축설계사무소의 건축사로 있었다. 2006년 7월 스콧 은 CEO에 임명되고, 새롭게 알고리즘을 세우고 컴퓨터 설비를 업그레이드했다. 그는 월스트리트에서 4800킬로미터나 떨어진 곳에서 거래를 개시했다. 그리고 더 빠른 속도의 시스템이 더 낮은 주식 가격을 쟁취할 수 있을 테니 곧 고수익을 얻을 수 있을 거라고 굳게 믿었다.

아니나 다를까, 이 시스템은 동종 업계에서 거래 비용이 가장 낮았고, 업계에서도 소문을 듣고 바로 움직였다. 1년이 채 되지 않아 대형 고객들이 UNX로 갈아타면서 리먼브라더스, 스위스연방은행(현 UBS) 등 탄탄한 설비를 갖춘 회사들을 하나씩 추월해나갔다. 그리고 2007년 말, 듣보잡이던 이 회사는 모든 증권거래 회사 차트의 각 분야 데이터에서 모두 1위를 차지했고 스콧 해리슨은 증권계의 영웅으로 떠올랐다.

발전할수록 대담해진 해리슨은 대범한 행보를 보였다. 회사를 뉴욕으로 옮기기로 한 것이다. 그럴 경우 거래 시간을 65밀리초에서 30밀리초까지 더 낮출 수 있었기 때문이다.

고빈도 매매의 속도는 밀리초 단위로 계산되며, 주식거래에서 더 빠른 속도는 더 빠른 정보와 더 빠른 반응, 더 낮은 가격에 주문을 확정할 수 있다는 의미다. 그래서 한 발 늦은 상대는 더 높은 가격에 주식을 살 수밖에 없다. 시카고에서 뉴욕까지의 직통 유료 광케이블은 거래 속도를 3밀리초나 앞당길 수 있어서 비싸지만 많은 증권거래 회사가 사용한다.

해리슨은 모든 설비를 갖춘 후 테스트에서 30밀리초까지 속도가 빨라진 것을 확인하고 자신만만해했다. 그러나 상황은 그의 생각과 정반대로 나타났다.

갑자기 회사의 거래비용이 이전보다 높아졌다. 우리는 계속 더 높은 가격에 주식을 사들였고, 매수 후 수익은 적어졌다. 거래 속도는 더 빨라졌지만 실행 효과는 예전만 못했다. 불가사의한 일이었다. 대량의 시간을 들여 결과를 확인하고 반복해서 검증했지만, 최종적으로 얻은 결과는 이러했다. 어떻게 노력해도 소용없었다. 속도는 더 빨라졌지만 결과는 점점 나빠졌다.

왜였을까? 전 세계의 수재들도 그 이유를 파헤치는 데 실패했다. 어떻게 해야 할지 모르는 상황에서 함께 있던 누군가가 "혹시 새로운 환경이 맞지 않는 건 아닐까?"라고 질문을 던졌고, 그들은 거래 시간을 다시 65밀리초로 원상복귀하기로 했다.

거래 시간을 65밀리초로 되돌리자 회사는 다시 1위 자리에 올랐다. 정말 이상한 일이 아닐 수 없었다! 우리는 전 세계에서 가장 효율적인 금융 시장에 있었으며 매 1초의 거래액이 몇 만 억 US달러에 달했다. 뉴욕으로 옮긴 후, 우리의 속도는 더 빨라졌지만 결과는 초라했다. 다시 속도를 늦추자 문제는 해결됐다. 정말 이해할 수 없는 일이었다. 속도가 최고인 시대에 속도를 늦추자 의외로 효과가 더 좋았다.

사람들은 점점 배후의 논리를 이해하기 시작했다. 바로 늦춤의 미학이다.

고빈도 매매의 주식시장은 주로 컴퓨터로 관리한다. 경력이 오랜 바이어들을 보면 종종 약간의 돈을 잃으면서 시장을 탐색하고, 다른 사람들의 반응을 본 후 피드백을 통해 주식 가격이 투자할 가치가 있는지를 예측한 다음 대량으로 매입한다. 운동 경기 중 상대의 반응을 살핀 후 다시 공격하는 페인트 모션과 유사하다. 그러나 주식시장은 운동 경기보다 더 많은 사람이 게임을 하는 복잡계다. 이런 상황에서 거래의 반응이 너무 빠르면 상대의 거짓 동작을 보고 바로 반격하는 것과 다름없다. 최종 전략은 가격이 안정된 후를 기다렸다가 구매하는 것이다. 이 '기다림'의 시간은 매우 미묘하다. 너무 이르면 원가가 높고, 또 너무 늦어도 원가가 높다. 가장 적절한 타이밍을 찾는 과정이 바로 '지연 관리'다.

얼마나 지연하는 것이 적절할까? 이 숫자는 경쟁 범위의 확대 정도에 따라 계속 변한다. 2007년 이 숫자는 65밀리초였다. 스콧 해리슨의 성공 요인은 고급 알고리즘도, 정밀한 기계도 아니었다. 그보다 중요한 요인은 마침 그들의 회사 IP가 65밀리초를 달성할 수 있는 위치에 있었다는 점이다. 오늘날 모든 고빈도 매매 회사는 이러한 지연 관리를 통해 반응 속도를 조정해 더 낮은 원가를 획득한다.

UNX의 경험은 새로운 일도 아니다. 통신, 인터넷 업계의 사람들은 빠른 속도가 언제나 좋은 일은 아님을 이미 알고 있었다. 만약 컴퓨터가 정보를 얻는 대로 즉각 반응한다면 그 순간 트래픽이 몰리는 일이 잦을 것이다. 차라리 몇 초 늦고 더 낮은 원가를 확보하는 게 낫다.

일상에서도 자주 경험하는 일이다. 모두가 퇴근하는 오후 6시에 정시 퇴근하면 도로가 꽉 막혀서 8시나 돼야 집에 도착한다. 그러나 7시 반에 출발해도 8시에 도착하니, 러시아워를 피해 나가는 것이 즉각 반응하는 것보다 원가를 더 낮추는 셈이다. 1시간 30분이라는 시간은 당신이 '지연 관리'로 얻은 수익이다.

자원이 많고 다수가 경쟁하는 세계에서는 원만한 반응이 민감한 것보다 더 효과가 크다. 둔한 것이 민첩함보다 더 중요하다. 이런 능력은 주식 거래에서 거래 원가를 낮춰주며 복잡계 관리에서는 일종의 생존 능력이 된다.

1차 반응과 2차 반응

냉·온수 수도꼭지가 있는 곳에서 샤워를 한다고 생각해보자. 냉수와 온수의 두 개 수도꼭지를 조절해 온수를 만든다. 그러나 틀자

마자 나오는 물의 온도는 불만족스럽다. 차갑지 않으면 너무 뜨거울 테니까. 물이 너무 뜨거워서 냉수를 틀어도 수온은 금방 내려가지 않는다. 냉수 양이 적은가 싶어 냉수를 더 콸콸 틀면 30초 만에 물은 갑자기 차가워지고 당신은 온몸을 벌벌 떨면서 온수 수도꼭지를 조절할 것이다. 물이 금방 따뜻해지지 않아서 온수를 콸콸 틀면 또 10초 만에 물이 확 뜨거워진다. 대체 이유가 뭘까?

벌써 눈치 챘겠지만, 수도관이 길기 때문에 물이 금세 뜨거워지거나 차가워지지 않는 것이다. 수도 시스템도 나름의 지연 시간이 있다. 반응 시간이 긴 시스템에서 매번 즉시 반응하는 것은 지나친 행동이다. 1초 단위로 반응하면 영원히 적정 물 온도를 못 맞추지만 5초 단위로 반응하면 쉽게 적정 온도를 맞출 수 있다.

거대한 시스템일수록 피드백 주기는 길어지고 그만큼 더 긴 시간과 인내를 필요로 한다. 여기에 적응하는 가장 좋은 방법은 1차 반응은 자제하고, 2차 반응을 기다리는 것이다.

우리 신체도 복잡계다. 당장 입안의 즐거움을 추구한다면 탄산음료와 정크 푸드를 먹으면 된다. 그러나 체중을 줄이고 싶다면 1~3일이 필요하고, 체지방을 줄이고 싶다면 열흘은 족히 필요하다. 건강해지고 싶다면 100일 정도의 주기는 돼야 실현가능하다.

기업도 복잡계다. 여기에도 성취감을 느끼는 주기가 있다. 게임 한 판의 주기는 5분, 공부 주기는 4시간, 매일 하는 세 가지 일의 주기는 하루다. 회사 대표의 주기는 1개월, 총감독과 기업은 계절(분기)이다. 연간 투자수익률을 보는 주주들의 주기는 1년, 펀드가 수익률을 내는 주기는 5~7년이다. 산업에는 10년, 30년, 60년의 대주기가 있다.

큰 판을 조종할수록 단기경험은 둔하게 받아들이고 장기수익을 머릿속에 상상해야 한다.

인류는 유일하게 미래를 생각하는 동물이다. 일부 동물들은 본능적으로 미래를 '대비'한다. 새는 둥지를 짓고, 수달은 둑을 쌓으며 다람쥐는 음식을 보존한다. 그러나 이런 행동들은 사고와 달리 본능에 지나지 않는다. 개도 훈련을 받으면 가능하다. 15분 후에 고기를 먹을 수 있기 때문에 눈앞의 과자를 먹지 않고 참을 수 있다. 그래봤자 최대 15분이다. **단기를 두고 보면 인간과 동물은 누가 더 나은지 별 차이가 없다. 인간의 강점은 더 먼 미래를 생각한다는 데 있다.**

인간과 동물을 가르는 척도는 바로 시간이다. 오직 인류에게만 먼 미래를 생각하는 능력이 있다. 계속해서 먼 미래를 생각할 수 있는 인간만이 동물적 특성에서 벗어나 단기적 쾌감에 빠지지 않을 수 있다.

흥미로운 사람 되기

둔함과 흥미의 조합은 왠지 아이러니하다. 오히려 둔함과 집중이 더 어울리지 않는가?

그렇지 않다. 둔하기 때문에 흥미로울 수 있다. 둔한 사람은 느린 게 아니라 더 큰 시스템을 본 것이며, 흥미로운 사람은 노는 게 아니라 더 큰 그림을 본 것이다.

다음 세 가지 관점을 생각해보자.

- 진화론에서 종은 후대에 필요한 이상으로 초과 번식을 할 수 있다. 초과 수량으로 환경의 불확실성에 대항하는 것이다.
- 생물이 성장 과정에서 호기심과 놀이를 진화의 기제로 삼는 것이 얼마나 중요한가? 호기심과 놀이를 박탈당한 아이와 원숭이의 삶은 얼마나 답답할까?
- 오늘날 기업과 개인은 흥미와 같은 진화 기제에서 무엇을 배울 수 있을 것이며, 흥미를 이용해 자신이 당면한 불확실성에 어떻게 대응할 것인가?

세 가지 이야기로 내 생각을 정리할까 한다. 첫 번째 이야기는 내 경험이다. 몇 명의 친구들과 만난 자리에서 술이 조금 들어가자 한 선배가 내년에 명나라 역사 관련 박사학위를 공부하겠다고 선포했다. 다들 웃기다고 생각했다. 나이 50을 훌쩍 넘긴, 투자계의 대물이자 통신 기술 전문가인 그에게 무슨 바람이 분 걸까? 그는 우리에게 한 가지 이야기를 해주었다.

"30대에 미국에 현지조사를 갔을 때, 날 데리러 온 사람이 75세 배관작업 전문가였어. 약간 헤밍웨이를 닮은 것이 혈색도 좋고 수염도 기르고 있었지. 해변에 혼자 살아서 작은 2인용 경비행기를 몰고 날 데리러 왔어. 덜덜거리며 2시간을 날아 해변의 작은 별장에 도착했지. 목조 구조인 3층짜리 집은 구조 절반이 바다 위에 있었는데, 옛날에 해경 사무소였대. 1층은 거실, 2층에는 손님방이 세 칸 있고, 3층은 그가 사는 집이었어. 3층에 있던 집을 구경 갔는데, 방마다 커다란 책상이 있는 거야. 첫 번째 방에는 각종 항해도가 있었어. 당시에는 GPS가 없었기 때문에 개인이 비행기를 몰려면 각도와 거리를 계산해 직접 항해도를 그려야 했거든. 두 번째 방에는 천장부터 바닥까지 그의 밥벌이인 배관 작업 관련 도안이 가득 걸려 있었고, 세 번째 방에는 각종 책과 세계 명화 그림으로 가득했어."

우리는 호기심에 그 방은 무슨 용도냐고 물었다. "그때 노인은 미학 박사 과정을 밟고 있었어." 그때가 벌써 25년 전이다. 우리는 모두 놀라 대놓고 물었다. 75세에 미학 박사를 따서 어디다 쓰냐고. 선배는 그저 "이 나이가 되고 보니 박식했던 그 노인이 생각나더라"고 했다. 그날 밤 선배가 머물던 2층 방에도 천장부터 벽 한 가득 수천 권의 「뉴요커」 잡지가 가득 차 있었는데, 노인이 이 잡지를 좋아한다고 했단다. 선배는 자기가 박사를 공부하는 이유가 바로 그 때문이라고 했다.

이 노인의 흥미로움은 다원화라고 표현할 수 있다. 세계에는 다양한 삶이 있고, 나이대마다 각자의 논조가 있다. 다른 지역에는 다른 문화가 있고 웃음에는 웃음의 통쾌함이, 눈물에는 눈물의 처연함이 있다. 낭만에는 낭만의 소요가 있으며, 평온함에도 그만의 중립성이 있다. 삶의 20퍼센트 여백에 평범하지 않은, 남다른 일을 해보자. 이런 다원화된 인생은 어떤 변화나 블랙 스완에도 절대 멈추지 않으며, 장기적으로도 안정적인 진화의 생태 시스템이다.

주입된 것이 아닌 진정한 자기만의 사고방식은 다양한 생활을 경험하고 돌아와 나 자신이 되는 일에서 시작된다.

두 번째 이야기는 임어당林語堂의 『소동파전』에 기록된 내용이다.

소동파가 봉현에서 경도로 돌아가던 길이었다. 산길에서 시종 하나가 산신의 악귀에 씌어 하나씩 옷을 벗기 시작했다. 다른 사람들이 억지로 옷을 입히고 그를 묶었지만 여전히 소란을 피웠다.

소동파는 산신 사당에 가서 이렇게 말했다.

"시종 하나가 산신을 노하게 해 악귀에 씌었습니다. 한데 고작 이 시종 한 명에 산신께서 노할 가치가 있겠습니까? 이 시종이 무슨 나쁜 짓을 했는지 모르겠습니다만 근처 마을만 해도 부정하게 돈을 벌고, 법을 어긴 이들이 많습니다. 그들이 이 시종보다 더 나쁜 짓을 많이 했는데, 왜 그들에게 화를 내지 않으시고 이 시종에게 화를 내십니까. 어서 노기를 거둬주십시오."

산신 사당을 나오자 모래와 돌이 휘날릴 정도의 광풍이 몰아쳐 앞으로 나아갈 수가 없었다. 소동파는 시종에게 말했다.

"산신이 아직도 화가 안 풀리셨단 말인가? 나는 두렵지 않다."

바람이 점점 거세지자 누군가 돌아가 용서를 구하기를 청했다. 소동파는 "내 명은 하늘에 달렸거늘 일개 산신이 날 어찌 하겠느냐"라면서 계속 앞으로 걸어나갔다. 그러자 바람이 잦아들었고 그 시종도 정신을 차렸다.

이는 소동파의 일생 중 작은 일화에 불과하다. 그는 신령에게도, 권세가에게도 늘 똑같았다. 자기만의 기개가 있었고 재능이 있었다. 유배 기간에는 매번 새로운 시를 지을 때마다 조정에 전해졌고, 황제는 중신들 앞에서 감탄했다. 심지어 밥을 먹을 때도 소동파의 글을 보느라 젓가락을 내려놓는 일이 허다했다. 황제가 감탄할수록 두려워진 신하들은 소동파를 최대한 오래 유배지에 둬야 했다.

그러나 소동파는 신경 쓰지 않았다. 그는 혜주로 갔다가 결국엔 당시 황무지였던 해남까지 유배를 가며 황제의 처분을 내리는 대로 따랐다.

나는 위로는 옥황상제를 모실 수 있고 아래로는 거지들과도 어울릴 수 있다. 천하의 그 누구도 나쁜 사람은 없다.

소동파는 인생을 수수방관하지 않고 삶을 깊이 사랑했다. 시로 시사를 비평했다가, 정치를 조롱했다가, 형제를 그리워했다가 죽은 처를 회상했다. 자주 시녀들을 집적거렸으며 괜히 중을 놀리기도 하면서도 삶의 매 순간에 깊이 몰입했다.

소동파 같은 흥미로움을 '초연함'이라고 한다. 미국 뉴욕대학교의 교수인 제임스 카스James P. Carse는 『유한하고 무한한 게임Finite and Infinite Games』에서 하나의 개념을 제시했다.

세계에는 적어도 두 가지 게임이 있다. 하나는 유한한 게임이고 하나는 무한한 게임이다. 유한한 게임은 승리가 목적이며 무한한 게임은 놀이를 지속하는 것이 목적이다.

성공은 유한한 게임이나 성장은 무한한 게임이다. 프로젝트는 유한한 게임이지만 사업은 무한한 게임이다. 삶은 유한한 게임이지만 의의는 무한한 게임이다. 소동파에게 영예와 치욕은 유한한 게임이었으며 재능과 품격은 무한한 게임이었다.

만약 유한한 게임 외에 무한한 게임이 있다는 것을 깨닫지 못하면 득실을 따지게 된다. 사무실에서 상사에게 욕을 먹은 직원이 '이것은 커리어 발전이라는 무한 게임 속의 유한 게임일 뿐'이라는 사실을 깨닫는다면 그리 오래 낙담하지 않을 것이다. 이처럼 **초연함이란 모든 유한 게임에 몰두하되, 무한 게임으로 나아갈 능력을 갖춘 상태를 말한다.**

마지막 이야기는 어느 부인과 한 작가의 대화다.

어느 부인이 삶이 너무 무료해 『파브르 곤충기』를 쓴 작가 장 앙리 파브르를 찾아갔다.

"교수님의 책을 읽었어요. 정말 교수님 업적은 위대해요. 생각도 무척 지혜로우시고요. 교수님에게는 세계의 모든 흥미로운 것들을 연구할 기회가 있어요. 하지만 저는 무료한 가정주부랍니다. 삶에 재미있는 일이라곤 하나도 없죠."

"당신 삶에 대해 이야기해보세요."

"뭐, 이야기할 것도 없어요. 매일 계단에서 감자를 깎는데 하루에 네 자루를 깎죠. 여동생은 제 맞은편에 앉아 감자를 깨끗이 씻어요."

"부인."

앙리 파브르가 신비하면서도 호기심 가득한 목소리로 말했다.

"부인이 앉아 있는 계단 아래에 무엇이 있는지 생각해본 적 있나요?"

"벽돌이죠."

"벽돌 아래는요?"

"진흙이겠죠."

"진흙 아래에는 뭐가 있을까요?"

"음, 개미가 있을 거예요. 자주 벽돌 사이로 기어 나오더라고요."

"존경하는 부인, 그 개미들이 어디에서부터 나왔는지, 뭘 하는지, 어떻게 소통하고 살아가는지, 부인의 감자를 어떻게 찾았는지 생각해본 적 있습니까?"

부인은 생각에 잠겼다. 그리고 계단 아래 벽돌, 그 아래 진흙 속 작은 생명에 마음을 쓰기 시작했다. 더 많이 이해하기 위해 앙리 파브르에게 자문을 구하고 도서관에 갔으며 심지어 이런 내용들을 기록하기 시작했다. 10년 후에는 전문 잡지에 개미의 삶에 대한 논문도 실었다. 그 뒤로 더 큰 성과는 없었지만, 평생 흥미를 가지며 행복하게 살았다. 그녀의 삶에 호기심이 충만했기 때문이다. 호기심만 있다면 세상은 당신 앞에 늘 새롭게 펼쳐질 것이고, 미래를 스스로 만들어갈 수 있다.

통계 데이터에서도 취학 전 아동은 부모에게 평균 100가지의 질문을 한다고 나타났다. 미국의 한 연구에서는 4세 여아가 하루에 엄마에게 490개의 질문을 한다는 결과를 발표하기도 했다(남자아이는 비교적 적다).

우리는 언제부터 '왜'를 묻지 않게 됐을까? 이 세상에 익숙해진 순간부터다. 다원화, 초연함, 호기심은 불확실한 인생을 마주하는 태도이다. 돌발성을 끌어안고 불확실성과 함께 춤을 추듯 살아보자. 즐겁게만 살아도 모자랄 삶에 얼굴 찌푸리고 있을 시간이 어디 있겠는가?

━━ '둔함과 흥미로움'에 관한 일곱 가지 법칙 ━━

1. 중요하지 않은 일에 관심을 두지 말자.
2. 1차 반응을 자제하고, 2차 반응을 기다리자.
3. 이슈를 좇지 말고, 요점이 나타날 때까지 기다리자.
4. 전체에서 최적의 해결법을 찾고, 장기적 관점에서 판단하자.
5. 다방면에서 엉뚱하고 흥미롭지만 쓸모없는 일을 정기적으로 하자.
6. 성공은 작은 확률 사건일 뿐, 자신만의 무한 게임을 찾자.
7. 초조함을 떨쳐버리되, 호기심은 놓지 말자.

인간관계는 단순하고 선하게, 그러나 분노할 줄 알아라

SNS 친구들 중에서 실제로 만나본 사람이 얼마나 되는가? 그리고 그들 중에 친하게 지내는 사람은 몇이나 되는가? 대학 시절 친하게 지내던 친구들도 당신의 기억 속에 그저 이름 석 자로 남아 있을 뿐, 다시 친해지기에는 이미 늦지 않았는가?

과거에 함께 어울리던 친한 친구들은 점점 줄어들고, '익숙하지만 낯선 사람들'이 주변에 늘어나고 있다. 인정하지 않을 수 없는 현실이다. 현대 사회는 모두가 익숙하지만 낯선 사람인 시대이자, 느슨한 유대관계가 강력한 유대관계보다 더 많은 시대다. **우리는 '익숙한 공동체'에서 점점 '낯선 공동체'의 시대로 접어들고 있다.**

미국의 유명한 학자 로런스 프리드먼Lawrence Friedman은 '낯선 사람들의 사회'를 이렇게 묘사했다.

길을 갈 때, 경찰처럼 낯선 사람이 우리를 보호하고 또 범죄자 같은 낯선 사람이 우리를 위협한다. 낯선 사람이 우리의 아이들을 가르치고 우리가 살 집을 지으며 우리의 돈으로 투자를 한다……

우리는 친한 친구를 대하는 방법은 안다. 그러나 갑자기 나타난 '익숙하지만 낯선 사람'은 어떻게 대할 것인가? 친구처럼 흥금을 털어놓을 시간도 없지만 외면할 수도 없다. 그랬다가는 세계와 교류하는 능력을 잃게 될 터다. 이 시대에는 느슨한 유대관계가 강력한 유대관계보다 더 가치 있으며, 이런 '낯선 사람들의 사회'에서는 새로운 품성이 요구된다.

게임이론 학자들은 이 문제를 낯선 사람들의 '다중 게임'이라고 정의하고, 이런 상황에서 어떤 사람의 대인관계 전략이 가장 우수한지를 연구하려고 했다.

죄수의 딜레마에 대해 들어본 적 있을 것이다. 게임이론 연구자들은 소통할 수 없는 상황에서는 '배신'이 최선의 선택이라고 말한다.

죄수의 딜레마는 게임의 성질 및 소통의 중요성을 아주 잘 보여주는 사례다. 생활 속 흔한 상식 하나를 설명해보자. 왜 우리는 기차역이나 관광지에서 쇼핑을 하지 않을까? 왜 기차역에서 손님을 태우는 택시들은 바가지를 씌울까? 이곳 상인들과 당신의 거래는 일회성이기 때문이다. 다시 돌아오지 않을 고객을 대하는 가장 '이성'

적인 방법은 속이는 게 아니겠는가.

그러나 생활 속 대부분의 만남, 즉 비즈니스 합작, 친구, 주식 투자 등은 일회성이 아니다. 이때, 가장 좋은 교류 전략은 무엇일까?

TFT 전략

1980년, 미시간대학교 정치학과의 로버트 엑셀로드Robert Axelrod 교수는 흥미로운 대회를 열었다. 게임이론 학자들을 초청해 각각 프로그램을 설계하고, 서로 200번을 만나 죄수의 딜레마를 반복하게 하는 게임이다. 그리고 어떤 전략이 가장 좋은 성적을 내는지 보았다.

가장 좋은 성적을 낸 프로그램은 아주 간단한 것으로, 러시아의 컴퓨터학자 아나톨 라포트Anatol Rapport가 설계한 '눈에는 눈, 이에는 이Tit for Tat(이하 TFT)' 프로그램이었다.

이 결과는 각계의 큰 관심을 불러 모았고, 더 큰 규모의 2차 대회가 열렸다. 이번에는 6개 국가의 62개 팀이 참여했고, 참가자들 대부분은 컴퓨터 마니아, 진화론 박사, 컴퓨터 과학자 등이었다. 게임의 규칙은 약간 업그레이드됐다. 마지막 차례에 커닝을 방지하기 위해 200회를 공약수로 랜덤 횟수를 정했다. 그런데 신기하게도 최후의 승리는 여전히 TFT가 차지했다. 그것도 훨씬 큰 차이로 말이다. TFT는 대체 어떤 전략을 사용했을까? TFT의 전략은 믿을 수 없을 만큼 간단한 두 가지 조건이었다.

첫째, 협력한다.
둘째, 두 번째부터는 매회 상대의 행동을 따라한다. 상대가 협력하면 협력하고, 상대가 배신하면 나도 배신한다.

TFT는 매우 간단한 방법으로 협력을 유도해 윈-윈$^{Win-Win}$을 실현했다. 이 전략의 성공은 '**선함, 분노, 관용, 단순화**'의 네 가지로 설명할 수 있다.

- 선함: TFT의 첫 단계는 선의를 표하는 것이다. 매번 협력을 선택하고 절대 자기가 먼저 배신하지 않는다.
- 분노: 상대가 배신했을 때, 즉시 알아차리고 복수한다. 배신자에게 똑같은 손해를 입히는 것이다. 우리는 평소 이것을 용기라고 부른다.
- 관용: 상대가 배신해도 오래 마음에 담아두지 않는다. 한도 끝도 없는 복수 대신 상대의 변화를 유도해 협력의 궤도에 올려놓는다. 과거의 잘못은 따지지 않고 협력의 상태를 회복하는 것이다.
- 단순화: 논리는 명쾌하고 간단하며 알아보기 쉬워야 상대방에게 단시간 내 전략을 이해시킬 수 있다. 상대가 몇 점을 획득했든지, 강하든 약한 상대이든지 동일한 전략을 취한다.

TFT의 대인관계 전략은 낯선 사람들의 사회에서 가장 좋은 전략이다. 실제 비즈니스 상황이나 대인관계 모델에도 적용할 수 있다.

첫째, 괜히 일을 만들지는 않되 일이 생기면 두려워하지 않는다. 평화를 추구하며 처음에는 선의의 카드를 낸다. 그러나 상대가 날 배신하면 동일하게 되갚아준다. 어떤 일이든지 착하게 받아들이는 물러터진 사람은 절대 잘되지 않는다.

둘째, 과거의 잘못을 따지지 말고 미래를 바라본다. 과거에 당신을 배신하고 상처를 입혔던 사람에 연연하면서 마음에 담아두지 말자. 재협력을 약속했다면 과거는 잊고 다시 시작하자. 당신에게 상처를 준 사람을 다시 대면하기란 쉽지 않겠지만 잊어버리자. 미래를 바라보고 주어진 현재를 최고로 살아내자.

셋째, 속이 들여다보일 만큼 단순해진다. 모든 수단을 동원해 자신의 전략과 태도를 표명하고 그대로 일을 진행하자. 처음에는 다들 꺼려하겠지만 시간이 지나면 원래 당신의 성향이 이렇다는 것을 깨닫고, 오히려 수월하게 소통하고 협력할 것이다. 반대로 오늘은 호탕했던 사람이 내일 갑자기 영리하게 군다면, 속을 알 수 없다며 다른 이와 협력하려 할 것이다.

낯선 사람과의 다중 게임도 그렇지만, 다수와의 게임인 연애와

우정도 마찬가지다. 연인과 친구에게 선하게 대하는 것은 더 말할 필요도 없겠지만, 일상에서 우리는 '무능한 선의'와 '무원칙적인 타협'을 일삼는 사람들을 많이 만난다.

사람은 선해야 하지만 분노할 줄도 알아야 한다. 안 그러면 남들이 왜 당신에게 잘해주겠는가? 하다못해 아침에 기상하는 일에도 양심보다 조건반사가 더 강한 힘을 발휘하는데, 사람을 대하는 어마어마한 일에는 더 말할 것도 없다. 그러나 상대가 뉘우치고 용기내어 돌아온다면 지난 일은 묻어두자.

넷째, 많이 소통하고, 또 소통하라. 복잡하지 않게, 그리고 추측하게 만들지 말자. 절대로 "이런 것도 못 알아채고, 날 모르네" 같은 소리는 하지 않는다. 성장배경과 생활환경은 각자 다르다. 누구도 다른 사람을 완벽히 이해하지 못한다. 누군가를 사랑한다면, 상대에게 잘 설명해주자. 자기의 요구와 호불호, 원칙을 명확하게 말하자. 단순함과 진실의 힘이 가장 크다는 것을 명심해야 한다.

심각한 관계일수록 단순함이 필요하다. 좋고 싫은 감정이 분명한 사람일수록 아무나 다 좋아하지 않는다. 하지만 이런 사람이 언제나 가장 깊이 있고, 좋은 관계를 얻는다.

단순하고 선량하되, 분노할 줄 알아야 한다.

극도의 총명함과 선량함

어느덧 책 말미에 이르렀다. 당신은 이미 외적 전략과 내적 수련이 바늘과 실처럼 늘 함께한다는 흥미로운 사실을 발견했을 것이다.

'집중'이라는 칼은 '개방'과 늘 함께한다. 개방적인 사고와 안목이 없으면 집중도 불가능하다.

'호기심'이라는 칼은 '둔함'과 함께한다. 시스템을 이해하지 못하면 여백의 중요성도 이해할 수 없으며, 즐거움도 느끼지 못한다.

'분노'의 칼은 '단순함, 선함'과 함께한다.

이렇게 외적인 총명함(이른바 전략)은 늘 내적 수련과 함께하기에 극도의 총명함은 종종 극도의 선함이기도 하다.

실리적으로 가성비를 고려해 가치가 높은 차원의 관계만 남기고 나머지를 걸러내보자. 이때 선택은 고수의 전략적 사고방식을 따른다.

가치가 높고 우위에 있는 관계는 무엇일까?

- 가족.
- 가치관과 꿈이 일치하는 사람, 그들을 돕는 일이 나를 돕는 일인 사람.
- 함께 성장할 수 있는 사람.
- 당신을 이해하고 당신의 감정을 지지해주는 사람.
- 실력도 갖추고 주도적으로 당신을 도와주는 사람.

그럼 반복하면 좋은 관계는?

- 성장가속도가 당신과 같거나 더 빠른 사람.
- 상호 혜택을 주고받을 줄 알고, 지지해줄 줄 아는 사람.

이런 실리적인 사고방식으로 도출한 교제 원칙은 다음과 같다.

- 가족에게 관대하고, 스스로의 감정을 조정해 그들과 선순환 관계를 만들자. 가족은 선택의 문제가 아니다.
- 다음 세 종류의 사람과 깊은 관계를 맺자. 꿈이 일치하는 사람, 성장 속도가 같은 동료, 당신의 감정을 지지해주는 친구.
- 실력도 있고, 당신을 도와준 적도 있는 사람에게는 지속적으로 감사를 표하자. 이들은 계속 당신을 도와주려는 경향이 있다.
- 다른 관계에는 잠깐 신경을 끄자.

진정으로 이 같은 관계의 원칙을 따를 수 있다면 다른 사람을 상대할 시간이 없을 것이다. 그러나 안심하라. 당신은 이미 관계맺음의 고수다. 하지만 어떻게 관계의 원칙에 따라 사람을 사귈 수 있을까?

유일한 방법은 자신이 '가치가 높고, 관계를 거듭하기 좋은 사람'이 되는 것이다. 상대방도 바보가 아닌 이상 당신과 동일한 방식으로 친구를 거른다. 위의 평가기준을 자신에게 적용한다면 어떻게 될까? 바로 내가 다른 사람이 사귀고 싶은, 가치가 높은 인물이 되는 원칙으로 변한다.

- 가족에게 관대해지고, 그들과 선순환 관계를 만들자.
- 꿈을 크게 가져야 도와주는 사람이 생긴다.
- 빠르게 성장하는 모습을 다른 사람에게 보여주자.
- 친구가 되는 법을 알자. 친구가 기분이 안 좋을 때는 평가하지 말자. 다급히 문제를 해결하지 않아도 된다. 그저 함께 있어주면 그만이다.
- 선행을 베풀어 좋은 인연을 많이 만들자. 가능한 범위 내에서 남들을 도와주고, 적절한 감사 인사를 받자.

위의 다섯 가지를 해낼 수 있다면 당신은 이미 매우 마음씨 좋은 사람이다. **이런 사고의 과정이 많아질수록 이해도 높아진다. 실리적이고 가장 현명한 관점에서 출발해 도출해내는 결론은 최고로 선한 결론이다.**

일본 경영계의 거물 손정의 소프트뱅크 대표는 1990년대에 이런 말을 한 적이 있다.

시장점유율이 높다고 하더라도, 당시 중국의 시장 경쟁은 초기 단계였다. 제조업자들이 서로 유사한 상품 시장을 모방하고 쟁탈했기 때문이다. 일본에서는 기업을 세우고 신상품을 연구 개발할 때, 제일 먼저 하는 일이 동종 업계 사람을 찾아가 가르침을 청하고 그들의 연구 방향을 살펴보는 것이다. 동종 업계에서도 가능한 범위 내에서 최대한 정보를 알려준다. 이렇게 하면 동일한 시장 경쟁을 피할 수 있고, 서로 더 큰 수익을 얻을 수 있다. 당시 중국의 기업가들은 이해가 안 된다고 했다. 그러나 오늘날 우리는 많은 포럼과 창업 캠프에서 유사한 상황을 접한다. 기업가들은 자신의 아이디어와 경쟁력을 공개해 무의미한 경쟁을 피한다. 얼마나 현명하고 호혜주의적인 방법인가?

진화학자들은 선함과 이타주의 유전자가 오늘날까지 전해지고 있다는 데 난감함을 느낀다. 생존조건의 결핍 시대에 이타는 개인 생존에 불리한 일이다. 일부에서는 개체의 이익에는 손해가 있지만, 진화는 유전자에 근거하기 때문에 유전자의 관점에서만 생각하면 좋은 일이라고 여긴다. 일부에서는 이타로 인해 서로 훌륭하게 자원을 교환하므로 이런 선의가 개체에 큰 수익을 준다고 여겼다. 또 일부 관점에서는 이타적 행위를 하면 신체에서 대량의 호르몬을 방출해 우리를 더욱 행복하고 평온하게 만들어준다고 강조한다. 이타는 이기보다 행복한 일이다.

한 가지 분명한 것은 똑똑한 선함은 좋은 것이며, 우리 삶 속에 항상 존재한다. 진화하고 발전한 사회일수록 선하다.『우리 본성의 선한 천사』에서 스티븐 핑커Steven Pinker는 수백 장의 도표와 지도를 사용했다. 인간의 본성이 선하다는 사실을 증명하기 얼마나 어려운 지 알았던 것이다. 한 가지 사실을 논증함으로써 인류 사회는 점점 더 선해지고 있다.

인류 사회는 점점 더 선해지고 있다. 과거 부락 간 전쟁의 사망률은 20세기의 전쟁과 대학살보다 아홉 배 높다. 중세시대 유럽의 살인율은 오늘날에 비해 30배나 높다. 선진국 간에는 더 이상 전쟁이 일어나지 않으며 개발도상국 간 전쟁으로 인한 사망자 수도 몇십 년 전의 일부에 불과하다. 강간, 가정 폭력, 원한 범죄, 폭동, 아동 학대, 동물 학대의 출현도 실질적으로 감소했다.

심리학자 리처드 트렘블리Richard Tremblay는 인류의 관점에서 이 문제를 해석했다. 그는 인간의 삶의 단계마다 폭력 수준을 측정해 '인간의 성장은 점점 선량해지는 과정'임을 증명했다.

인간이 가장 폭력적인 단계는 청소년기도, 청년기도 아닌 2세 때다. 이른바 '무서운 두 살'이라는 말이 괜한 말은 아니었다. 막 걸음마를 배우기 시작한 아이는 발로 차고 때린다. 사람을 물고, 소란을 피우고 싸

운다. 신체의 공격빈도는 연령의 증가에 따라 안정적으로 내려간다.

유아가 서로 살인하지 않는 이유는 우리가 칼과 총을 쥐어주지 않기 때문이다. 과거 30년간 우리는 '아이들이 어떻게 공격하는 법을 배우는가'에 대한 답을 찾아왔다. 하지만 질문이 잘못됐다. 제대로 된 질문은 '아이들은 어떻게 공격하지 않는 법을 배우는가'다.

선함은 일종의 성숙한 심리 상태의 발현이다. 미래와 연결, 불확실성을 대면하는 우리에게 선함이 언제나 올바른 선택은 아니지만 대체로 올바른 선택일 확률이 높다.

아마존의 CEO인 제프 베조스Jeffrey Bezos는 "착하기가 똑똑하기보다 더 어렵다"고 말했다. 사실 선함과 총명함은 동전의 양면이다. 착하지 않은 사람은 똑똑하지 않으며, 극치의 선함은 극도로 똑똑해야만 이해할 수 있다.

윗세대의 야만적인 부의 쟁탈에서 부자들은 도덕적일 필요가 없었다. 그러나 점점 더 개방되고 연결성이 강해지는 현대 사회에서는 심리적인 성숙함과 물질적인 부가 거의 동일시되고 있다. 부자라고 모두 선량한 것은 아니지만, 극도의 빈곤은 종종 개인의 심리적 상태가 수준 이하여서다. 똑똑하지 않은 사람은 착하지 않다고도 말할 수 있겠다.

지식에는 사실 두 종류가 있다. 하나는 끊임없이 갱신되는 새로운 지식이고, 다른 하나는 점점 더 견고해지는 오래된 지식이다. 아는 것이 많아질수록 믿음도 깊어진다.

인류는 수많은 인지적 향상과 과학 혁명을 경험해왔다. 철학가와 자연과학자, 사회학자는 점점 다양해지는 방법으로 세계를 더욱 깊이 이해하고 있다. 우리는 한 단계, 한 단계 사물의 배후에 있는 법칙, 법칙의 배후에 있는 시스템, 시스템 배후에 있는 진리를 찾아간다. 그 끝에 도달하면 놀라운 사실을 발견한다. 그곳에 있는 진리란 우리가 유치원 때 배우는 '개방, 집중, 둔함, 흥미, 단순, 선량, 분노'다.

극도의 총명함과 극도의 선량함은 같은 것이다. 이 두 가지는 동전의 양면과 같다. 어떻게 해야 할지 모르겠다면 지식을 학습하고, 지식으로 해결할 수 없다면 선함으로 해결해보자.

개방과 집중, 둔함과 흥미, 그리고 단순, 선의, 분노

- 연결로 인해 현대 사회의 기저층이 변했다.
- 현대 고수들의 일곱 가지 마인드 키워드: 개방, 집중, 둔함, 흥미,
  단순, 선의, 분노
- 세계를 대면하고 개방과 집중으로 시스템에 진입하자.
- 자신을 대면하고 내 속에 숨은 둔함과 흥미로움, 지혜와 초연함
  을 찾아내자.
- 다른 사람을 대면할 때는 단순하고, 선하게 대하되 분노할 줄 알
  아야 한다.
- 불확실성과 마주치면 우선 선함으로 접근하자.